安徽技术经纪人培训教程

主 编 陈 林
副主编 舒小琴 成晓建
编 委（以姓氏笔画为序）
　　　 许春明　吴 亮　吴寿仁　陈 昕
　　　 胡金霞　耿纪平　傅翠晓

中国科学技术大学出版社

内 容 简 介

本书为安徽省技术经纪人培训规划教材。内容主要涵盖技术经纪与技术经纪人介绍、知识产权、技术合同、科技法律政策和技术经纪实务等技术经纪人培训基础知识，以及技术经纪人考试模拟题。

本书适合作为技术经纪人从业培训教材，也可作为科技管理部门、高等院校科研院所、科技服务机构相关工作者的参考用书。

图书在版编目(CIP)数据

安徽技术经纪人培训教程/陈林主编. —合肥：中国科学技术大学出版社，2023.6
ISBN 978-7-312-05657-4

Ⅰ.安⋯ Ⅱ.陈⋯ Ⅲ.技术贸易—经纪人—技术培训—教材 Ⅳ.F713.584

中国国家版本馆 CIP 数据核字(2023)第 062862 号

安徽技术经纪人培训教程
ANHUI JISHU JINGJIREN PEIXUN JIAOCHENG

出版	中国科学技术大学出版社
	安徽省合肥市金寨路96号，230026
	http://press.ustc.edu.cn
	https://zgkxjsdxcbs.tmall.com
印刷	安徽国文彩印有限公司
发行	中国科学技术大学出版社
开本	787 mm×1092 mm　1/16
印张	17
字数	361 千
版次	2023 年 6 月第 1 版
印次	2023 年 6 月第 1 次印刷
定价	68.00 元

前　言

技术经纪人是指在科技成果转移、转化和产业化的过程中,从事成果挖掘、培育、孵化、熟化、评价、推广、交易并提供金融、法律、知识产权等相关服务的专业人员。2022年,技术经纪人作为新职业纳入《中华人民共和国职业分类大典》。在科技成果转化众多的参与方中,技术经纪人作为技术成果转化、产学研紧密结合的桥梁纽带,在加强科技与经济的紧密结合、促进科技成果转化和技术转移、提高企业自主创新能力等方面发挥着积极作用。他们关注科技成果转化全过程,是承前启后、真正兜底科技成果转化关键链条的核心角色,对推进结构性改革尤其是供给侧结构性改革、支撑经济转型升级和产业结构调整、促进打造经济发展新引擎,都具有重要意义。

党的二十大报告指出:要完善科技创新体系,提升国家创新体制整体效能。技术经纪人所承担的技术转移工作,是国家科技创新体系建设的关键环节,是一个复杂的系统工程,具有长期性、不确定性和高风险性等特点。技术经纪人一方面助力技术快速流向市场进行应用,激发科研团队创新项目的动力;另一方面帮助市场找到技术,帮助企业注入新技术、扩展新市场。他们前期收集、储备各类科技成果信息,挖掘和匹配需求,促进交易各方建立联系;中期为技术交易各方提供技术成果评估评价,制定科技成果转移转化实施方案,组织各类资源促进技术孵化、熟化、培育、推广和交易;后期提供产业化投融资、知识产权布局运营、法律咨询等服务。技术经纪人需要有强大的专业能力和实操能力,所以技术经纪人的培养难度大、周期长。

2020年,科技部火炬中心印发《国家技术转移专业人员能力等级培训大纲（试行）》,规范开展技术转移从业人员能力等级培养。同年,《安徽省实施长江三角洲区域一体化发展规划纲要行动计划》公布,《行动计划》中明确鼓励培养技术转移管理人员、技术经纪人、技术经理人等技术转移人才队伍。2022年,科技部印发《"十四五"技术要素市场专项规划》,要求加强技术转移人才队伍建设,健全技术转移人才培养机制,推动技术转移专业学历教育,开展技术经理人社会化培训。

2021年10月28日,中国共产党安徽省第十一次代表大会报告提出,提升安徽创新馆综合功能,培育科技经理人队伍,打造线上线下融合的科技大市场。安徽省科技大市场的发展趋势对大力培育专业技术转移人才队伍、完善技术转移人才培养和管理体系提出了要求,省内急需构建培训和实训相结合、业务激励与职称认证相促进的培养模式。作为国家技术转移人才培养(安徽)基地,安徽创新馆自2020年7月起已经培训了1000余名安徽省技术经纪人,通过设计进阶式培训体系,推进技术经纪人信用积分制度,着力注重市场交易实践考核,推行技术交易委托代理制,探索技术经理人从业佣金制度,推动技术经纪专业纳入职称评定范畴等手段,建立全省统一的技术转移人才培养管理体系,提高技术转移专业服务能力。

2021年,安徽创新馆牵头组织编写《技术经纪人培训教程》。教程以《国家技术转移专业人员能力等级培训大纲(试行)》为依据,以技术要素市场发展需求为基点,充分借鉴先发地区开展技术转移人才培养与管理工作的经验,结合安徽科技大市场两年多的建设实践经验,注重理论与实际结合、广度与深度结合,力求结构合理、层次清晰。本书适合作为技术经纪人从业培训教材,也可以作为科技管理部门、高等院校科研院所、科技服务机构相关工作者的参考用书。

全书共含五章和一套技术经纪人考试模拟题,主要包括技术经纪与技术经纪人、知识产权、技术合同、科技成果转化政策和技术经纪实务等内容。第一章"技术经纪与技术经纪人"由陈林、傅翠晓负责编写,第二章"知识产权"由许春明负责编写,第三章"技术合同"由吴亮、舒小琴负责编写,第四章"科技成果转化政策"由吴寿仁、耿纪平负责编写,第五章"技术经纪实务"由成晓建负责编写,"技术经纪人考试模拟题"由陈昕、胡金霞负责整理和编写,陈林还承担了书稿章节的策划制定、稿件修订以及最终统稿任务。

本书在编写、出版过程中,得到了安徽省科技厅、合肥市委市政府、滨湖科学城管委会有关领导的大力支持和帮助,在书稿的初期审阅中,相关部门也提出了宝贵的意见和建议。同时,本书在编写过程中还参考了大量的书籍和文献资料,在此向有关作者表示感谢。

鉴于本人学识有限,书中难免有疏漏之处,恳请指正。

编 者

2022年10月

目　　录

前言 ·· (ⅰ)

第一章　技术经纪与技术经纪人 ··· (001)
　　第一节　创新驱动发展战略与科技服务业 ····································· (001)
　　第二节　技术市场与技术经纪业 ·· (014)
　　第三节　技术经纪人与技术经纪组织 ·· (034)

第二章　知识产权 ··· (049)
　　第一节　知识产权概述 ··· (049)
　　第二节　知识产权的权利取得 ··· (054)
　　第三节　知识产权的权利内容及限制 ·· (068)
　　第四节　知识产权的权利归属及行使 ·· (076)
　　第五节　知识产权的法律保护 ··· (086)

第三章　技术合同 ··· (098)
　　第一节　技术合同概述 ··· (098)
　　第二节　技术合同的订立 ·· (106)
　　第三节　技术合同的登记 ·· (124)
　　第四节　技术合同的履行及常见情况 ·· (129)
　　第五节　技术合同文本填写示范 ·· (132)

第四章　科技成果转化政策 ··· (142)
　　第一节　知识产权政策 ··· (142)
　　第二节　国有科技成果资产管理政策 ·· (145)
　　第三节　职务科技成果赋权政策 ·· (149)
　　第四节　科技人员实施科技成果转化政策 ····································· (157)
　　第五节　科技成果转化奖酬金分配政策 ··· (166)
　　第六节　科技成果转化税收优惠政策 ·· (173)

第七节　技术要素市场建设政策 ……………………………………………（194）
　　第八节　安徽省科技成果转化政策 …………………………………………（202）

第五章　技术经纪实务 …………………………………………………………（205）
　　第一节　技术商品概述 ………………………………………………………（205）
　　第二节　技术经纪的前期策划 ………………………………………………（209）
　　第三节　技术经纪的过程策划 ………………………………………………（232）

技术经纪人考试模拟题 …………………………………………………………（248）

参考文献 …………………………………………………………………………（264）

第一章 技术经纪与技术经纪人

新科技革命和产业变革的浪潮已在世界范围内兴起,重大科技创新成果正在加快向现实生产力转移转化。传统意义上的基础研究、应用研究、技术开发和产业化边界日趋模糊,科技创新链条更加灵巧,强化科技创新全链条一体化发展的要求越来越高。我国在以习近平同志为核心的党中央带领下,正深化落实创新驱动发展战略,向着建设创新型国家和科技强国的目标奋勇前行。技术经纪人作为构建专业化技术转移服务体系中的一支重要力量,直接承担着科技成果转化与产业化的基础性服务工作,是市场经济体制条件下不可或缺的职业。因此,了解和把握本章的基本理论与基本要求,对于技术经纪人提升职业自觉性与职业素养极为重要。

本章主要介绍创新驱动发展战略、国家创新体系、科技服务业、技术市场、技术经纪业、技术经纪组织和技术经纪人等内容。

第一节 创新驱动发展战略与科技服务业

当前,创新驱动是世界大势所趋,一个国家要提升国家综合实力和国际竞争力必须要勇立世界科技创新潮头以赢得发展主动权。实施创新驱动战略需要壮大创新主体,其中,各类科技服务(包括专业化技术转移服务)的机构和人才队伍是联系和沟通政府、企业、高等院校、研究机构、市场等的重要力量。

一、创新驱动发展战略与国家创新体系

(一)创新驱动发展战略

1. 创新驱动发展战略的背景与目标

我国经济进入新常态为驱动发展新引擎和促进新一轮科技革命和产业变革提供了难得的重大机遇,实施创新驱动发展战略决定着中华民族的前途与命运。因此,党的十

九大提出:"创新是引领发展的第一动力,是建设现代化经济体系的战略支撑。要瞄准世界科技前沿,强化基础研究,实现前瞻性基础研究、引领性原创成果重大突破。加强应用基础研究,拓展实施国家重大科技项目,突出关键共性技术、前沿引领技术、现代工程技术、颠覆性技术创新,为建设科技强国、质量强国、航天强国、网络强国、交通强国、数字中国、智慧社会提供有力支撑。加强国家创新体系建设,强化战略科技力量。深化科技体制改革,建立以企业为主体、市场为导向、产学研深度融合的技术创新体系,加强对中小企业创新的支持,促进科技成果转化。倡导创新文化,强化知识产权创造、保护、运用。培养造就一大批具有国际水平的战略科技人才、科技领军人才、青年科技人才和高水平创新团队。"

我国当前必须把发展基点放在创新上,塑造更多依靠创新驱动、更多发挥先发优势的引领型发展。早在 2016 年 5 月,党中央、国务院就印发了《国家创新驱动发展战略纲要》,提出加快实施创新驱动发展战略。

《国家创新驱动发展战略纲要》提出的"三步走"战略目标,与我国现代化建设"三步走"战略目标相互呼应并提供支撑:

第一步,到 2020 年进入创新型国家行列,基本建成中国特色国家创新体系,有力支撑全面建成小康社会目标的实现。

第二步,到 2030 年跻身创新型国家前列,发展驱动力实现根本转换,经济社会发展水平和国际竞争力大幅提升,为建成经济强国和共同富裕社会奠定坚实的基础。

第三步,到 2050 年建成世界科技创新强国,成为世界主要科学中心和创新高地,为我国建成富强民主文明和谐的社会主义现代化国家、实现中华民族伟大复兴的中国梦提供强大的支撑。

2. 创新驱动发展战略的总体部署

实现创新驱动是一个系统性的变革,构建新的发展动力系统要围绕以下三大战略部署。

首先,部署实施创新驱动发展战略要促进科技创新和体制机制创新的双轮驱动。一方面,要明确支撑发展的方向和重点,加强科学探索和技术攻关,形成持续创新的系统能力,不断提高自主创新能力,加快以科技创新为核心的全面创新,发挥好创新第一动力的作用。另一方面,要调整一切不适应创新驱动发展的生产关系,统筹推进科技、经济和政府治理等三方面体制机制改革,最大限度地释放创新活力。创新的目的是发展生产力,改革的目的是调整生产关系。

其次,部署实施创新驱动发展战略要建设好国家创新体系。要建设各类创新主体协同互动、创新要素顺畅流动高效配置的生态系统,形成创新驱动发展的实践载体、制度安排和环境保障;明确企业、院所、高校、社会组织等各类创新主体功能定位,构建开放高效的创新网络;改进创新治理,进一步明确政府和市场分工,构建统筹配置创新资源的机制;完善激励创新的政策体系、保护创新的法律制度,构建鼓励创新的社会环境,激发全社会创新活力。

最后,部署实施创新驱动发展战略要推动发展动力系统的转变。发展动力系统的转变包括六个方面:发展方式从以规模扩张为主导的粗放式增长向以质量效益为主导的可持续发展转变;发展要素从传统要素主导发展向创新要素主导发展转变;产业分工从价值链中低端向价值链中高端转变;创新能力从"跟踪"为主向"并行、领跑"为主转变;资源配置从以研发环节为主向产业链、创新链、资金链统筹配置转变;创新群体从以科技人员的小众为主向小众与大众创新创业互动转变。

3. 创新驱动发展战略的主要任务

《国家创新驱动发展战略纲要》提出要紧紧围绕经济竞争力提升的核心关键、社会发展的紧迫需求、国家安全的重大挑战,采取差异化策略和非对称路径,强化重点领域和关键环节的任务部署,主要有八大方面的任务。

一是推动产业技术体系创新,创造发展新优势。

加快工业化和信息化深度融合,把数字化、网络化、智能化、绿色化作为提升产业竞争力的技术基点,推进各领域新兴技术跨界创新,构建结构合理、先进管用、开放兼容、自主可控、具有国际竞争力的现代产业技术体系,以技术的群体性突破支撑引领新兴产业集群发展,推进产业质量升级。

二是强化原始创新,增强源头供给。

坚持国家战略需求和科学探索目标相结合,加强对关系全局的科学问题研究部署,增强原始创新能力,提升我国科学发现、技术发明和产品产业创新的整体水平,支撑产业变革和保障国家安全。加强面向国家战略需求的基础前沿和高技术研究,大力支持自由探索的基础研究,建设一批支撑高水平创新的基础设施和平台。

三是优化区域创新布局,打造区域经济增长极。

聚焦国家区域发展战略,以创新要素的集聚与流动促进产业合理分工,推动区域创新能力和竞争力整体提升。构建各具特色的区域创新发展格局,跨区域整合创新资源,打造区域创新示范引领高地。

四是深化军民融合,促进创新互动。

按照军民融合发展战略总体要求,发挥国防科技创新的重要作用,加快建立健全军民融合的创新体系,形成全要素、多领域、高效益的军民科技深度融合发展新格局。

五是壮大创新主体,引领创新发展。

明确各类创新主体在创新链不同环节的功能定位,激发主体活力,系统提升各类主体创新能力,夯实创新发展的基础。培育世界一流创新型企业,建设世界一流大学和一流学科,建设世界一流科研院所,发展面向市场的新型研发机构,构建专业化技术转移服务体系。

六是实施重大科技项目和工程,实现重点跨越。

在关系国家安全和长远发展的重点领域,部署一批重大科技项目和工程。面向2020年的重大专项与面向2030年的重大科技项目和工程,形成梯次接续的系统布局,并根据国际科技发展的新进展和我国经济社会发展的新需求,及时进行滚动调整和优化。

七是建设高水平人才队伍,筑牢创新根基。

加快建设科技创新领军人才和高技能人才队伍。围绕重要学科领域和创新方向造就一批世界水平的科学家、科技领军人才、工程师和高水平创新团队,注重培养一线创新人才和青年科技人才,对青年人才开辟特殊支持渠道,支持高校、科研院所、企业面向全球招聘人才。倡导崇尚技能、精益求精的职业精神,在各行各业大规模培养高级技师、技术工人等高技能人才。优化人才成长环境,实施更加积极的创新创业人才激励和吸引政策,推行科技成果处置收益和股权期权激励制度,让各类主体、不同岗位的创新人才都能在科技成果产业化过程中得到合理的回报。

八是推动创新创业,激发全社会创造活力。

建设和完善创新创业载体,发展创客经济,形成大众创业、万众创新的生动局面。发展众创空间,孵化培育创新型小微企业,鼓励人人创新。

(二) 国家创新体系的概念及其特征

实现创新驱动是一个系统性的变革,要按照"坚持双轮驱动、构建一个体系、推动六大转变"进行布局,构建新的发展动力系统。其中,"构建一个体系"就是指建设国家创新体系。

1. 国家创新体系的概念

国家创新体系作为一个特定的概念,是美国经济学家理查德·R.纳尔逊和英国经济学家克里斯托弗·弗里曼于1987年在《技术进步与经济理论》一书中首先提出的。国际上较通用的一种定义是:国家创新体系是指由一个国家的公共和私有部门组成的组织和制度网络,其活动是为了创造、扩散和使用新的知识和技术。这一定义强调了创新体系的一体性和完整性,它是以制度性框架为前提的。

此外,经济合作与发展组织(OECD)认为,国家创新体系是由一系列公共机构(国家实验室、大学、国家研究机构等)和私营机构(主要是企业)组成的系统或网络,这些机构的活动相互联系、作用与影响,决定了一个国家扩散知识的能力并影响国家的创新能力和表现。这一定义强调了创新体系的整合性与互动性。

我国学者对国家创新体系的定义有很多,其中较有代表性的一种是:国家创新体系是指一个国家内各有关部门和机构间相互作用而形成的推动创新的网络,是由经济和科技的组织机构组成的创新推动网络。这一定义强调竞争的层次已从企业上升到国家和政府一级系统的整合水平,反映了国家创新体系对创新活动的推动性。

由于各国的政治、经济制度不同,历史、文化发展的渊源各异,不同的国家在创新各要素所起的作用以及创新各要素之间的相互联系等方面差异很大,这就决定了一个国家创新的绩效、开展创新的积极性、科技与经济的结合度、创新活动的难易度等也不同,从而构成了不同特色的国家创新体系。

综上所述,国家创新体系主要由企业、科研机构、大学、中介服务机构、相应的金融机构和政府部门等组成,体现了科技体制与经济体制的有机融合,是加速科技产业化的制度保证。

2. 国家创新体系的特征

尽管不同国家的创新体系各不相同,但是任何国家创新体系的理论前提是一致的,即"系统失效"问题。其主要表现为:企业与科研机构、企业与大学以及企业与企业之间合作、联系和知识流动不足,国家资助的基础研究方向与产业界的应用和开发研究不匹配,高等学校未能培养企业迫切需要的具有强烈创新意识的人才,金融机构回避创新、创业风险,技术转移等中介机构在促进知识流动方面没有发挥应有的作用,企业技术创新的主体地位尚未真正确立,等等。这些因素都会影响一个国家创新活动的绩效。国家创新体系正是要将政策制定者的注意力集中或转移到"解决系统失效"问题上去。这个前提的一致性,决定了各国的创新体系具有一些共同特征。

(1) 网络性

国家创新体系是一个网络化的组织结构,这种组织结构具有很强的适应性和灵活性,任何一个网络结点都能迅速将新的知识和创新扩散出去。网络化的决策使知识的流动更为便利,并且减少了决策失误和不确定性因素,大大降低了决策风险。其创新战略选择由强调多元化、相互依赖和双向交流的战略事业网络系统来承担,使新的知识和创新很容易在合伙商、用户、供应商、研究机构以及竞争对手之间流动,形成无所不在的知识网络。

(2) 合作性

过去的创新战略着重强调竞争性,以取得竞争优势作为市场取胜并获取"潜在超额利润"的重要标准,这样就容易出现为了保持自己的某些优势而阻碍新的知识和创新的流动与扩散的局面。国家创新体系强调合作性战略,通过共生关系促进社会各方面加快创新的步伐,以提高整个社会的效益作为创新战略的衡量标准;通过合作,形成一个良好的知识创造、流动、扩散、应用体系,为创新提供更多的机会和信息来源。

(3) 联系性

国家创新体系构建了一个广阔的联系网,参与者之间的联系是多种多样的,如合作研究开发、人员交流、专利交叉授权,等等。通过企业界、大学和研究界之间新知识、新创造的交流、比较、互动和融合,推动知识和创新的传播和扩散,建立起社会各界的广泛联系。所以,正如经济合作与发展组织研究国家创新体系的资深顾问爱德奎斯特所指出的:没有了联系也就不存在创新体系。

(三)国家创新体系的基本框架

国家创新体系的制度安排和网络结构是一个国家创新活动的重要决定因素,通过影响知识的生产,进而影响经济的发展。这种结构是由产业界、政府、科学界和教育界在发展科学和技术的过程中相互联系与交往而形成的。企业、研究机构和教育与培训机构(含中介机构)是国家创新系统中的基本组成部分,或者说是它的几个主要的子系统。

1. 企业

首先,创新是一项与市场密切相关的活动,企业会在市场机制的激励下从事创新。其次,创新是生产要素的一种重新组合,而这种组合只有企业家通过市场才能实现,这是其他组织和个人所无法替代的。再次,技术创新需要很多与产业有关的特定知识,它们是企业技术创新的基础。技术创新不是发明。发明在没有得到商业上的应用时,在经济上是不起作用的,新技术本身并不能保证经济繁荣和国家安全,只有将新技术更有效地应用于研制新型、高质、成本低且有竞争力的商品和工艺时,才能作出贡献。这一由知识到商品的转化,主要依靠制造产品和创造工艺的企业来完成,需要经过漫长的研究开发、试制和生产过程,这一过程主要为技术创新所涵盖。因此,发明家不一定是企业家,能使新技术产业化的,即技术创新的主要驱动力量,只能是企业家和企业。所以,企业在技术创新中具有关键性作用,是技术创新的主体。

企业是技术创新的主体,具体是指:

(1) 企业是创新选题的主体

由于企业处于市场竞争的最前沿和竞争的中心,对新技术、新产品的发展方向能保持最敏锐的洞察力,所以必须发挥企业在技术战略制定和市场分析基础上的创新选题的主导作用。

(2) 企业是创新决策的主体

由于当今时代科学技术迅速发展,新技术不断涌现,技术的相互渗透和广泛扩散,不仅使创新决策速度的快慢成了能否保持竞争优势的重要影响因素,而且也加大了创新决策的难度,唯有处于市场竞争风口浪尖的企业,才能为了自身的生存与发展去适应这种变化,并达到快速决策和科学决策的要求。

(3) 企业是创新融资的主体

一般来说,更多的研究与发展的投入意味着更多的技术创新的产出。企业只有自觉地将资金投入到研究与发展活动中去,才有可能持久地保持自己的竞争力。当然,这里并不否定政府的政策支持与优惠措施的促进作用。

(4) 企业是创新集成和整合的主体

创新是一个从新思想到商业化的完整过程,是企业的研究开发、产品设计、工艺创新、制度创新、管理创新、市场开拓,以及企业与企业外部的研究机构、高等院校及其他企业相互作用的结果,也是与金融、法律、文化等因素相互影响的产物。因此,对创新过程中各变量和要素进行有效的系统集成和整合,对创新效率的提高具有决定性意义。这个集成和整合,要靠企业家通过企业来实现。

(5) 企业是创新风险承担的主体

由于创新过程内在的技术、市场、利益分配和政策环境等的不确定性,以及市场机制在激励创新中的不完善,使得技术创新过程的每个环节都充满了风险。但是,由于企业是以获取最大利润为目的的经营主体,往往能认识到技术创新未来的巨大潜力,或者说被"来自创新的利润"所鼓舞,因而具备了承担风险的心理和经济承受能力。

(6) 企业是创新受益的主体

技术创新有实用价值,可以为企业带来可观的经济效益,在企业制度规范和完善的前提下,企业对技术创新有很大的积极性。企业一旦实现了一项重大创新,很有可能引起现存市场结构的不均衡,于是成功的创新便获得了额外的增长速度和创新利润,成为创新的受益者。而专利和版权等知识产权保护制度的建立,更利于激发企业创新的积极性,强化企业创新受益的保障。

在技术创新中,科技型小企业与大企业同等重要。大企业具有较强大的资金和技术实力,使它们有能力从事产品创新与大规模的工艺创新,而科技型小企业因机制灵活、创新动力大,一旦有资金帮助,会更愿意从事创新。值得指出的是,我们所讲的作为创新主体的企业是指具有创新的动力和能力的现代企业制度意义上的企业。

2. 科研机构和研究型高校

科研机构和研究型高校是重要的创新源和知识库。科研机构既包括政府设立的国立研究机构,也包括民间非营利性科研机构。一般说来,知识可分为科学知识和技术知识两类。科学知识的特征是其将深化人类对客观世界的认识,一般没有直接的、特定的实用意义,是"公共产品",但它是技术知识发展的基础,对国家社会经济发展和国家竞争力有着深远的影响。由于科学知识与实际的生产应用往往有相当的距离,企业不能立即见到经济效益,因此它们对科学知识的生产兴趣不大。为了使科学知识产生最大的公共利益,实现其社会目标,美国、日本等国的政府普遍承担着本国大部分的科学知识研究与发展投入,投入主要应用于基础研究和应用研究中,由大学和国立科研机构来执行。另外,企业也在不同程度上开展了自己的基础研究,其目的并不仅仅是要生产多少科学知识,更是要掌握该领域的发展动态,以抓住新出现的商业机会。知识经济时代的来临强化了科研机构、高校在国家创新系统中的作用,因为企业的创新活动越来越依赖于它们所生产的知识。

3. 教育培训和中介机构

教育与培训是知识生产、传播和应用的基础之一,是创新系统中的重要环节。其主要功能是培养出具备必要的技术技能、知识和创造力的人力资源。从根本上说,创新依赖于人的素质及创新思维能力的提高。没有一支高质量的人才队伍,新的知识难以产生,知识难以获得应用,技术成果也难以转化为现实生产力。况且,在知识不断更新的时代,只有对职工进行新技术知识的再培训,才能提高职工进行新产品开发和生产的能力。中介机构是促进知识流动,提供知识服务,尤其是加速科研部门与中小企业间知识流动的一个重要环节,各国都把这种中介机构的建设看作是政府推动知识和技术扩散的重要途径。

图1.1显示了国家创新体系各组成部分的相互关系及其在国家创新系统中开发与配置技术资源的具体作用。需要指出的是,无论是人力资源的开发,还是技术积累、技术竞争力的形成,都不是某个子系统的专有职能,而是存在于各个子系统的"用中学"或"干中学"的过程。但是,对于每个子系统,又不可忽视其自身的基本职能。

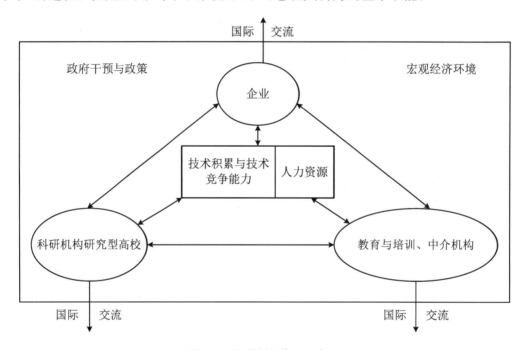

图1.1 国家创新体系示意图

许多因素都会影响创新体系效率的提高。我们把这些因素分为两类:一类是内部效率,即各子系统内部管理过程的效率;另一类是外部联系效率,即子系统之间联系与合作等交易过程的效率,该种交易过程不是单向的,而常常是双向的相互作用。本国创新系统中的行为主体同其他国家创新系统中的行为主体之间的国际技术联系是一种很重要的外部联系,对于发展中国家而言更是如此。

创新主体所处的环境将直接影响创新系统的效率。创新系统是一个以市场为基础的资源配置系统,只有处在市场竞争中的企业才能做到。但由于创新过程中存在种种不确定性,加之市场机制的不完善,还是需要政府予以一定程度的干预。其他国家的经验表明,最有效的制度环境是政府与市场的互补:凡是市场机制能够发挥作用的领域与方面,就由市场充分发挥作用,而在市场失效的方面,则通过政府干预加以补充。政府可为企业创新构筑良好的符合本国国情的政策法律环境和基础设施环境,通过政策、法规、计划、项目、采购、财政金融、服务等多种形式,影响、引导与干预创新活动中的作用与效率。总之,在创新系统中,要将企业、高校与科研机构,市场和政府,微观规范和宏观调控等结成紧密相联、相互交织、共同发展的网络或整体。

二、科技服务业与科技中介服务机构

(一)科技服务业的概念

科技服务业是现代服务业的重要组成部分,具有人才智力密集、科技含量高、产业附加值大、辐射带动作用强等特点。加快科技服务业发展,是推动科技创新和科技成果转化、促进科技经济深度融合的客观要求,是调整优化产业结构、培育新经济增长点的重要举措,是实现科技创新引领产业升级、推动经济向中高端水平迈进的关键一环,对于深入实施创新驱动发展战略、推动经济提质增效升级具有重要意义。

《国务院关于加快科技服务业发展的若干意见》(国发〔2014〕49号)指出,到2020年,我国要基本形成覆盖科技创新全链条的科技服务体系,服务科技创新能力大幅增强,科技服务市场化水平和国际竞争力明显提升,培育一批拥有知名品牌的科技服务机构和龙头企业,涌现一批新型科技服务业态,形成一批科技服务产业集群,科技服务业产业规模达到8万亿元,成为促进科技经济结合的关键环节和经济提质增效升级的重要引擎。

为加快发展我国科技服务业,将按照《国务院关于加快科技服务业发展的若干意见》,重点发展研究开发、技术转移、检验检测认证、创业孵化、知识产权、科技咨询、科技金融、科学技术普及等专业科技服务和综合科技服务,提升科技服务业对科技创新和产业发展的支撑能力。其中,技术转移服务要重点发展多层次的技术(产权)交易市场体系,支持技术交易机构探索基于互联网的在线技术交易模式,推动技术交易市场做大做强;鼓励技术转移机构创新服务模式,为企业提供跨领域、跨区域、全过程的技术转移集成服务,促进科技成果加速转移转化;依法保障为科技成果转移转化作出重要贡献的人员、技术转移机构等相关方的收入或股权比例;充分发挥技术进出口交易会、高新技术成果交易会等展会在推动技术转移中的作用;推动高校、科研院所、产业联盟、工程中心等面向市场开展中试和技术熟化等集成服务;建立企业、科研院所、高校良性互动机制,促进技术转移转化。

(二) 科技服务业发展特点与发展趋势

当前,我国科技服务业在发展阶段、行业结构、空间分布及集聚模式等方面都具有一些特点。

1. 发展阶段特点

一方面,在创新发展水平上,我国与美国、瑞士等发达国家还有明显差距,在2020年全球创新指数当中,我国排名第14名,美国排名第3名。另一方面,在行业规模上,发达国家的科技服务业产值约占GDP的5%,而我国2019年的这个数据仅为2.19%,差距还较大。因此,目前我国科技服务业发展仍处于起步阶段,任务艰巨。

2. 行业结构特点

在营收结构上,研发设计、技术转移转化、创业孵化以及科技金融服务是整个行业的核心层,也是营收的主力军,其中研发设计服务更是核心中的核心力量。在人员结构上,科技咨询服务占比较大,而核心层占比相对较少。在市场结构上,民营企业和事业单位是行业的双主体。在企业规模上,小而弱的现象突出,产业集中度不高。

3. 空间分布特点

在沿海发达的城市,由东向西、由南向北递减,形成了三大梯队。第一个梯队主要包括北京、广东、江苏、浙江、上海等创新资源丰富、创新活力较强的区域;第二梯队主要包括山东、四川等经济发展相对发达的区域;第三梯队主要是其他一些经济发展相对较弱的区域。

4. 集聚模式特点

集聚模式主要有混合型集聚和专业性集聚两种模式。混合型集聚是指多个领域的企业主体汇聚在一起,一般在高新区、经开区等较为贴近市场的区域,如一些科创服务综合体等。专业型集聚是指以某个特定领域为主,由龙头带动构建的服务生态,一般在交通比较便利的区域,如研发设计产业集群、检验检测园、创新孵化园等。

尽管我国科技服务业起步较晚,但近年来得益于大众创业、万众创新等积极的创新政策支持,整体发展趋势向好,主要表现在以下几个方面。

科技服务需求日渐旺盛。随着科技产业园、企业孵化器、生产力促进中心、创客中心、基金小镇等各类综合性、专业性或专门性服务机构不断涌现,服务能力不断提升,有力地带动了全社会的创新创业热情,激发了科技服务需求。

新兴业态不断涌现。科技服务业的发展支撑了科技创新,而科技的进步与变革也同样改变了各创新要素的流动方式,对科技服务的需求也发生了变化,促使科技服务业的新兴业态不断涌现。

服务内容趋于向高端化、专业化、精细化和集成化方向发展。"一站式、一条龙"线下线上相结合的服务模式将成为主流。如通过整合科技创新资源数据,以"平台服务＋创新服务＋行业解决方案"的模式,构建全域创新服务生态,面向全国创新创业者、企业、院校、园区、政府提供一站式创新服务。

(三) 科技中介服务机构

1. 科技中介服务机构的内涵

中介主要是指在市场经济活动中,在需方和供方之间起沟通、联系、促进交易的个人、组织及其服务活动。

中介组织指的是专门为各类社会主体提供中介服务的组织、机构,包括科技咨询培训机构、科技孵化服务机构、技术创新服务机构、投融资服务机构等,它们是联系政府、企业和社会的桥梁与纽带,是保证现代市场经济能够运转的支持系统,其功能在于为交易双方提供中介服务,以便降低交易成本。

伴随着科技的发展,以技术为商品,推动技术流通、技术转移、转化和开发为目的的科技中介服务业逐渐兴起,为市场中介业注入新的活力,成为第三产业中最具活力和智力特征的服务产业。在1989年4月,关贸总协定秘书处开列的"服务部门参考清单"中,把科技中介服务机构列入重要位置。

我国科技部(全称"中华人民共和国科学技术部",以下简称"科技部")在《关于大力发展科技中介机构的意见》中指出,面向社会开展技术扩散、成果转化、科技评估、创新资源配置、创新决策和管理咨询等专业化服务的科技中介机构,属于知识密集型服务业,是国家创新体系的重要组成部分。科技开发交流中心、生产力促进中心、科技企业孵化器、科技咨询和评估机构、技术交易机构、创业投资服务机构等,是科技中介服务机构的主要形式。

《中共中央国务院关于加强技术创新、发展高科技、实现产业化决定》(中发〔1999〕14号)第七条指出:科技服务中介机构属于非政府机构,它是科技与应用、生产、消费不可缺少的服务纽带。国家鼓励某些性质相似的科研机构转制为企业性的科技服务中介机构,也鼓励科技人员创办这类机构。

2. 科技中介服务机构的划分

按照科技中介服务内容的不同,科技中介服务机构可分为信息咨询服务、成果转移服务、投融资服务、人才服务、法律监督、企业孵化等不同类型的中介服务机构。

(1) 信息咨询服务机构

信息咨询服务机构是要求服务机构充当信息集散器和处理器,为社会提供有价值的科技信息服务,使需方获益。此外,机构也可以根据需方要求,利用自身的智力优势,提供战略规划、决策等服务。这类机构主要有科技情报研究所、技术信息咨询服务中心、工程技术咨询服务中心、农业信息咨询服务中心等。

(2) 技术转移服务机构

技术转移服务是中介服务机构直接介入科技成果转化的实施过程，为科技资源的有效流动和合理配置提供服务。其专业性强、技术要求高，要求比较熟悉该领域的技术发展动态，能准确作出技术定位和技术评价，以合作和指导的方式，使技术供求双方实现有效对接。科技开发交流中心、生产力促进中心、技术交易所、科技示范服务中心、农业技术推广中心、工程研究中心等中介机构属于这一类型。

(3) 投融资服务机构

投融资服务机构主要是为高新技术产业化的起步和发展提供风险投资、投资咨询和担保等服务。这种服务的特点是高投入、高风险、高收益。高新技术产业的成长和发展，迫切需要投融资中介机构的支持，使科技企业从根本上解决发展中所面临的资金短缺问题。投融资服务机构包括科技投资信托公司、科技创业投资公司、科技风险投资咨询公司、科技创业投资担保公司等。

(4) 人才服务机构

人才服务机构的功能是为科技人才资源的优化配置和充分利用发挥桥梁作用。因此，它一方面应及时收集用人单位对科技人才的需求信息；另一方面应对科技人才进行专业、技能培训，以满足市场对科技人才的需求。如科技人才市场、科技人才交流中心、科技人才猎头公司、科技人才培训中心、技术培训中心等属于这一类型的机构。

(5) 法律服务机构

由于技术信息的不对称，会导致技术交易的暗箱操作，导致交易成本上升，信息失真，行为不规范，知识产权、专利得不到有效保护，从而使技术交易的供需双方出现法律风险，因而必须建立健全法律服务机构，为技术交易行为提供法律服务，有效回避技术交易的纠纷产生，协调双方关系，保障交易双方的合法权益。这类机构主要有科技法律事务所、专利事务所、知识产权评估中心等。

(6) 企业孵化机构

高新技术创业服务中心、民营科技园、大学科技园等属于企业孵化机构。他们面向社会吸纳可转化的高新技术成果和有发展前景的小型科技企业，为其提供孵化场地和相应的物业管理、投融资、市场开拓与发展咨询、企业管理培训、财务管理、法律和政府政策等必要的服务，为科技成果转化和科技企业的培育提供良好的条件。

按照科技服务中介在技术成果转化过程中的各个阶段所发挥的作用不同，科技服务中介可分为技术孵化型、技术代理型、技术扩散型三类。

技术孵化型机构是指直接参与服务对象的技术创新过程的机构，如创业服务中心、工程技术研究中心等。

技术代理型机构是指主要为科技资源有效流动、合理配置提供服务的机构，如常设技术市场、人才中心市场、技术产权交易机构等。

技术扩散型机构是指主要利用技术、管理和市场等方面的知识为创新主体提供咨询与培训活动的机构,如科技开发交流中心、生产力促进中心、技术交易所、科技评估中心、科技招投标机构、情报信息中心、知识产权事务中心和各类科技咨询机构等。

另外,科技中介机构按照其法律地位可分为具备法人资格、不具备法人资格,按中介的目的可分为营利型和非营利型,按承办主体可分为官办、半官办和民营,按服务对象的行业性质分为农业科技中介服务、工业科技中介服务、面向第三产业的科技中介服务等类型。实际上,目前社会上很多中介机构是多功能跨类型的,如科技服务公共平台等。

3. 我国科技中介的发展历程

我国科技中介服务体系是随着改革开放的逐步深入和经济结构的调整,特别是随着科技体制改革、高新技术产业的兴起而逐步发展起来的。就全国而言,其发展历程大致可分为三个阶段。

(1) 初始发展阶段(1978~1983年)

改革开放之后,由于"技术商品化"观念的确立,一些科技人员自发创建了一些科技中介服务机构,在此期间长三角地区较早出现政府扶持的科技开发交流中心等机构。此阶段的主要特点有:

① 首先诞生在处于改革前沿的北京和沿海地区,创办的科技中介组织以科技咨询和科技服务为主。

② 以自下而上为主,多为科技人员自发建立,仅有政府的零散支持或政策扶持。

③ 探索性和风险性,国内无现成模式可借鉴,也无法从国外获得先进的经验,只能从我国体制转轨、社会转型的实际去探索,一些科技人员为此付出巨大的代价。

(2) 持续发展阶段(1984~1997年)

以1984年《中共中央关于经济体制改革的决定》发布为标志,中央和地方政府出台了一系列政策法规,从改革思路、政策扶持、营造有利宏观发展环境等方面促进科技中介组织建立和发展,因而各类科技中介组织纷纷建立,数量、规模和类型都有了一定的发展,在促进技术创新方面发挥了一定的作用。技术交易所和技术经纪人事务所创立于这一阶段。此阶段的主要特点有:

① 自上而下,以政府主导为主。

② 在主体上,创新主体、金融机构、社会团体等多头介入;在性质上,事业法人、企业法人等多元并存。

③ 运作方式较为单一,发展中无序状况比较严重。

(3) 规范发展阶段(1997年至今)

以党的十五大召开为标志,通过一系列政策措施的制定实施,中介服务发展的市场空间越来越广阔,社会对科技中介组织的认识逐步提升,科技中介市场化进程不断加快,在发展中逐步趋于社会化、网络化、规范化、产业化,功能逐步趋于多元化。创新型

的、实力雄厚的、经受住市场考验的,以及能起到典型示范、推动作用的大型骨干科技中介不断涌现。此阶段的主要特点有:

① 注重在发展中规范。

② 政府监督与行业自律相结合。

③ 发展倾向于自下而上,政府重在营造有利的环境和创造需求,注重与中介组织关系的合理界定,大力促进其市场化。

④ 在所有制结构、管理体制、运作机制、运作模式等方面力促多元化与创新。

⑤ 日益注重技术创新的融合。

第二节　技术市场与技术经纪业

实现技术成果或知识的商业化,开放技术市场,是我国科技体制改革的重大突破,是深化科技体制改革和经济体制配套改革,开拓和解放科技第一生产力的重要举措。加快发展和完善技术市场,是推进国家创新体系建设的重要内容。其中,技术经纪作为技术市场的重要活动,伴随着技术市场的形成和发展,活动日趋频繁,规模不断扩大。技术经纪业应运而生。

一、中国技术市场

(一)技术市场概述

1. 技术市场的含义

技术市场是重要的生产要素市场,是我国统一、开放市场体系的组成部分,是连接科研和生产的桥梁和纽带。

技术市场同其他商品市场一样,也有狭义和广义之分。狭义的技术市场是指进行技术商品交易的场所,如技术交易会、技术集市等。狭义的技术市场,是一种有形市场。广义的技术市场是指技术商品交换关系的总和,它包含了从技术商品的开发到技术商品应用的全过程,涉及与技术开发、技术转让、技术咨询、技术服务相关的技术交易活动及相关主体之间的关系。广义的技术市场,既包含了技术商品交换的具体场所,也包含了技术商品交换过程中所形成的买卖双方经济利益关系的总和。因此,广义的技术市场,是有形市场与无形市场共生的市场。

从业务范围来看,技术市场包括为科技成果向现实生产力转化、满足用户对技术商品的现实需求和潜在需求所进行的一系列业务活动。我国目前设立的技术转移中心、技术交易机构、生产力促进中心、中小企业发展中心等机构,是近年来兴起的技术产权交易机构,所从事的业务工作都是围绕促进科技成果向现实生产力转化而开展的,理论上属于技术市场的范畴。

2. 技术市场的类型

技术市场和其他商品市场一样,可以从各种不同的角度进行分类。科学地划分技术市场的类型,有助于技术经纪人认识各类技术市场的共性与个性,研究各类技术商品的特点和贸易特征,从而有效地发挥科研与生产的纽带和桥梁作用,促进技术市场的繁荣。

(1) 按技术商品的性质分类

按技术商品的性质,可将技术市场分为硬件技术市场、软件技术市场和技术劳务市场。

硬件技术市场上交换的是已经物化为实物的科技成果,如研制品、中试产品、新材料、新型元件等。

软件技术市场上交换的是尚未物化为实物的科技成果,如新工艺、新设计、新配方、计算机软件和新的测试方法等,软件是技术商品的主要组成部分,软件技术市场的发展是我国技术市场繁荣的标志。

技术劳务市场主要是技术拥有者运用自己掌握的知识、经验、能力和信息,为用户提供技术咨询和技术服务等。

(2) 按技术商品的流通范围分类

按技术商品的流通范围,可将技术市场分为国际技术市场和国内技术市场。

国际技术市场是国际技术贸易关系的总和。对于一个国家来说,它包括技术引进和技术输出两部分。

国内技术市场可以分为全国性技术市场和地方性技术市场。全国性技术市场主要由国家有关部门主办。地方性技术市场,是指省级及以下的技术市场,包括各级有关部门、科研单位、大专院校和各级技术经营机构为推动本地区或本行业的技术进步所开展的技术交易活动。

(3) 按不同的技术行业分类

按不同的技术行业,可将技术市场分为农业技术市场、工业技术市场等。

农业技术市场又可分为农、林、牧、副、渔等各专业技术市场。

工业技术市场又可分为机械、电工、仪器仪表、电子、化工等各专业技术市场。

(4) 按交易形式分类

按交易形式,可将技术市场分为常设技术市场和临时性技术市场。

常设技术市场是指有固定机构、人员、经营场所和业务范围的技术交易服务机构。

其主要特点是技术商品交易"商店化"。它既非买方,也非卖方,而是为技术商品流通服务的专业机构。

临时性技术市场类似城镇贸易集市。一般没有固定场所,通常根据科技开发和经济发展的需要,定期或不定期开展技术交易活动。

(5) 按经营方式分类

按经营方式,可将技术市场分为直接的技术市场和间接的技术市场。

直接的技术市场是指在市场上,供需双方见面,产销直接挂钩,进行技术商品交易,是没有技术中介方的技术市场。

间接的技术市场是指供需双方开始并不直接见面,而是由中介方牵线搭桥,待双方意向、条件基本一致后,再由中介方安排双方见面达成交易。

3. 技术市场的构成

技术市场的构成必须具备三个要素:技术市场的主体,即技术商品的供方、需方和中介方;技术市场的客体,即可供交易的技术商品;技术市场的内容。三者相辅相成,缺一不可。

(1) 技术市场的主体

技术市场的供方、需方和中介方是构成技术市场最基本的交易主体。

技术市场的供方(或卖方),也称技术商品的让与方,主要是各类科研机构、设计单位、高等院校以及持有技术商品的科技人员等。其基本作用是给技术市场提供技术商品,通过交易实现技术商品的价值和使用价值。

技术市场的需方(或买方),也称技术商品的受让方,主要是生产企业。其基本作用是购进技术商品并应用于生产,完成技术商品的流通,实现技术商品的生产目的。

技术市场的技术中介方,即技术中介服务机构和技术经纪人。其基本作用是为技术商品交易双方牵线搭桥,并对技术商品进行宣传、评估、鉴定,对技术交易过程进行组织、协调、监督。

(2) 技术市场的客体

技术商品是构成技术市场的基础,是技术市场的客体。在技术市场上转让的技术商品,可以是硬件形态的样机、样品、机器设备等,也可以是软件形态的设计、工艺、配方以及劳动流动形态的技术服务和技术咨询等。科研生产联合体中实行技术入股、合资经营、联合开发、合作生产等,也属于广义的技术商品供给。

(3) 技术市场的内容

技术市场的内容就是构成技术市场的硬件和软件。它包括技术市场的实物或虚拟设施(如互联网上的技术市场)、规范技术市场的各种规则惯例、技术商品的价格以及关于技术商品的交易条件等等。

（二）技术市场的管理

1. 技术市场管理的概念

技术市场作为现实经济生活中一种有效的技术流通方式，无疑对经济的发展、科学技术的进步起着重要的作用。但技术市场是否能发挥应有的积极作用，与相应的技术市场管理紧密相联。技术市场管理有狭义和广义之分。狭义的技术市场管理是指政府有关部门对技术交易所进行的管理。其特点是把管理的概念完全局限于技术交易所的范围内来理解。广义的技术市场管理是指政府各有关部门，依照国家有关法律、法规和政策的规定，对技术商品的交易进行干预、调节、指导和控制，以规范和引导技术市场的行为，保证技术商品交易顺利进行，促进技术市场健康发展。广义的技术市场管理泛指所有与技术交易有关的管理。其管理的行为可以是组织、监督、协调、控制、调节、指导等。其管理的范畴包括从生产、流通到使用技术商品的整个过程。其管理的对象是技术市场组成的要素及其活动，即技术市场上流通的技术商品，技术商品交易的买方、卖方和中介方，技术市场上的交易行为等。

2. 技术市场管理的指导方针

一段时期内，国家对技术市场管理的指导方针是"放开、搞活、扶植、引导"。

所谓放开是指不受地区、行业、部门和经济形式的限制，鼓励国家、集体、个人一起上，放开手脚开展技术贸易，大力解放科技生产力。除国家有特殊规定的领域外，进入技术市场的主体要大大放开。允许科技人员在不影响本职工作和不侵犯单位权益的前提下，进入技术市场。

所谓搞活是指在科技成果商品化的各个环节引入市场经济机制，公平竞争。搞活技术贸易的运行机制，多层次、多渠道、多种形式地开展技术贸易。各地区、各部门可以根据技术市场买、卖、中介各方的需要，设置各种类型的技术市场，举办各种类型的技术交易活动，组织多种形式的技工贸一体化经营，促进科技成果通过技术市场的流通领域，进入经济建设主战场。

所谓扶植是指国家对技术市场从法律上支撑，从政策上倾斜，从经济上予以优惠，从组织上予以支持，大力推动技术市场快速发展和优化提升。

所谓引导是指综合运用行政、经济、法律的手段，合理调节、积极引导技术市场活动沿着适应社会主义市场经济发展的需要、促进科学技术进步的方向健康发展，推动各类技术交易机构和技术交易活动按照国际规范和现代化制度管理和运行。

3. 技术市场的管理机构

在我国，负责对国内技术市场进行布局筹划、发展规划和机制规范等管理的机构是科技部，具体职能部门是其下设的技术市场管理办公室。根据技术市场管理体系化的要求，各省、地、市一般也都设有相应的专门职能部门负责本地区的与部门职能相关的技术市场专业管理工作。

与此同时,各级工商行政管理部门、专利管理局以及银行、财政物价、统计、审计等行政管理部门,运用法律、经济和行政手段,在其职能范围内,对技术市场进行监督和管理,保证技术市场健康、有序地运行和发展。

(三)网上技术市场

1. 网上技术交易——现代技术商品交易方式

现代技术商品交易方式,是将电子商务的模式应用于技术商品的交易,使技术商品的买卖方通过架设在互联网上的无形技术市场——网上技术市场上建立的虚拟展览会、交易会进行交易,以高效和经济的形式使信息在世界范围内传播并寻找合适的交易对象。它可以完成寻找技术商品、交易洽谈、竞买竞卖、签订合同、付款结算及科技资源配置等一系列的技术商品交易。网上技术市场以无形及虚拟的方式进行技术交易(图1.2),它是技术交易方式的一次新的转变与飞跃。

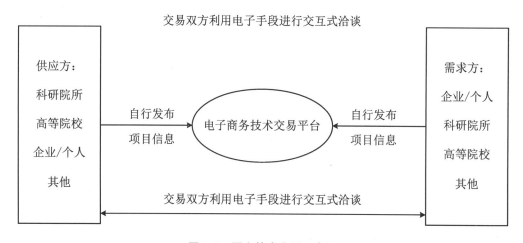

图1.2 网上技术交易示意图

2. 网上技术市场的特点

网上技术市场作为新的技术商品交易方式,与传统的技术交易方式有很大不同。

(1) 交易过程电子化

网上技术市场的交易双方使整个技术商品的交易过程都在网上以电子文件的形式进行,结算使用的是电子货币,改变了传统技术交易的书面文件和转账结算方式。

(2) 交易市场虚拟化

网上技术市场的交易是在虚拟市场上进行的。这个市场没有房屋、展台、销售人员,也没有实物商品,但它可以每天24小时、365天不间断营业。在整个技术交易过程中,技术商品的买卖双方不需直接见面,只要通过网络形式进行交流,就可以完成所有交易程序。

(3) 交易对象特定化

网上技术市场的交易对象限定是互联网用户,技术商品的买卖双方都必须上网才能进行交易。由于互联网用户遍布世界各地,因此网上的客户又是广泛的,比任何一个有形市场要大得多。

(4) 交易高效化

网上技术市场技术商品交易的整个交易过程都是在网上进行的,与传统的交易方式相比,极大地缩短了交易时间,降低了交易成本,实现了"足不出户,买卖兴旺"的愿望。

3. 网上技术市场的作用

网上技术市场的作用主要有六个方面。

(1) 改变传播、拓宽信息

互联网时代使信息传递发生了革命性的变化,致使与其有直接或间接关系的一切产业都会不可避免地受其影响。网上技术市场与传统信息传播方式相比,不但实现了信息的实时传播,而且还可传播包括文字、声音、图像、数据等多种表现形式的信息。信息传递不仅可以实现一对一的双向交互,还可以实现一对多或多对多的交互式传递。

网上技术市场还具有大幅度增加储存技术商品品种数量、增加配套服务功能、提高服务效率以及成效等作用。例如,国家级的"中国技术联播""中国(深圳)高新技术成果交易会",区域性的"北方技术市场""江苏省科技成果网"及"中国浙江省网上技术市场"等网上技术市场,都存有几万条的各类技术信息,而且每年的更新量都在几千项以上。另外,还可提供项目展示、评估、咨询及检索等许多相关的技术服务。例如,中国浙江网上技术市场2016年达成的交易合同数量达到3236项,交易金额达到569亿元。

(2) 节约费用、降低成本

网上技术市场将分散在各地的科技成果供求信息集中在网上展示,在传统交易中要花费许多人力、财力才能获取的信息现在可以被方便、便宜及快捷地获取。

由于所有的交易过程都可以在网上开展,交易双方不需亲自见面就可以进行选择、洽谈和交易,这样就比传统交易要节约许多信息发布费、差旅费、谈判费、实施签约及履约等费用,不仅降低了技术商品的搜寻成本,交易对象的搜寻也变得快捷和便利,而且也可能降低技术商品的交易价格。例如,南京大地水刀科技有限公司,是一家生产高科技产品——水刀的企业。过去推广产品除了在传统媒体上花广告费外,还要四处参加展览会、交易会。由于产品的体积大、重量重,每次参展、参会的费用少则几千,多达几万,一年就是几十万元的开支。而现在,企业一年只花几千元的网络使用费,同样可以得到产品订单。企业参加展览会、交易会的次数比往年减少了1/3,但产品订单量却增加了20%以上。订单中不仅有国内的企业,还有来自海外的企业。

(3) 表现丰富、方便理解

传统的技术交易主要靠电话、电报、电传等商业文件形式进行信息传递,传递的是声音、文字和静态图像,而在网上技术市场则可进行包括声音、文字、图像(静态、动态)、数据及虚拟空间表现等信息的传递。此外,技术商品尤其是无形的科技成果,有时用传统的商业文件形式很难表现,常会影响人们对商品的了解,从而造成交易成功率低的现象。但利用网上技术市场的虚拟手段(如动态图像或三维动态图像)表现后,就可以生动、直观地表现科技成果(产品)的内涵,便于技术交易者了解交易标的,促成交易。

(4) 树立形象、增加机会

网上技术市场给科技成果的研发单位树立自身形象和提高知名度提供了空间。科研机构可以通过建立网站、网页及注册域名等方式宣传自己、推介项目和产品,使科研优势及产品知名度在大范围内迅速提升,在激烈的市场竞争中尽快占领有利地位。例如,浙江省机电研究院通过中国浙江省网上技术市场宣传并介绍本院的科研条件和人员优势,使其知名度迅速上升,很快就有交易对象愿意与之洽谈。该院连续中标三个科研项目,获得的研发经费达680万元。

(5) 扩大合作、有力竞争

由于互联网信息传递的同步性和互动性带来的时间效益,以及其空间的柔性化,使人们可以充分利用分散在全球的科技资源(包括虚拟团队、无形共同体以及技术战略联盟等多种组织形式)共同开展科研,以此来增强科研机构的市场竞争力。

(6) 方便沟通、提升效益

普通商品一般为实物形态,通常付款提货后就结束了交易。技术商品交易较之普通商品具有交易复杂程度高、完成周期长等特点。它们的交易常伴随着一系列的设备安装、调试、试产、调整、正式投产等许多环节,而每个环节都需要交易双方互通情况,采取妥善的方式共同解决问题。若按传统的技术交易方式,交易双方沟通成本高、时效性差。而在网上进行技术交易,不仅可大幅度降低沟通成本,而且技术商品交易者可不受时间和空间限制,利用电子邮件、留言板、洽谈室、网上广告等手段,进行在线文字、语音及图像等方面的互动式交流,这对交易双方建立良好的沟通和完成整个交易都有帮助。

利用网上技术市场开展技术交易,还有助于克服因为市场信息的不对称和缺乏沟通而导致交易逆向选择出现零趋向的"柠檬效应"现象,从而使科技与经济的结合更加紧密,并在促进科技成果向商品化和产业化转化的同时,使其交易形式向着更高级的商业形态发展,而且还可以"货比三家",精挑细选。

4. 网上技术市场实例

(1) 南方某信息公司组建运营的网上技术市场

南方某信息公司通过网上技术市场以推动科技成果转化为主轴,凭借丰富的科技资源、强大的平台体系、专业的服务团队,为"有技术""要技术""能服务"的三个群体提供与之相关的各项服务,是国家级的科技成果转化与科技服务门户网站,是科技部认定的"国家技术转移示范机构""国家现代服务业示范企业",是国家奖励办批准建设的国家科技成果转化服务示范基地。

该网上技术市场的功能包括技术评估、市场测评、互动交流等,服务包括专业科技网站的建设和运营、基层经济科技配套、难题竞价、技术经纪、技术网店、帮助中心、支付中心等。

其中核心服务包括:

① 专门解决会员技术深入推广的问题。

服务对象:技术发明人,研究所、高校等技术发明者和拥有者。

服务内容:会员制服务,以技术为主轴,为会员提供技术推广、投资对接、课题承接、技术评估等与技术相关的核心服务。具体包括接洽投资商、承接技术课题、技术价格免费评估、多站宣传、搜索引擎优化处理等专属权限。

② 搭建技术战略与竞争情报资源储备库。

服务对象:地方政府、开发区、科技局;大中型企业、上市公司、风险投资商;高等院校;研究机构。

服务内容:经过人工确认、软件过滤和专家评定三道工序精心筛选,为客户提供科技成果、投资商、技术课题、技术专家、技术情报信息、研究文献、技术标准等一系列核心信息资源。

③ 难题竞价,为企业寻找最好的技术难题解决方案。

服务对象:技术发明人、技术专家、生产型企业。

服务方式:难题竞价采取启动金招投标模式,规范难题解决流程与做法,有效整合技术专家和技术难题资源,迅速有效地解决企业技术难题。

④ 为技术项目需求者提供精选科技成果。

服务对象:创业者、中小型企业、上市公司、风险投资商。

服务内容:根据客户对技术项目的具体需求,通过独具特色的项目精选程序,为客户推荐针对性的科技成果,并围绕意向项目提供行业动态、研究文献、技术标准等高价值配套情报。

⑤ 基层经济科技配套,提供针对性强的综合性科技配套专属服务。

服务对象:各县、乡、镇,各级开发区,各个重点行业部门。

服务内容:根据各县、乡、镇,以及各级开发区的产业布局或重点扶持行业,在其原有的硬件配套设施基础上,为政府、开发区招商引资、产业升级,为企业投资兴业、技术改造、难题解决建设科技软配套专属服务平台。

(2) 华东某高校创业团队建设的网上技术市场

由华东某高校创业团队开发,参加首届中国"互联网+"大学生创新创业大赛,晋级全国总决赛。

该创业团队运营的网上技术市场,在 2015 年成立后的一年内已经有机电、化学、机械、能源环保等领域 100 多个项目进入操作流程,通过线上发展的项目专员 1000 多个,所搜集的研发团队1700多个。

在该创业团队的网上平台上,科研人员可以发帖子,将技术方案简介和心理价位挂在网上,其研究经费需求一般在25万元至50万元之间,研发周期约6个月;相应地,企业人员也可把技术需求、所遇困难和经费预算挂在网上。就这样,网站通过产学研"连连看",将技术供方和需方的"关键词"变为数字化标签,在线进行检索和匹配,最终把配对结果定向推送双方。

(四) 技术产权交易

1. 技术产权与技术产权交易的概念

(1) 技术产权

技术产权是指科技成果所形成的自身知识产权、作价投资所形成的股份权利等。

(2) 技术产权交易

技术产权交易是指法人、具有民事行为能力的自然人和其他经济组织,对其拥有的科技成果、专利技术、专有技术和以科技成果投资、风险投资等形式形成的产权及科技企业的股权在不同地区、部门、所有制之间进行的有偿转让。

技术产权交易的主要服务对象是高新技术企业,高新技术企业的成长与一般企业的成长有诸多差异,其中最显著的是资金的融通方式。多数中小高新技术企业一般是在掌握核心技术而并无充足资金的情况下起步的,因此他们在银行的贷款融资必然会遇到诸如没有信用记录、没有担保能力等困难。同时,中小高新技术企业的成长是一个资金流不断放大的过程,这种放大一般不是靠自我积累,而是靠接力式的股权融资才能得以实现。与此过程相适应的天使投资、风险投资、产业投资的接力换手就形成了技术产权交易的核心内容。

技术产权交易的目的是构建技术与资本的桥梁,促进科技成果的产业化进程,推动社会经济的发展。技术产权交易应当遵循合法、自愿、诚实信用和公开、公平、公正的原则。

2. 技术产权交易的内容、方式与程序

(1) 技术产权交易的内容

技术产权交易的内容包括科技成果转让、科技成果合作开发、科技成果委托开发、科技成果实施许可、科技成果技术入股、企业股权(产权)转让、企业增资扩股、专利技术、专有技术以及技术产权的其他合法交易内容。

(2) 技术产权交易的方式

技术产权交易的方式既可以由交易双方直接协商达成交易,也可以通过招标、拍卖、竞投等集中竞价方式在多方当事人之间撮合达成交易。采取集中竞价方式的,应当保证两次相同类型的交易之间相隔合理的时间。集中竞价交易的规则,由技术产权交易机构在不违反法律法规的前提下自行制定,并须在每次交易之前公布。

随着 2015 年 10 月 1 日新修订的《中华人民共和国促进科技成果转化法》(以下简称《促进科技成果转化法》)的实施,对于国家设立的高校、科研院所或国有企业的技术交易,协议定价将成为高校、科研院所等技术交易的主流方式,换句话说,招标、拍卖、竞价等交易方式将会退为技术交易的辅助形式。

(3) 技术产权交易的程序

采用挂牌交易方式的,技术产权交易的程序一般应当按照申请、挂牌、上市交易、成交鉴证、结算交割的程序进行。技术产权项目挂牌时,应当明确交易的产权性质,必要时还应当具体说明交易的知识产权范围以及保留的知识产权内容。未明确说明的视为没有保留。

3. 技术产权交易机构

技术产权交易机构是指对技术产权交易提供集中交易场所和交易撮合等相关服务的法人。技术产权交易机构分为专营性技术产权交易机构和兼营性技术产权交易机构。设立专营性技术产权交易机构以及其他产权交易机构申请兼营技术产权交易,应当经有关主管部门批准。技术产权交易机构履行的职责主要包括交易监管、鉴证、股权托管等。

技术产权交易机构应当具备以下条件:

① 应有一定数量的注册资本金。
② 高级管理人员和主要业务人员具备开展技术产权交易活动所要求的业务素质。
③ 有固定的经营场所和健全的交易设施。
④ 有完备的交易规则和监督管理制度。
⑤ 法律法规规定的其他条件。

技术产权交易机构应当向会员单位及交易双方提供的服务包括:挂牌推介,征集、筛选和推荐交易项目,设计和实施交易品种;根据交易品种的特点,制定相应的交易条件,为交易双方提供洽谈和交易场所,组织协调交易双方和中介机构开展交易活动,提供交易撮合、结算与交割服务,出具成交凭据;交易过程中所需要的其他服务。

另外,技术产权交易机构应当对挂牌项目的交易活动进行监督检查,并有权依据交易规则对违法、违规行为予以处罚。可根据保障交易安全的实际需要,向参与交易的一方或各方收取保证金。

技术产权交易机构可以根据交易当事人的请求,对交易双方之间的违约纠纷进行调解。调解不成的,交易各方可以依法提起民事诉讼或者申请仲裁。

(五) 中国技术市场的发展和完善

20 年来,我国技术市场发展取得了巨大成就,市场规模迅速扩大,技术市场日趋活跃,交易形式不断创新,服务水平日益提高,已经成为社会主义市场经济体系和国家创新体系不可缺少的重要组成部分,为优化科技资源配置,加速科技成果向现实生产力转化,提高企业的技术竞争力,促进经济结构调整和经济发展,作出了卓越的贡献。

我国技术市场虽然取得了很大发展,但相对于我国科技进步和科技实力的迅速增长,其功能和效力远未得到充分发挥。特别是随着世界新科技革命的迅速发展和经济全球化进程的加快,资本、技术和劳动力等要素在全球范围内流动与配置更加普遍,科技创新能力已成为提升国家竞争力的决定性因素。因此,面对当今经济与科技发展已进入新阶段的新机遇和新挑战,加快中国技术市场的培育、完善和发展势在必行。

加快发展技术市场的具体举措包括以下15个方面:

① 研究和完善持续激励自主创新和创新成果向现实生产力转化的尚存在的障碍和问题。

② 研究制定技术市场繁荣发展的规划和进一步加快技术市场发展的具体措施。

③ 研究多元化主体参与技术交易的条件和程序,鼓励相关主体以市场化的方式进行盈利。

④ 研究科技中介机构开展技术咨询和技术服务的财政扶持政策。

⑤ 逐步建立技术市场的社会信用体系和有关科技中介服务机构的信誉评价体系。

⑥ 加速完善技术转移机制,构建高效的技术转移通道,发挥技术市场的主渠道作用,促进企业、高校、研究院所之间的知识流动和技术转移。

⑦ 加强科技计划项目成果通过技术市场实现技术转移、转化和产业化工作。

⑧ 加强对技术转移国别政策的研究,积极利用国际技术规则,建立符合国际惯例的技术市场促进体系和管理服务体系。

⑨ 支持国内科技中介机构同符合条件的境外技术转移机构的合作。

⑩ 建立和完善科技投融资体系和风险投资机制,完善资产评估制度。

⑪ 大力培育和发展各类科技中介服务机构,引导科技中介服务机构向专业化、规模化和规范化方向发展。

⑫ 创建和发展技术市场协作服务机制,实现创新成果转化和商业化的全过程服务。

⑬ 加强技术市场专业人才培养,提高技术市场经营管理队伍素质。

⑭ 完善技术经纪人认证制度。

⑮ 加强技术市场基础设施建设,建立技术交易服务平台,提高技术市场公共服务能力。

二、技术经纪业

(一) 技术经纪概述

1. 技术经纪业的产生

技术商品的交易不同于一般商品的买卖。技术商品通常是以知识形态存在的,它可以是一项发明、一项新的工艺、一个新的配方或者技术诀窍等。技术商品的特殊性决定了技术交易具有不同于一般商品交易的特征。

(1) 垄断性

技术交易的垄断性,既表现在技术商品的卖方,又表现在技术商品的买方。对技术商品的卖方而言,技术交易的垄断性是由其自然垄断性和法定垄断性决定的。一般来说,技术商品是唯一的,即同一种技术在市场上通常是独一无二的,没有竞争者;即使有时存在少数几个强有力的对手,但他们之间的竞争往往是买方垄断竞争,这就决定了技术交易的自然垄断性。从技术交易的过程看,大部分的技术商品是以专利形式进入市场的。专利权实质上是一种垄断权,这就决定了技术交易的法定垄断性。

对于技术商品的买方而言,也同样存在垄断性。一般商品,往往都有大量的消费者或用户,并有重复消费和消耗量大的特点。而技术商品的需求方往往只有少数几家,甚至最合适的买主只有一家,这就形成了买方的垄断性。

(2) 渗透性

技术交易与合作具有相互渗透性。技术交易不是一手交钱一手交货,在短时间内便告结束的纯粹买卖关系,而是一种长期合作的过程。技术的买方为了尽快掌握技术,充分发挥技术商品的功能,尽早实现其使用价值,还需要卖方在整个交易过程中提供技术咨询、技术培训和其他技术服务。在技术买卖双方签订合同后,交易并不算完成,作为技术卖方,需要帮助买方实施应用该技术,直到该项技术价值在买方得到实现,达到合同规定的要求才算完成交易。技术交易合同短则3~5年,长则10年或更长的时间。有些技术交易还规定在相当长的时间内,任何一方对该技术有所改进,相互仍然应有偿或无偿地进行交换。所以,技术交易双方是一种长期的经济技术合作关系,往往是交易中渗透着合作,合作中又渗透着交易。

(3) 共享性

技术商品使用权具有共享性。在实物商品交易中,一件商品只能有一个买主,商品的所有权和使用权同时转移。而技术商品的交易只是技术使用权的转移,技术商品的所有权始终由技术持有人独占。一种技术商品的使用权可以同时有多个买主,这就出现了同一技术商品的共享性。

技术交易的特殊性,决定了技术商品的出售与购买,以及出售方和购买方二者技术经济效益的最终实现,是一项涉及诸多复杂、繁琐问题的技术贸易事务。因此,客观上需要社会上有一种专门为技术交易活动提供各种中介服务的职业。由此,技术经纪业应运而生。

2. 技术经纪的概念

(1) 一般经纪

通常所说的经纪活动,是指接受委托人委托,为促成他人交易提供居间、行纪、代理等服务,并收取佣金的经营行为。

(2) 技术经纪

技术经纪,或称"技术中介",是指中介方以知识、技术、经验和信息为另一方与第三方订立技术合同进行联系、介绍、组织工业化开发,并为履行合同提供服务的活动。技术经纪是科技服务业中的重要组成部分,是市场经济活跃而信息不对称的产物。它是一项为技术交易的洽谈、签约、履约等提供全程服务的活动。

由于技术交易的特殊性和不确定性,使技术经纪活动需要知识、经验、信息和技巧的支撑。它是在市场经济条件下合理调配科技资源、整合各类专业知识,在市场各主体之间、要素市场之间建立沟通桥梁,促进科学技术转化为生产力的一类重要的服务活动。

(3) 技术经纪与一般经纪的区别

技术经纪与一般经纪服务有着显著区别:

① 技术经纪是为特定的目的进行的,仅指中介方为技术供需双方订立和履行技术合同进行的服务。

② 技术经纪提供全程服务,即贯穿洽谈、签约、履约的全过程,不仅周期长,而且内容丰富、复杂,是一种"多角化"的服务。

③ 技术经纪是以技术知识为基础提供服务,本质上属于技术服务。

3. 技术经纪的要素

(1) 技术经纪的主体

技术经纪的主体,是从事技术经纪的技术经纪人以及技术经纪人所在的技术经纪机构等经过认定的技术经纪行为主体,同时也包括事实上在从事技术经纪活动的社会个人、组织机构和企业。技术经纪的主体是推动技术经纪发展的核心,具有不同于从事技术转移或技术交易的主体的独特性。

(2) 技术经纪的客体

技术经纪的客体,是技术商品。技术商品的充裕、流通是技术经纪体系健康发展的根本,涉及技术本身、技术供方、技术需方等多个方面。虽然其对技术经纪体系具有根本性的意义,但不具有独特性,因为技术商品同时也是技术交易和技术转移中的客体。因此,更具针对性的技术经纪的客体实际上是指可被经纪或需被经纪的技术商品。

(3) 技术经纪的媒介

技术经纪的媒介,是指技术经纪主体从事经纪技术经纪客体的过程中必需的载体,通常包括有形或无形的技术市场。

(4) 技术经纪的环境

技术经纪的环境,是指对技术经纪活动的开展提供支撑、配套和规范约束的各种政策和服务。以法律服务、财税服务等为代表的服务是经纪服务的必要支撑;政策、法规则是既对技术经纪起到了规范的作用,又对技术经纪的发展起到了激励、促进作用。

(二) 技术经纪的地位和作用

从构建国家创新体系的角度看,新兴的科技体系由三个层次组成:第一个层次是以科研院所、高等院校为主体的科学研究体系;第二个层次是以企业为主体,产学研相结合的技术开发体系;第三个层次是以中介机构为主体的社会化科技服务中介体系。技术经纪作为社会化科技服务中介体系的一个重要组成部分,作为科技与经济结合的中间环节,在加快科技进步,特别是在高技术产业化方面,起到了重要的、不可替代的作用。

从宏观上看,技术经纪业的作用包括:促进产学研的深入合作,提高企业的自主创新能力;有效地提升科技型中小企业的成长质量;通过高级的科技服务经纪活动,活化市场,强化企业的资本动力;引进和培育高素质人才,建设企业的人才高地等。

从微观上看,技术经纪业的作用是促进科技成果转化和技术转移,具体可以归纳为六个方面。

(1) 沟通作用

技术经纪机构一方面受买方委托,在众多的专利和科技成果中,为买方选择成熟、先进和适用的科技成果,做买方的忠实顾问;另一方面,受卖方的委托,向客户推销其科技成果和专利,宣传介绍这些科技成果的性能特征、适用范围和经济效益等,使它们能在技术市场上迅速出售。

(2) 调节作用

技术经纪机构掌握信息快,了解市场需求情况,通过对国内外技术市场的预测,能快速地将技术商品供求信息传递给供需双方,有利于避免科研和生产两大部门的盲目性,对技术商品的供求平衡起到了调节作用,缓解科研、生产双方的信息不对称。

(3) 评估作用

技术成果的转让往往伴随着许多风险和不确定性,技术经纪人凭借其经验和专业知识对科技成果进行多方面的评估,如可靠性、成熟性、市场获利能力等,为交易双方提供一个合理的参考价格,使买卖双方心中有数。

(4) 组织作用

技术经纪机构提供科技成果转让工作从谈判、签约到合同实施的全过程中介服务。例如,在技术转让合同签订前,举办各种技术交易会、技术招标会等;技术合同有签约意向时,组织双方谈判;技术合同签订后,帮助用户培训职员、参与项目规划与筹建工作等。

(5) 协调作用

技术经纪机构不仅要把技术市场供需双方的信息传递给对方,还要积极主动地参与其中,在交易双方谈判的过程中,疏通障碍,调解分歧,融洽关系,切实把科技成果供需双方联结起来,以合作的态度解决问题,使买卖双方由原来的不协调变为协调,由原来的对立或对抗转变为合作。

(6) 经营作用

在科研单位经费不足,或生产企业技术开发资本投入短缺时,技术经纪机构通过风险投资,对技术成果进行二次开发、集成配套等,把技术经纪和技术经营结合起来,促进技术成果的成熟和完善,增强科技产品的竞争力,消除技术引进方的后顾之忧,既推动了科学研究的进步,又促进了生产力的提高。

(三) 技术经纪的分类

1. 按照业务类型分类

(1) 一般中介

一般的技术中介是指居间中介,又称"简单中介"。技术经纪人居于委托人和第三者之间,主要介绍他们进行技术交易活动。对于当事人是否订立技术合同,是否履行技术合同,以及是否发生争议纠纷,不承担责任。技术经纪人仅起到牵线搭桥、居间介绍的作用,并以"信息费"或"介绍费"的形式取得报酬。

(2) 全程中介

全程中介,又称"深入中介"。技术经纪人参与技术交易的洽谈签约活动,督促协调交易主体履行技术合同,调解合同履行过程中发生的矛盾纠纷,甚至组织方方面面的力量促进技术项目的实施。

(3) 代理中介

技术经纪人受技术卖方或技术持有人的委托,在技术市场里销售技术商品,寻求或选择技术买方,代表技术卖方从事技术交易活动;技术经纪人受技术需求方的委托,既可以收集技术商品信息,寻求技术项目,选择技术卖方,进行技术交易洽谈,也可以代表技术需求方签订技术交易合同。

(4) 其他业务

技术经纪人参与技术开发、技术服务、技术培训活动。技术经纪人组织技术交易、交流活动,从事商品市场调查、可行性研究论证、法律咨询、技术咨询等业务。技术经纪人在技术成果转移转化和技术服务等过程的具体步骤中,以及与此相关的要素到位组合的各个环节上,发挥相应的作用。

2. 按所经纪的技术商品分类

(1) 专利技术的经纪

专利技术的经纪是将受国家法律保护的技术公开向社会拍卖。因而技术经纪人必须对该项专利的技术前景、市场潜力以及对可供选择的技术受让方进行调查研究,有针对性地进行有效宣传和联系工作。

(2) 非专利技术的经纪

国际上一般把非专利技术称为"专有技术",一般是某种技术秘密。它的财产价值只具有使用权和转让权,并没有法律意义上的"所有权"属性。为此技术经纪人在营销这类技术时,既要使受让方了解其技术和市场的前景,又要有为委托人保守技术秘密的手段。

(3) 技术开发项目的经纪

技术开发是一种获取新技术的创新工作,具有较大的技术风险。技术经纪人应把重点放在项目咨询和可行性论证方面,同时根据委托开发或合作开发的法律特征以及买卖双方的交易动机,注意成果权属和效益的分配问题。

(4) 技术招投标中的经纪

技术招投标是促进技术买卖的一种竞争形式,在竞争中,技术买卖方除了技术实力的较量外,策略的运用也十分重要。技术经纪人主要通过各种合法的手段,获取相关的信息,为投标方或招标方策划招投标策略。

(5) 技术服务的经纪

技术服务量大且面广,技术经纪人主要是在拓宽服务领域、论证技术可行性的基础上,做好买方和卖方的介绍与协调工作。

(6) 国际技术合作的经纪

国际技术合作通常要面对不同发达程度、不同民族文化的国家和地区。技术经纪人要在熟悉通用国际商法及惯例的同时,注意相关技术的新的技术标准内涵,为委托者特别是国内的委托者把好先进性、无污染和高效益这几关,克服盲目性,避免重复引进的问题。

(7) 技术人才的经纪

作为技术载体的技术人才,也是市场的"抢手货"。因此,技术经纪人在经纪技术商品的同时,也进行与技术商品有关的技术人才的经纪。

(四) 技术经纪业的国内外发展情况

1. 国外技术经纪业发展已逐步成熟

技术经纪在欧美等国是由于技术市场飞速发展的需求而产生的一种促进技术商业

化的角色。据统计,目前国际技术市场的80%集中在发达国家,其中美、德、英、法、日五国在国际技术市场中占较大优势。

(1) 政府大力扶持技术经纪业的发展

20世纪80年代,欧洲涌现了许多提供技术经纪服务的组织。欧洲政府通过资助公共技术经纪服务机构、扶持私营技术经纪服务组织和鼓励企业使用技术经纪服务等措施,大大推动了技术经纪组织的发展。在瑞典,政府建立了一个科技中介服务机构网络,使中小企业能够通过该网络非常方便地找到合适的科技成果,技术提供者也能够通过这个网络很快找到需要技术的企业。早期,欧盟还对技术经纪机构实行资助政策。正是由于政府的积极推进,使这些国家逐步建立起一个种类庞大且齐全的技术经纪服务体系,促进了技术市场的高速发展。

除欧洲的德、英、法之外,在美、日等发达国家,政府对技术经纪组织、机构的培育和发展也都极为重视,制定了一系列的政策、法规来保障和促进其发展。

(2) 技术经纪机构需要拓展业务范围来应对技术经纪的长周期、高风险特点

技术经纪活动耗时长,因而成本高,通常要2~5年才开始获利。欧盟委员会创新与技术转让战略计划(SPRINT)下设的欧盟创新监测系统项目(EIMS)曾于20世纪90年代初资助了欧盟各国技术经纪服务的调研。调研发现大多数私营经纪机构等不了如此长的回报期,越来越不愿意冒等到客户公司技术应用成功后再获取报酬的这种风险,而是越来越多地争取以固定收费为主的多种收费组合。

由于技术经纪行业收入的不稳定,从业机构或个人一般需要有补充性的收入来源,如提供补充性服务(信息服务、技术审计与技术指导、销售调查与服务、战略或管理咨询、法律咨询、人员培训等),争取以援助企业发展为目的的政府补贴或合同、个人收入(退休金、证券投资红利)等。经欧盟调查发现,没有任何一家技术经纪机构或个人仅靠技术经纪为生。

在技术经纪机构中,咨询服务所占的比重越来越大。技术经纪机构正在朝全球性技术管理咨询机构的方向发展。这可能是国外技术经纪机构针对其利润低或一些不确定性所采取的一种对策。

2. 国内技术经纪业发展方兴未艾

技术经纪业在促进科技成果转化中居于特别重要的地位,是第三产业的重要组成部分。发展技术经纪业是培育和发展社会主义市场经济的重要环节和必然要求。目前,我国多数企业的经营逐渐摆脱困境,吸纳科技成果的能力增强,对适于企业发展的有针对性的科技成果的需求增加;同时,广大科技人员创新、创业的积极性很高,科技成果层出不穷。因而,技术经纪业大有可为。据科技部统计,2016年全国技术合同交易的项数为667870项,成交额为23549.78亿元,其中单纯的技术交易额为17619.26亿元。尽管十几年来技术交易数量和金额大幅上升,但总体来说与科技成果的数量尚不匹配。其

中一个重要的原因就是我国的技术经纪业目前还适应不了需求。

(1) 我国技术经纪业发展的四个阶段

我国的技术经纪活动是伴随着改革开放的大潮悄然发展起来的,大致经历了兴起、发展、停滞、复苏等阶段。20世纪80年代末至90年代初,在我国几个经济发达的城市首先出现了技术经纪人的雏形。1993年至1998年,在国家相关部门的重视下,陆续出台了关于技术经纪人的管理办法,社会各界也对技术经纪人予以关注,在全国范围内不同层次、不同类型的技术经纪人和技术经纪机构得到发展。此后,由于各种环境不完善、不健全,技术经纪复杂、难度大,以及国家科技管理部门的变革、政策变化等原因,国内技术经纪人的发展几乎停滞。21世纪初,进入复苏时期。2002年10月,北京市出台《北京市技术经纪人管理暂行办法》率先破冰。2003年9月,深圳市出台了《深圳市技术经纪人管理办法》,从培养人才的角度探索技术经纪市场化运作的可行性之路。

(2) 我国技术经纪业发展已步入制度化轨道

2006年3月15日,当时的科技部下发的《关于加快发展技术市场的意见》提出:"加强对技术经纪人资质制度的研究,逐步建立和完善技术经纪人认证制度。国家技术市场管理部门研究制定技术经纪人的资质认证标准和培训大纲,加强对技术经纪人的培训,大力提高技术经纪人的专业服务水平和职业道德。"

2007年1月29日,科技部部长在全国科技工作会议上的工作报告指出,要"加强技术创新支撑服务体系建设。实施技术转移促进行动,建立和完善区域技术产权交易系统,加强技术经纪人大体系建设"。

2007年9月,科技部、教育部、中科院联合发布的《国家技术转移促进行动实施方案》提出,要进一步建立和完善技术转移相关职业和岗位资质认证制度,积极推进技术经纪人资质认证管理,努力培养一支由多层次技术经营人才及大量合格的技术经纪人构成的、专业化高水平的技术转移人才队伍,加快知识流动和技术转移,完善国家技术转移体系和技术转移有效运行机制,促进科技与经济的紧密结合与协调发展。

2007年12月,第十届全国人大第三十一次修订的《中华人民共和国科学技术进步法》第二十七条提出:"国家培育和发展技术市场,鼓励创办从事技术评估、技术经纪等活动的技术交易服务机构,引导建立社会化、专业化和网络化的技术交易服务体系,推动科学技术成果转移和应用。"

至此,我国技术经纪业的发展和技术经纪人队伍建设已纳入制度化的发展轨道。仅2009年,上海、山东、河南、重庆、黑龙江、福建等省市就举办了技术经纪人培训。

(3) 我国技术经纪业面临的四大问题

与发达国家相比,我国的技术经纪业仍处于起步阶段,还存在着一些问题。

一是对技术经纪业的接受度不足。由于技术交易自身的复杂性,无论是高校、科研院所、企业等对技术经纪业行业尚不了解。尽管国家采取各种措施推动科技服务业的发展,但技术经纪人的准入条件、业务定位及法律地位等尚未形成系统化的体系。

二是技术经纪业发展的自身动能不足。由于中介服务功能体系尚未形成，不少技术经纪机构无法为技术交易提供从价值评估、签约谈判到合同实施的全程服务，其盈利模式尚不清晰，故技术经纪人业务收益尚不足以支撑行业的整体发展，这些都影响了行业发展的自身动能。

三是技术经纪人尚未形成职业化和专业化的群体。由于技术经纪的专业面窄，职业化要求高，技术经纪人队伍中有相当一部分为兼职人员，技术成果信息少，一般仅限于本单位的职务技术成果或非职务技术成果。具有职业化和专业化特点资质的技术经纪人尚未形成从"群体到共同体"的跨越，无法承担作为支撑科技创新中坚力量的重任。

四是技术经纪业务范围分散。技术经济要想全面发展，与技术交易相关的专利检索、专利分析、价值评估、工商注册、税收缴纳、资本运作等业务均有涉及，在相关行业发展尚有问题的前提下，信息渠道不畅，交易手段落后，技术交易的新方法、新手段不断涌现，如果仍沿用传统的思路、方法和手段去从事技术经纪活动，则无法适应"新常态"下科技经济发展的新形势。

3. 中国技术经纪业的发展要求

在中国技术经纪业发展中存在着诸多问题，为缓解或解决这些问题，试提出如下发展意见。

（1）技术经纪要坚持"需求"的原则

市场经济是一种需求经济，目前市场上的科技项目虽然大都是科研机构、大学"关门"研究出来的富有学术价值的成果，但并不是企业真正需要的，这种科技项目很少能被市场接受。而市场需要的一些项目，技术供应方又缺乏完整的技术经验。技术经纪的职责应当是以市场需求为动力，以供应方的有效供给来适应需求方市场，要使供应方充分了解和掌握需求方究竟需要的是什么样的项目，包括它的技术先进性、成熟度、投资规模、投资回报率等，以及各种技术和质量难题等的具体信息。技术经纪是要让供方适应需方，而不是简单地让需方去适应供方。

（2）技术经纪要灵活掌握无形资产的入股问题

在市场经济体制下，人们对于科技成果转化的合作，往往选择的是将技术作为股份入股的共担风险的形式。这种情况在具体操作时，因涉及工商行政管理有关法规的限制，在具体的执行中存在不少问题，特别是对于中小型合作者来讲，有实际的运作难度。

（3）技术经纪要充分重视保护知识产权

一项技术成果的合作，总会涉及知识产权的问题。这里除了要有明确的专利证明文件能证明专利权人是其本人外，还需要特别注意成果的知识产权归属问题。如果权利归属不能明确，那么这样的技术经纪应尽量避免，以免日后引起权利纠纷。

由于目前市场的不规范，技术经纪要特别关注技术成果的成熟程度、市场前景等，以规避不必要的风险。如有的技术是公知技术，却被作为高新技术来图利；有的技术还只是一种实验室的成果,还未列入单位成果,却作为成熟成果与他人合作,给需方带来莫大的潜在风险;有的干脆是文献资料,却贸然与人合作,而又将知识产权独占其有。另外,还有申请专利的权属问题以及后续成果的归属问题等。有关知识产权的问题,在技术经纪中尤其重要,必须要严肃认真地处理好。

(4) 技术经纪要掌握技术商品的循环过程

技术是商品,因此它同有形商品一样有着商品的生产、服务、流通和消费等循环过程。以前,我们一谈到商品,想到的就是贸易流通,一讲起技术市场,自然的反应也是在流通领域。因为在我们开放技术市场时,无论是从政策上,还是具体的运作上,都侧重在流通领域。而对于技术交易中一些共担风险的合作形式,由于不能获得国家政策的扶持,加之有关法规对技术入股的限制,技术经纪的运作总是处于收效甚微的境地中。所以出现这些问题,主要还是在于我国对技术商品的理论问题还未根本解决。就目前而言,我们的技术经纪工作要注意研究技术商品的理论,避免将科技成果一转了之,要注重在产业化上下功夫,使技术商品能在流通、生产、消费等各个环节都得到有效的运行,这也是国际高新技术产业化的运作惯例。

(5) 技术经纪要学会全过程服务

传统意义上的技术经纪是一种科技成果推销式的经纪,它很少研究市场,所以一项成果被说服成交了,技术经纪的使命也就完成了。至于成果实施后的成功率,最终的产品市场前景等一系列问题,技术经纪人就很少去关心了。这种把技术商品与一般有形商品等同认识的经纪活动,确实给科技成果的产业化带来了很大的负面效应。我们应当认识到,技术商品有其特殊的商品特性,所以它不能用一般有形商品的交易方式去实施技术商品的转化功能。

技术经纪要善于学会全过程服务,首先要为技术供方提供需求信息,对于技术需方的市场信息要进行客观科学的评估,使供需双方在产生技术商品之前就能获得较为可行的市场对接。其次在具体的转化过程中,应当为供需双方设计一整套"共同投资、共担风险"的科技成果产业化实施方案,包括公司的组建、各方出资的比例、投资的形式、分配的方式、股东与管理层的结构、投融资的方案、市场的策划,有可能还要为企业以后的上市作预先的考虑和设计等。

技术经纪的全过程服务,既是市场经济的客观要求,也是当前受企业普遍欢迎的一种服务方式,而且科技成果转化的成功率也比较高。但是,对于这样的技术经纪过程,要求技术经纪队伍有比较高的素质。因此,当前技术经纪面对的任务更加繁重,技术经纪对于人才的素质也产生了更高的要求。

(6) 技术经纪要善于运用移动互联网

信息时代正在改变着人类的生活和生产方式,信息化带动工业现代化已成必然。因此,在信息时代,技术经纪原来那种"跑街式"的经纪方式也必将受到信息技术的强大冲击。在移动互联网高度发达的今天,技术供需双方的对接活动,完全可以通过移动互联网实现。我们需要的技术和项目,以及需要解决的技术难题,都可以在网上进行招标;我们拥有的科技成果也可以在网上发布信息供需方查询。

(7) 技术经纪要促进国际国内信息的沟通和交流

经济全球化是当今世界的一种趋势,在从事技术经纪的过程中,了解可以实施产业化的科技和市场信息就显得尤为重要。对于可以实施产业化的科技成果,经过检索能申请专利的要及时申请专利;对于不能申请专利的公知技术则特别需要掌握特有的市场渠道。特别是在申请专利的问题上,要制定科学合理的战略,根据市场需要,如需向国外申请专利的,要在法定期限内办妥一切专利申请手续。对于国外向我国转让或投资的专利技术,必须确认其专利的有效性和专利权的有效期限,以及专利权的归属问题。对于专利的转让和投资的形式,因为涉及重大的价值问题,必须引起我们的高度重视。对于在投资中出现的"技术诀窍",需要我们慎重处置,同时注意不要对一般的公知技术或过期的专利技术进行投资。

第三节 技术经纪人与技术经纪组织

技术经纪人和技术经纪组织是技术市场的主体之一。他们是促进科技成果转化和产业化,推动科技进步的重要力量。技术经纪人和技术经纪组织在明确自己的职责、义务和权利的同时,应该不断提高自身的职业素质,进一步规范相互之间的关系,逐步提升技术经纪的质量和水平。

一、技术经纪人概述

(一) 技术经纪人的概念

技术经纪人的概念有广义和狭义之分。广义的技术经纪人,是指依法取得经纪执业证书,并在经纪组织中从事经纪活动的执业人员和依法设立的具有经纪活动资格的公司、合伙企业、个人独资企业及其他经济组织,如技术经纪机构、技术信息咨询机构、常设技术市场等。狭义的技术经纪人,则是指依法取得执业证书并从事经纪活动的执业人员。

科技部关于《技术经纪资格认定暂行办法》指出,技术经纪人是指在技术市场中以促进成果转化为目的,为促成他人技术交易而从事居间、行纪或代理等经纪业务,并取得合理佣金的公民、法人和其他经济组织。

技术经纪人概念包括以下几层含义：

① 技术经纪人可以是公民，也可以是法人和其他经济组织。

② 技术经纪人是为促成他人技术交易和科技成果商品化而进行服务活动的。

③ 技术经纪人的活动形式主要包括居间、代理等，但技术经纪人并不完全等同于技术中介人和技术代理人。

④ 技术经纪人以促进成果转化为目的并收取合理佣金。

技术经纪是在生产力迅速发展的基础上，社会分工深化的必然产物。技术经纪人并不单纯被动受委托转让科技成果，而是以其丰富有效的信息和灵敏的分析判断，主动促销成熟适用的科技成果。技术经纪队伍是以信息为先导、服务为手段，推动科技与经济结合的一支生力军。

在我国，技术经纪人主要为两类对象服务：一类是技术的供给者，他们主要是科研院所和大学的科研机构及其技术研究人员，也有企业研发机构及其研究人员；另一类是技术的接收者，主要是社会中需要技术并使之转化成人类可直接消费的商品的工商企业。技术经纪人则就技术开发、技术转让、技术咨询和技术服务等为技术交易双方提供居间或代理服务。

技术经纪人根据交易地点不同，可以分为在技术市场或其他技术经纪机构从事技术经纪服务的执业人员，这些技术经纪人是技术市场等经纪机构的工作人员；另一类是个人独立从事经纪服务的技术经纪个体。但不论是哪类技术经纪人，均须依法持有经纪执业证书，取得经纪执业资格。

除特殊说明外，本书所指的技术经纪人，均为狭义的技术经纪人。

（二）技术经纪人的特征

技术经纪活动不同于一般的商品经纪活动。技术经纪人一般具有五项特征。

(1) 技术特征

技术经纪人的经纪对象是技术商品，具备一定的科学技术知识是对技术经纪人的必需要求。

(2) 中介特征

技术经纪人在技术商品的买卖双方当事人之间处于中介地位，为技术商品的供需双方穿针引线、牵线搭桥，促成交易。

(3) 贸易特征

技术经纪人的职业性质是一种专门从事技术商品买卖或服务于供需双方之间交易的经营活动，其工作内容包括委托洽谈商务、代理签订合同或以市场主体的身份分别同委托人和第三人签订技术交易合同等，具有鲜明的贸易特征。

（4）职业特征

技术经纪人是一项专门的事业，有相对独立的社会职业地位和功能。

（5）服务特征

技术经纪人为技术交易主体提供技术商品供求信息、市场调查、技术评估、组织谈判、资金融通、人员培训等中介服务，具有服务特征。

（三）技术经纪人与技术中介人、技术代理人的异同

技术中介人又称技术居间人，在技术交易当事人之间起媒介作用，促使意欲进行技术交易活动的双方达成协议。技术中介人只是把当事人一方的意思表示传递给对方，但无权在当事人之间独立地表示自己的意志。技术中介人可以接受双方委托，同时对双方负责。一般情况下，其报酬由双方负担。

技术代理人，是以委托人的名义，在委托人的授权范围内，独立地向第三方作意思表示，或接受第三方的意思表示，其法律后果直接归属于委托人的行为。其基本特征如下：

① 代理的行为是以被代理人的名义进行的。

② 代理行为必须是具有法律意义的行为。即技术代理人所进行的代理活动，能够产生某种法律后果，如联系买卖、专利申请、技术交易谈判和签约等。

③ 代理人在委托人授权范围内独立地表达自己的意志。代理人的这一特点，是代理人与中介人活动的区别的实质所在。

④ 代理行为所产生的法律后果直接由委托人负责。

技术经纪人同技术代理人有很多相似之处：其行为都是受人委托的，具有法律意义；在从事代理行为中，都可以独立地表示自己的意志。但他们在法律地位上又有所区别，这表现在：第一，技术经纪人是以主体的身份参与技术市场活动，是一种独立营业者的身份，而代理人在技术市场活动中不是主体；第二，技术经纪人作为技术市场的主体，享有独立营业者的权利，但同时也承担着技术市场风险，而代理人一般不承担市场风险。

技术经纪人可以兼技术代理人和技术中介人，无论从国外还是从我国目前的实际情况来看，一般不绝对限制技术经纪人的业务方式，只要取得了技术经纪资格，就可以既从事技术经纪人活动，也可以充当技术代理人，还可以在某些项目上充当技术中介人。

二、技术经纪人的职责、权利与义务

（一）技术经纪人的职责

技术经纪人的主要职责包括以下几个方面：

① 收集技术的供求信息,并通过多种渠道,采取多种形式将其发布出去。例如,举办多种技术信息发布会、技术交易会、科技成果展示及转让会等。

② 接受供求双方委托,为其寻找合适的技术交易对象。

③ 对自己所经纪的技术成果的可靠性、成熟性进行鉴定。

④ 审定卖方是否真正具备法律所承认的技术所有权。

⑤ 了解买方的技术能力和管理水平,从而判断买方对该项技术的实施能力,帮助进行可行性分析。

⑥ 在双方谈判的进程中疏通障碍,协调分歧,促进成交。协调双方订立条款清晰的技术合同,监督双方履行自己的义务,调节合同执行过程中的分歧,参与纠纷仲裁。诉诸法律时,经纪人要出庭作证。

(二) 技术经纪人的权利

技术经纪人的权利,是指法律赋予其能够作出或者不能作出一定行为,以及要求他人相应作出或不能作出一定行为的责任。技术经纪人的权利包括:

① 有权根据自身的人力、物力、财力和掌握的市场技术信息,以及对市场的预测,制定和实施其各项计划,安排为社会提供各种技术经纪服务。

② 有权对委托者和他们的当事人进行选择,包括对主体的选择,以及对客体的选择。

③ 有权与其他单位签订技术经纪合同、委托代理合同,有权依照国家规定与外商谈判并签订合同。

④ 有权收取技术经纪服务的活动经费和合理的技术经纪服务报酬,当委托人或第三者违约时,技术经纪人有权追究。

⑤ 有权以技术交易会、信息发布会、广告等技术经纪活动形式对外从事技术经纪活动。

⑥ 有权要求对风险责任作出合理的规定。由于技术商品的特殊性,使得技术市场的风险性大大超过其他市场,这就意味着技术经纪人要承受比其他经纪人更大的风险。技术经纪人有权要求对风险责任作出合理的规定。如技术成熟性较差的项目,其责任主要由转让方和受让方承担。严格区分技术经纪人预测不准与提供情况不实的界限等。

⑦ 享有其他经纪人应享有的一般权利。

(三) 技术经纪人的义务

技术经纪人的基本义务主要有:

① 维护国家利益、社会公共利益,不得进行技术垄断和妨碍技术进步的非法活动,

努力促进科学技术进步。对国家明确规定的一些技术不应参与中介,如国家尖端保密的技术、破坏生态环境的技术、违反涉外政策的技术等。

② 必须保证技术经纪服务质量,对委托方和第三方负责。经纪活动必须忠于委托人的利益,严格遵守委托人的委托。若有损害委托人利益的行为,委托人有权要求赔偿由此造成的经济损失,并有权拒付报酬。

③ 严格保密制度,不得以自己的名义向外转让他人技术,不得恶意串通、损害第三方的合法权益。技术经纪人应该对服务对象忠实守信,保守其技术秘密,不得将通过中介活动所获得的技术向他人转让。

④ 在核准登记的技术经纪范围内从事技术经纪活动。

⑤ 遵守国家法规规定的经纪人一般义务。

三、技术经纪人的素质要求

(一)技术经纪人的职业道德

所谓职业道德,就是人们在履行本职工作的过程中应遵循的道德规范,以及与之相适应的道德观念、情操和品质。一位合格的技术经纪人应具备四项基本职业道德。

1. 诚实信用

良好的信誉是经纪人事业发展的源泉和其经营活动的立足之本。技术经纪人在进行经纪活动时,应当从促进社会、经济和科技发展出发,以实事求是的精神和科学的态度,向客户介绍自己推销的科技成果情况,不隐瞒、不夸大,同时要考虑到受让方是否有接受的条件和能力;要保证技术经纪活动的技术质量和服务质量;不与他人恶意串通,损害第三方的合法权益。

2. 忠于客户

技术经纪人在经纪活动中,必须忠于委托人的利益,恪守客户委托的事项及有关的技术秘密。

3. 维护知识产权

对于专利技术成果,因其受到国家法律保护,享有独占权,技术经纪人应严格遵守国家《中华人民共和国专利法》,防止侵权行为发生。技术经纪人在技术中介服务中,应弄清科技成果所有权的归属,即其属于职务技术成果还是非职务技术成果。职务技术成果的所有权属于国家科研单位或大专院校、集体研究机构,该类技术的中介谈判直至成交,侵权问题不多,购买方亦较放心;非职务技术成果的所有权属于个人,其转让容易造成所有权纠纷,因此,技术经纪人应注意有无侵权行为。

4. 保守技术秘密

非专利技术成果的价值主要靠保密来维持,一旦泄露,技术拥有者对该项技术的任何实体权利都将丧失,技术经纪人在营销这类技术时,更要注意为客户保守秘密,不得擅自将技术秘密泄露或公开。

(二) 技术经纪人的知识结构

由于技术经纪人的业务范围横跨科技、经济两大领域诸多学科,因此应了解和掌握一些相关专业知识。

1. 科学工程知识

有丰富扎实的科学基础知识;熟悉某一或多个技术领域,具有机械、电子、化工等技术专业的基本知识;有技术开发、中试、产品生产工艺过程等方面的知识,对所经纪的技术商品的内在质量,包括技术先进性、成熟度、适用性、技术寿命、竞争力乃至技术风险等方面都有较为清楚的认识。这是开展深层次中介活动的基本前提。

2. 经济知识

掌握与业务有关的金融、财会、统计、管理等方面的知识,主要包括经纪业的基础知识、项目的技术经济分析知识、科技成果转化中的管理知识、技术商品的营销知识、投融资知识等。

3. 市场知识

能应用多种市场调查、预测等方法分析现实的经济活动,对其作出比较恰当的评价和判断,从而把握技术商品的供求动态和发展趋势,为经纪活动的有效开展服务。

4. 法律知识

了解法律的一般知识;熟悉《中华人民共和国合同法》[①]《中华人民共和国专利法》《中华人民共和国反不正当竞争法》及有关知识产权和技术交易方面的法律知识;掌握有关洽谈、签订合同、技术合同仲裁等法律和惯例的知识。例如,在接受委托时,应首先考察委托人的合法身份、技术商品的权属、专利技术法律状态,以保证技术交易的合法性。在经纪过程中,还应严格遵循有关法律法规的规定,依法签订合同。技术经纪人必须要了解法律的基本知识,熟悉并掌握各地的地方性法规和政策性文件,时时刻刻宣传法律、解释法律、遵守法律和执行法律,才能保证经纪活动的有效性和交易活动的成功率。

技术经纪人的工作千差万别,要求的知识结构也不尽相同。从总体上说,其知识结构有一些共性要求:第一,综合性。经纪人只有掌握广博及综合性的知识才能最大限度

---

① 自 2021 年 1 月 1 日《中华人民共和国民法典》正式施行起,《中华人民共和国合同法》同时废止。

地发挥创造性。一般来讲,一个人的知识越广博,知识结构的韧性越好,对现代业务的适应能力就越强,成为出色经纪人的可能性也越大。第二,专业性。技术经纪业务要向高档次发展,技术经纪人不仅要具备较好的科技基础知识,而且要有相应的专业知识,对自己所从事的业务及中介的商品性能、特点以及市场情况了如指掌。第三,动态性。现代科技发展日新月异,日趋加速化。技术经纪人要想保持知识结构的最佳状态,就要根据所选定的目标的需要,经常进行定向的知识调整,才能适应现代科技飞速发展的需要。

（三）技术经纪人的职业能力

优秀的技术经纪人应具有科学家的头脑、企业家的胆识、社会活动家的能力和超乎常人的勤奋和毅力。技术经纪人在实际工作中,还应至少具备四项基本能力。

1. 组织能力

技术商品交易是一个包括了解市场需求、洽谈业务、签订合同和合同实施等环节的完整过程,需要经纪人去组织、联系。同时,技术经纪人既要为单项技术转让服务,又要为多种技术综合配套服务。这就需要技术经纪人有较强的组织能力,能对各种复杂因素进行分析、综合、评价、判断,从而作出最佳决策,提高技术经纪的服务效能。

2. 协调能力

在技术交易中,技术供方、技术需方和技术中介方三方的利益只要有一方不满足,科技成果的转让就不能顺利进行,甚至无法进行。因此,需要技术经纪人充分发挥其协调作用,融洽双方的关系,切实把科技成果供需双方联结起来,才能提高科技成果的转化成交率。

3. 经营能力

技术转移往往伴随着很多风险和不确定性。对此,技术引进方不仅需要牵线搭桥,更要求技术经纪人、技术供方与其共担风险。技术经纪人应积极参与到对技术评估、资金融通、新产品鉴定、产品促销、技术人员培训、经营发展计划的制定乃至公共关系的拓展中去,降低技术转化的风险和不确定性,消除技术引进方的后顾之忧。

4. 解决问题的综合能力

技术经纪工作涉及信息沟通、技术评估、市场评价、组织谈判、筹集资金、人员招募、产品鉴定、促销、人员培训等一系列问题,对此技术经纪人需要有综合分析的能力,以及驾驭复杂局面和解决复杂问题的综合能力。

此外,对技术项目的鉴别能力、调研与市场的预测能力、自身的学习与研究能力等也都是技术经纪人应具备的基本能力。

四、技术经纪组织的分类及运行机制

(一) 技术经纪组织的概念

技术经纪组织,是指依法设立的具有经纪活动资格的公司、合伙企业、个人独资企业及其他经济组织。它属于广义的技术经纪人范畴。

(二) 技术经纪组织的分类及运行机制

严格来说,目前我国很多技术经纪组织的业务还属于"中介"或"代理"的范畴,鉴于这种状况目前还大量存在,为了更好地了解技术经纪组织,我们依据在技术转让链条上所处的客观位置,将技术经纪组织分为三类。

1. 靠近企业的技术中介

(1) 组织类型

该类技术经纪组织具体包括:

① 企业的上级主管部门。例如,中央和各省市、部委、总会、工业总公司中的科技司局等机构的科技成果、推广部门等。

② 政府职能部门。例如,各级科技局、发展改革委、计经委、工业局、农业局、乡镇企业局、多种经营局等。

③ 行业协会。

④ 中央到地方的各种技术推广部门。例如,农业技术推广站、林业技术推广站、海产技术推广站、畜牧技术推广站等。

⑤ 企业长期挂钩的科研机构、大专院校、咨询顾问单位和专家。

⑥ 小型技术市场。绝大多数县市和部分地区级的技术市场,由于没有形成规模效益,其场所、人员属当地科技局,与技术市场管理办公室合署办公,经费则由政府拨款。这类技术市场通常有数十个或数百个相对固定的服务对象,形成了一个服务网络。各种信息、咨询服务都是免费的。即使有少量收费,也多是象征性的。一部分小型技术市场工作活跃,卓有成效。

(2) 运行特点

该类经纪组织具有的典型特点如下:

① 具有官方色彩和干预能力,不但要发挥重要的经纪作用,而且具有组织、计划、协调、调控和各种支持能力。

② 非营利目的,其技术经纪作用不具有市场经济体制的规律特点,更接近于计划经济体制下的技术推广工作,即不签中介合同、不收费,为企业发展尽义务。

③ 在技术经纪活动中,较多地代表企业和当地的利益。

④ 存在着一些明显的不足和缺点。如政府经济抑制了社会中介机构的发育,与市场化趋势有某些逆动和摩擦;缺少激励因素,存在着责任心不强和积极性不高的现象;或存在经费匮乏、手段落后、信息不足、力不从心等问题。

(3) 主要职能

该类技术经纪组织的主要职能有:

① 参加全国性技术交流活动、加入信息网络,根据地区、行业、企业的需求,收集信息,寻找项目,为企业提供信息服务。

② 组织专业性会议、专家洽谈,组织招商引资、技术推广和科技下乡活动,为供需双方提供接触机会。

③ 向企业推荐具体项目,协助企业进行项目准备和项目实施工作。

④ 协助企业参加技术交易洽谈,为技术交易双方提供中介服务和其他服务。

⑤ 组织技术开发。

该类技术经纪组织,是企业引进技术的主心骨。无论在项目的洽谈阶段或建设阶段,都能为企业解决一些实际困难,甚至提供担保,提高成果成交和实施的成功率。我国经济发展的实践也已证明,在那些经济发展迅速的地区和行业中,必定有一个或多个技术中介群体,发挥了纽带和桥梁作用。

2. 靠近发明者的技术经纪组织

(1) 组织类型

该类技术经纪组织包括:

① 科研单位和大专院校的技术开发办公室。

② 企业的技术处(技术中心)、设计处、中心实验室、开发办等。

③ 一部分科技开发公司的推广部、协作部。

近年来,科研机构和大专院校的科研工作的市场依存度越来越大,目前已达到55%~76%,市场需求成为研究开发事业发展的主导动力,因此科研机构和大专院校的开发办有不断增强的趋势,其职能也越来越明确。

(2) 运行特点

该类经纪组织具有的典型特点如下:

① 有些单位的开发办具有独立法人或二级法人资格,有营业执照和独立账户,能够独立地与外界签署合同,开展技术服务和各种项目合作。

② 大部分单位的开发办,并不直接从事技术开发工作,对于技术开发的协调管理职能也逐渐弱化。因为各单位的技术开发作为科研工作的一部分,通常由科技处或科研处统筹管理。开发办的工作重点是对外技术推广与转让,它与本单位的技术开发和持有部门(研究室、教研室、课题组)形成了一种代理关系,有些开发办的主要经费来源就是

技术转让费和服务费提成。

③ 更多地代表了技术持有人的利益和态度。在签订技术合同时,该类经纪组织常常代表供方签约,因而也形成了"无中介"合同。只有在供方和需方直接洽谈成交时,才形成了"有中介"合同。在履行合同时,需方与技术持有人打交道很多,此类经纪组织继续发挥协调、监督作用。

④ 自身存在不少问题。如各单位的开发办虽然广泛深入地介入了技术市场的活动,但是内部管理并没有实行市场机制,技术成果转让的效果与开发办的个人利益没有挂钩或体现不明显;由于上述体制和机制的原因,干好干坏一个样,一部分开发办的人员积极性不高,责任心不强,影响转让;观念陈旧,投入不足,手段落后,科技成果缺少必要的包装和展示,严重影响了项目信息的传播和技术贸易的成交。

(3) 主要职能

该类技术经纪组织的主要职能有:

① 收集、了解本单位或外单位技术成果信息,编印项目简介或可行性分析报告。

② 参加各种交流和发布活动,作为委托代理人向社会发布科技成果信息。

③ 进行各种洽谈,直接签订技术转让和技术服务合同,或者作为中介方,协助本单位或外单位技术成果持有人洽谈并签订技术合同。

④ 向技术开发单位反馈项目需求信息,组织协调本单位技术开发工作。

第一类和第二类技术经纪组织在技术贸易的洽谈和实施过程中,发挥了重要的纽带和桥梁作用。目前我国技术市场上大量的经纪工作是由这两类经纪组织承担和完成的。第一类和第二类经纪组织的参与,是一种不规范的中介或"准市场"性质的中介。造成这种状况的原因是,他们和技术供方或需方除了有某种经济利益关系之外,还有其他关系或联系,如隶属关系、同事关系等。第一类和第二类技术经纪组织的存在,的确为技术供求双方沟通了信息、撮合了洽谈和交易,促进了各种要素的组合,达到了科技成果转化为现实生产力的目的。

3. 专业技术经纪机构

(1) 组织类型

目前,我国从事技术贸易、技术咨询服务和技术中介的组织包括:技术中介(经纪)公司、技术开发公司或开发交流中心、技术转移中心、常设技术市场、技术交易所、技术产权交易所、创业中心、各级各类学会、专利事务所等。

(2) 运行特点

该类经纪组织具有的典型特点如下:

① 具有企事业法人资格,或者具有社团法人资格。

② 其中一部分常设技术市场和技术咨询服务公司是由科委或其他政府部门主办的,启动资金和人员来自政府,至今还有政府官员在其中兼职。中国科协系统是最早开

展技术咨询和技术中介的社会团体,在首都、各省市、各区县都成立了科技咨询服务中心,形成了庞大的网络体系,开展了卓有成效的工作。

③ 在受到技术供方和需方明确委托和承诺的前提下,才开展技术经纪工作;在技术供求双方确保其经纪方的地位、作用和利益的前提下,才安排供需双方直接沟通或见面。在形成技术合同时有"中介条款",有经纪方的签章,因此是三方共同签署的协议。有时还会专门形成技术经纪合同,由两方或三方签署。

④ 按技术贸易的规模和效益,以及经纪服务的质和量收取经纪服务费等。

(3) 主要职能

该类技术经纪组织的主要职能有:

① 收集、整理、提供技术信息。

② 组织各种技术交易活动。

③ 组织技术成果的二次开发(商品化、产业化)。

④ 协调并促成供需双方签订技术合同。

⑤ 监督协调技术合同的全面履行,调解技术合同纠纷。

⑥ 提供法律顾问、市场调查等咨询服务。

⑦ 组织科技人员兼职等。

实际上,在我国技术成果向现实生产力转化的过程中,还有大量的非市场因素发挥着巨大的甚至主导的作用。例如,政府职能部门和政府官员,以及政府所执行的各项计划。政府行为对于技术成果的二次开发和推广应用具有重要的和不可替代的作用。从广义上讲,这种政府行为也属于"技术经纪"的范畴,而且是其中极其重要、举足轻重的组成部分。

需要特别说明的是,这种广义的认识,并不是把政府部门当成技术市场中的经纪机构,也不是把政府官员混同于技术经纪人,而是在研究技术转移规律性的同时,应注意到某些部门和政府官员的重要纽带和桥梁作用。

此外,技术经纪组织按所经纪的技术商品的来源不同,可分为科研单位自设的技术经纪组织和专门的技术经纪组织;按服务方式和水平的不同,可划分为信息沟通型、转移代理型和创新孵化型等。

五、技术经纪组织与技术经纪人

技术经纪组织与技术经纪人之间是聘用与被聘用关系,双方的利益互相联系。技术经纪组织为了开拓和实施组织的业务而聘用技术经纪人;技术经纪人则因为应当以经纪组织的名义执业,并且技术经纪组织可以为其业务开展提供服务,为其利益提供保护而应聘。

在允许范围内,经纪组织可以设立从事经纪活动的非法人分支机构。设立分支机构应当有与其经营范围相适应的执业经纪人。

执业经纪人因违反规定,给当事人造成损失的,由其所在的经纪组织依法承担相应的赔偿责任。经纪组织承担赔偿责任后,可以向执业经纪人追偿。

执业技术经纪人有权在其执业的经纪合同上签名。经纪组织签订经纪合同时,应当附有执行该项经纪业务的执业经纪人的签名。执业经纪人依法享有其承揽经纪业务的执行权,未经本人同意,经纪组织不得随意变更经纪业务执行人。

执业技术经纪人应当以经纪组织的名义执业,不得同时在两个以上经纪组织从事同一行业的经纪业务。

六、安徽技术经纪人经验与探索

技术经纪人作为一种新兴职业在我国科技成果转移转化中发挥着十分重要的作用,一头连着科学家,一头系着企业家。经验丰富、眼光独到的技术经纪人是科技成果落地的"助推器",构建技术经纪人生态体系,利于进一步释放市场活力。按照安徽省委、省政府"依托安徽创新馆,整合全省知识产权和技术交易各类平台主体,组建线上线下互动的科技大市场"的指示精神,安徽创新馆积极推进国内领先、国际有影响力的安徽科技大市场的建设,聚力打造成果对接交易、人才培养等平台。

为更好地建设国家技术转移人才培养安徽基地,打造良好的安徽技术经纪人生态体系,在多次调研的基础上,安徽创新馆在技术经纪人培养体系、管理办法、挂靠和事务所加盟等方面进行了积极的探索。

(一)完善促进技术经纪发展的相关政策

力争配合相关部门建设与省市技术转移市场需求、科技创新体量相适应的技术转移人才政策支持、职称评审体系等。学习参考上海、江苏、深圳、北京等地相关规范性文件中能够为合肥所用的制度,制定安徽省技术经纪人管理条例或暂行办法。省市出台针对技术交易的专项政策,充分激发各类技术成果转化为主体活力。对于技术市场的运营管理机构给予一定的培育期,提供财政和政策的相关支持,对技术市场建设发展和科技成果转化产业化突出的市县区进行奖励性工作经费补助,对达到一定交易额的技术交易项目进行成交补助,对技术交易业绩突出的专业市场及科技中介服务机构给予一定的资金奖励。明确发布技术经纪人从业佣金收费标准和标准化分佣比例规范,健全了技术经纪人执业制度。

(二)统一技术经纪人认证主体,搭建技术经纪人工作支撑平台

加快推进安徽创新馆科技创新成果转化信息服务平台建设,做优市场,依托安徽创

新馆,整合全省知识产权和技术交易各类平台主体,组建线上线下互动,集知识产权评价、交易、金融服务、产业孵化等功能于一体的科技大市场。一方面,依托安徽科技大市场建立统一的技术经纪人申请审核机制以及发证流程,统一进行技术经纪人认证与考核管理。另一方面,依托安徽科技大市场,为现有的技术经纪人提供从事技术经纪相关活动、施展技术经纪才能的前沿工作平台,技术经纪人在科技成果转化的过程中起到承前启后,真正兜底科技成果转化关键链条,关注科技成果转化全过程的核心作用。为技术经纪人搭建良好的支撑平台,推进技术转移转化工作的开展。

（三）加强技术经纪人培训,促进职业发展

完成安徽创新馆国家技术转移人才培训基地的建设,推行技术经纪人资格认定与信用积分制度,充分利用省内高校资源,加强与高校及知名机构的合作,科学设定培训课程,课程包括中小企业知识产权风险防范与应对、经纪人相关知识介绍及营商环境对技术转移的影响、技术转移国际实践与创新企业素质评估、技术合同纠纷案例分析与风险规避、安徽省技术转移政策解读、安徽省科技成果转化相关政策学习、技术交易政策体系及技术合同认定登记实务等。建立健全安徽科技成果转化人才培养体系,建成长三角一流、全国知名的技术转移人才培养基地,不断推动技术市场互联互通,实现长三角区域技术转移市场人才互认,加强科技成果的源头供给和精准对接转化,加强科技成果转移转化区域联动,促进更多科技成果汇聚转化。实施开放的人才流动机制,探索试点技术经纪人多点执业。推动技术转移代办点入驻高校、企业,更好地推动科技成果就近就快转移转化。在灵活就业、跨区域税收等方面给予政策优惠与突破,调动更多的专家资源走出既定工作区域,服务长三角。学员经考试合格后,颁发"安徽省技术经纪人培训结业证书",作为技术转移从业资格的证明和培训学习记录,该证还可用于职称评定。

（四）规范技术经纪人的组织形式及市场监管体系

规范技术经纪人的组织形式及市场监管体系,采用专家评审制度,规范项目成果的价值评判,对于由于缺乏专家资源而造成的组织评审不力的情况,地方政府可以通过联动专家资源丰富地区,借鉴国际评审制度,采用联合评审的方式来实施成果评价,满足企业发展的需要。建立科技成果评价专家共享、认证认可互认机制。针对由于部分区域专家资源不足影响产业发展的情况,应在科技成果评价方面加强长三角区域的整体协同。同时,发挥具有国家、国际评估资质的机构的作用,加强不同地区之间的成果评价协同和新产品认证认可互认,提高技术转移市场的规范性。

（五）集聚资源,成立技术经纪人事务所

依据江苏省技术经纪人事务所的先发经验,可确定由安徽科技大市场作为技术经纪人事务所认证单位,鼓励高校技术转移中心、协会、新型研发机构等向安徽科技大市场提交技术事务所申请(表1.1),技术经纪人挂靠在安徽科技大市场认定的事务所。并由技术经纪人事务所提供以下服务:对挂靠技术经纪人进行协助,为技术经纪人提供技术合同签约文件、知识产权、无形资产评估及相关辅助工作;依托省技术市场及技术经纪人事务所资源池,协调或协助技术经纪人开展技术或需求对接;与技术经纪人进行佣金结算,并提供相对应的票据服务;为技术经纪人及服务的企业和个人提供对接结算、财税、法务等辅助服务;指导技术经纪人开展技术合同登记工作,为撮合双方完成对接提供服务支持,辅助双方进行合同登记;解决技术经纪人队伍"小而散"以及专业化程度不高等问题。

(六)成立技术经纪人行业组织,建立评价机制

组建安徽省技术经理人协会,将促进科技资源的综合集成和高效配置,为安徽加快实施创新驱动发展战略、促进产业转型升级提供强有力的支撑。为技术转移机构及人才搭建交流共享平台,建立一套方法科学、操作规范、技术先进的技术经纪人评价体系,包括能力、职业道德、信用等方面的评价指标。协会的宗旨是致力于新形势下技术转移和科技创新服务的探索,集聚社会科技资源,搭建技术转移服务平台,培养优秀技术转移人才,推动技术转移和科技成果转化,活跃和繁荣技术市场,促进技术转移产业的形成和发展。协会主要负责指导技术和知识产权经纪领域内的执业准则制定、政策宣传、业务培训、执业评价、会员权益维护、行业诚信自律、调解经纪纠纷、评比表彰等业务和活动。

表1.1 安徽科技大市场技术经纪人交易信用积分制度

一、申请条件		
1	申请参加初级技术经纪人培训:申请者需从事技术转移、成果转化、知识产权交易、知识产权运营、科技金融、产业孵化等相关服务领域工作	
2	申请参加中级技术经纪人培训:申请者需获得国家技术转移人才培养基地(安徽创新馆服务管理中心)颁发的初级技术经纪人培训结业证书,且实训积分达到60分及以上	
3	申请参加高级技术经理人培训:申请者需获得国家技术转移人才培养基地(安徽创新馆服务管理中心)颁发的中级技术经纪人培训结业证书,且实训学分达到80分及以上	
二、实训积分分值说明		
类型	分值	备注
实训积分 参加安徽科技大市场举办的科技成果对接、论坛、沙龙、公开课、培训、交流等相关成果转化活动	10分/次	按次计(以现场签到表为准)

续表

类型		分值	备注
实训积分	为安徽科技大市场提供真实、有效的科技成果和技术需求	10分/项	按项目数计(需加盖委托方签章、技术经纪人签字)
	为安徽科技大市场交易平台提供挂牌、竞价项目	20分/项	按项目数计,通过安徽科技大市场交易平台,实行项目挂牌、竞价、交易等业务并提供相关证明
	在安徽科技大市场交易平台促成项目交易	40分/项	

第二章 知 识 产 权

第一节 知识产权概述

一、知识产权的概念和范围

（一）知识产权的概念

什么是"知识产权"？不能简单地从字面理解，误以为知识产权就是"知识的产权"。"知识"是人类共同享有和使用的人类智慧结晶，是人类的共同财产，不应赋予任何专有权利而被独占垄断。"知识"本身并无任何产权，只有"知识"被个人或单位成果化为知识成果(也称为智慧成果)，才有可能依法享有知识产权。

知识产权系来自对英文 Intellectual Property 的意译，在20世纪60年代缔结的《建立世界知识产权组织公约》中使用了 Intellectual Property 一词。尽管知识产权的概念已得到公认，但是目前尚无公认的统一定义。大多数国家的法学专著、法律，乃至国际条约，都是从划定范围出发来明确知识产权的概念或定义的。

其实，知识产权是一个动态的概念。知识产权概念的内涵不断受到技术、经济和国际贸易等诸多因素的影响。从技术角度来看，一方面，知识产权制度是保障社会技术进步的重要法律制度；另一方面，技术的进步又对知识产权制度提出挑战，推动知识产权概念的更新和发展。在当代信息社会里，知识产权范围有向"信息产权"扩充的趋势。

（二）知识产权的范围

自2021年1月1日起施行的《中华人民共和国民法典》(以下简称《民法典》)第123条规定：民事主体依法享有知识产权。知识产权是权利人依法就下列客体享有的专有的权利：① 作品；② 发明、实用新型、外观设计；③ 商标；④ 地理标志；⑤ 商业秘密；

⑥ 集成电路布图设计;⑦ 植物新品种;⑧ 法律规定的其他客体。可见,《民法典》的规定体现了知识产权的权利法定,明确了知识产权的客体。

从我国现有法律的规定来看,知识产权的范围主要有:作品享有的著作权(包括邻接权和计算机软件著作权),发明、实用新型、外观设计享有的专利权,注册商标享有的商标权,地理标志享有的地理标志权,商业秘密享有的商业秘密权,集成电路布图设计享有的集成电路布图设计权,植物新品种享有的植物新品种权以及其他知识产权(包括有一定影响的商品名称、包装、装潢权、商号权、特殊标志权、域名权等)。

世界贸易组织《与贸易有关的知识产权协定》(TRIPs 协定)划出的知识产权的范围是:① 著作权与邻接权;② 商标权;③ 地理标志权;④ 工业品外观设计权;⑤ 专利权;⑥ 集成电路布图设计(拓扑图)权;⑦ 未披露过的信息专有权。

二、知识产权的性质和特征

(一)知识产权的性质

知识产权是一种民事权利,同其他民事权利一样,是一种私权。私权是与公权相对应的一个概念,指的是私人(包括自然人、法人和非法人组织)享有的各种民事权利。私权保护的是私人利益,私权可以转让和放弃,私权权利人行使私权可以获得其应得的利益;与之对应,公权维护的是公共利益,公权不得转让和放弃,不得因行使公权而获得私人利益。知识产权具有私人财产权利的基本属性。TRIPs 协定在其序言中强调有效保护知识产权的必要性时就明确要求各缔约方确认知识产权是一项"私权"。

当然,在知识产权保护国际化的背景下,世界各国从充分保护本国利益的立场出发,纷纷制定实施国家知识产权战略,知识产权已呈现公权化的趋势。2021 年 9 月,中共中央、国务院印发的《知识产权强国建设纲要(2021~2035 年)》中明确指出:"进入新发展阶段,推动高质量发展是保持经济持续健康发展的必然要求,创新是引领发展的第一动力,知识产权作为国家发展战略性资源和国际竞争力核心要素的作用更加凸显。实施知识产权强国战略,回应新技术、新经济、新形势对知识产权制度变革提出的挑战,加快推进知识产权改革发展,协调好政府与市场、国内与国际,以及知识产权数量与质量、需求与供给的联动关系,全面提升我国知识产权综合实力,大力激发全社会创新活力,建设中国特色、世界水平的知识产权强国,对于提升国家核心竞争力,扩大高水平对外开放,实现更高质量、更有效率、更加公平、更可持续、更为安全的发展,满足人民日益增长的美好生活需要,具有重要意义。"可见,知识产权已上升为国家战略高度,具有明显的战略性和重要的经济社会价值。

（二）知识产权的特征

1. 非物质性

知识产权是一种不同于财产所有权的无形财产权。

知识产权的对象（也称为知识产权客体）的非物质性是知识产权区别于财产所有权的本质特征。知识产权的对象即一定的信息，不占有物理空间，是没有形体的、非物质性的，对象的非物质性是知识产权的本质属性所在。当我们买卖有形商品时，转让的是该有形商品的财产所有权，而这财产所有权的对象就是该有形商品本身，我们可以通过转移占有（交付）来实现转让。转让知识产权时，转让的是知识产权本身，而不是载有信息的有形载体的财产所有权，载体的转移并不等于知识产权的转移，知识产权的转让也无须载体的转移。作为财产所有权管理对象的物，一般是可以被特定人占有的，而作为知识产权对象的信息（如技术方案、商标标识或作品），则不可能被特定人占有——它们可能被无限地复制，因此可能被无限数量的人占有。例如，某人在其购得的一张空白光盘上刻录了某计算机软件，他通过合法占有这张光盘而成为财产所有权人，但绝不会因其刻录（复制）了软件，"占有"了在其光盘中的软件就享有该软件的知识产权。反而，如果其复制行为未经软件权利人许可并用于商业目的，则是侵权行为，不但得不到法律的保护，反而应承担一定的法律责任。

2. 专有性

知识产权的专有性，是指在法定范围内权利人享有禁止他人未经许可实施使用的而不与他人分享的权利。

知识产权的专有性主要表现在两个方面：第一，知识产权具有禁止性。知识产权为权利人所独占，其专有权利受到法律严格保护，没有法律规定或未经权利人许可，任何人不得侵犯权利人的知识产权。知识产权权利人享有禁止他人未经许可的专利实施、商标使用和作品使用的专有权利。因此，知识产权在本质上是禁止权，具有绝对性。第二，知识产权具有排他性。对同一个知识产权客体，不允许有两个或两个以上同一属性的知识产权并存。例如，两人分别完成完全相同的发明，在分别申请专利的情况下，只能由其中一人（先申请者）获专利权。另一独立完成相同发明的人不但不能获得专利权，而且获专利权之人还有权排斥他将其自己独立完成的发明许可或转让给第三人，他只能在原有的范围内实施发明（在先使用权）。

3. 地域性

知识产权的地域性，是指依照一个国家（或地区）法律取得的知识产权只能在其依法产生的地域内有效，不具有域外效力。

知识产权法属于国内法，基于国家主权原则，按照一国知识产权法获得承认并保护的知识产权，只能在该国具有效力，不会产生域外效力。除非共同参加国际公约或订有双边协议,一国没有承认和保护他国知识产权的义务,任何人都可以自由地在自己的国家使用非本国的知识产权产品,而无须取得他国知识产权人的许可,更无需支付报酬了。

知识产权的地域性特征在专利权和商标权上体现得尤为突出,因为专利权和商标权的取得,是必须经一国有关行政管理机关按照该国法律规定注册或审查批准的,如欲获得他国法律保护,就必须按照该国法律规定注册或审查批准。因此,并不存在所谓的"国际专利"和"国际商标",只存在专利国际申请和商标国际申请。

对知识产权(尤其是专利权和商标权)地域性的通俗理解就是,在中国受保护的知识产权,在外国不一定受保护;在外国受保护的知识产权,在中国不一定受保护;如需在多国受到保护,必须分别取得多国的知识产权。这对技术研发、跨国合作和企业国际化具有重大影响。

4. 时间性

知识产权的时间性,是指知识产权仅在法律规定的期限内有效,一旦期满即丧失专有权,相关知识产权客体进入公有领域。

《中华人民共和国著作权法》规定自然人作品的保护期为"作者有生之年加死后50年",即截止于作者死亡后的第50年的12月31日;《中华人民共和国专利法》规定发明专利权的保护期为20年,实用新型专利权保护期为10年,外观设计专利权保护期为15年;《中华人民共和国商标法》规定注册商标的有效期为10年,但到期可以申请续展,每次续展后的有效期为10年,续展次数不限。

知识产权并非永久性权利,而只在法律规定的有限期限内受到保护,一旦期满就"到站下车",进入公有领域,成为社会共同财产,且不存在永久的知识产权。知识产权的时间性对知识产权权利人和社会公众的使用具有很大影响。

5. 知识产权特征的例外

需要强调的是,并非每一具体知识产权都具备以上全部特征,或者说,每一项基本特征在某一特定知识产权上都存在着"例外",如商业秘密权在专有性和时间性上的例外、域名权利在地域性上的例外等。就商业秘密而言,没有保护期限的限制,只要始终处于保密状态,就能得到长久的保护,形成我国俗称的"祖传秘方"。当然,商业秘密一旦泄密或被揭秘公开,自然就丧失了商业秘密权,成为社会公用的信息。

三、我国知识产权法律制度体系

(一)我国现行知识产权法律体系

自改革开放以来,我国的知识产权法经过30多年的发展和完善,相关的法律法规已经数量可观、规模庞大,形成了以《民法典》原则规定为引领,以《中华人民共和国专利法》

《中华人民共和国商标法》《中华人民共和国著作权法》《中华人民共和国反不正当竞争法》(以下分别简称为《专利法》《商标法》《著作权法》《反不正当竞争法》)为核心,包括集成电路布图设计、植物新品种、特殊标志、商号、地理标志等保护制度的知识产权法律体系。

我国最主要的现行知识产权法律法规包括:

① 保护注册商标及驰名商标的《商标法》(1983年3月1日施行,第一次修订后于1993年7月1日施行,第二次修订后于2001年12月1日施行,第三次修订后于2014年5月1日施行,第四次修订后于2019年11月1日施行);

② 保护发明、实用新型、外观设计的《专利法》(1985年4月1日施行,第一次修订后于1993年1月1日施行,第二次修订后于2001年7月1日施行,第三次修订后于2009年10月1日施行,第四次修订后于2021年6月1日施行);

③ 保护文学艺术作品的《著作权法》(1991年6月1日施行,第一次修订后于2001年10月27日施行,第二次修订后于2010年4月1日施行,第三次修订后于2021年6月1日施行);

④ 保护商业秘密等并作为知识产权法"兜底法"的《反不正当竞争法》(1993年12月1日施行,第一次修订后于2018年1月1日施行,第二次修订后于2019年4月23日施行);

⑤ 保护计算机软件的《计算机软件保护条例》(1991年10月1日施行,2002年1月1日重新颁布施行,2013年1月30日第二次修订);

⑥ 知识产权海关保护的《知识产权海关保护条例》(1995年10月1日施行,2004年3月1日重新颁布施行,2010年3月17日修订,2018年3月19日第二次修订);

⑦ 保护植物新品种的《植物新品种保护条例》(1997年10月1日施行,2014年7月29日第二次修订);

⑧ 保护集成电路布图设计的《集成电路布图设计保护条例》(2001年10月1日施行);

⑨ 保护奥林匹克标志的《奥林匹克标志保护条例》(2018年7月31日施行);

⑩ 保护世博会标志的《世界博览会标志保护条例》(2004年12月1日施行);

⑪ 规范作品网络传播的《信息网络传播权保护条例》(2006年7月1日施行;2013年1月30日修订,自2013年3月1日起施行);

⑫ 规范著作权集体管理的《著作权集体管理条例》(2005年3月3日起施行,2013年12月7日第二次修订)。

在知识产权国际保护方面,我国积极加入知识产权国际组织和国际条约。至今,我国已经缔结或加入的知识产权国际条约有17个,其中更为重要的国际条约有:①《建立世界知识产权组织公约》,于1980年6月3日加入;②《保护工业产权巴黎公约》,于1985年3月19日加入;③《保护文学艺术作品的伯尔尼公约》,于1992年10月15日加入;④《与贸易有关的知识产权协定》,于2001年12月11日加入。

（二）我国知识产权司法行政双轨保护机制

我国知识产权保护的显著特点之一就是行政保护与司法保护"双轨保护"。

知识产权的司法保护是指对知识产权通过司法途径进行保护，即由知识产权权利人或国家公诉人向法院对侵权人或知识产权犯罪嫌疑人提起民事或刑事诉讼，以追究侵权人或知识产权犯罪嫌疑人的民事或刑事责任。

知识产权的行政保护是指当知识产权被侵犯后，有关知识产权行政管理机关依知识产权权利人的举报或依职权主动执法以保护当事人的合法权益，维护社会正常竞争秩序。我国《专利法》《商标法》《著作权法》《反不正当竞争法》等知识产权法律中均明确规定了知识产权保护的行政途径。

知识产权司法保护与行政保护相比各有优缺点。司法保护具有稳定性、效力的终极性、公平优先性、规范性及注重对权利人的赔偿等优点，一般是被动的保护。行政保护具有应变性、效力的先定性、效率优先性及成本小、速度快、能迅速保护当事人的权利等优点，一般是主动的保护。司法保护的优点就是行政保护的缺点，行政保护的优点就是司法保护的缺点。

当前我国的知识产权行政保护和司法保护应各司其职、相互配合、相互补充，在"司法主导、行政并行"的原则下共同发挥维护知识产权法律秩序、保护当事人合法权益的重要作用。

第二节 知识产权的权利取得

知识产权具有法定性，权利的取得须依法律的规定。在总体上，知识产权的取得分为自动取得（无手续主义）和申请取得（有手续主义）两种方式。著作权、商业秘密权的取得无需履行任何手续，依法自动取得；专利权、商标权、集成电路布图设计权、植物新品种权、特殊标志权的取得须由申请人提出申请，经有关行政机关授权、登记或核准后才能取得权利。

一、专利权的取得

（一）专利权保护的对象

专利权保护的对象，也称专利权客体，是指能取得专利权，可以受专利法保护的发明创造。我国《专利法》第二条规定,"本法所称的发明创造是指发明、实用新型和外观设计"。由此可见,作为我国专利权保护的对象就是发明创造,包括发明、实用新型和外观设计。

1. 发明

发明,是指对产品、方法或其改进所提出的新的技术方案。发明具有两项特征:一是发明是一种技术方案;二是发明必须是一种具体的、科学的、新的技术方案。

关于发明的种类可依多种标准分类,按不同的划分标准,可以对发明进行不同的分类。如按发明的完成状况可分为完成发明和未完成发明;按完成发明的人数可分为独立发明和共同发明;按发明的权利归属可划分为职务发明和非职务发明;按发明间的依赖或制约关系可划分为基本发明和改良发明。按照我国《专利法》的规定,发明分为产品发明和方法发明两大类。

产品发明,是指经过人们智力劳动创造出来的各种制成品或者产品。产品发明又可以分为物品发明(包括机器、设备等各种制成品和用品)、物质发明(包括化学物质、药品、食品等)和材料发明(包括合金、玻璃、陶瓷、水泥等)。

方法发明,是指把一个对象或者某一种物质改变为另一种对象或者物质所利用的手段,以使它们在质量上产生新改变,或者成为另一种物质或者物品。方法发明可以是机械方法发明,如能量传递方法的发明;可以是化学方法发明,如通过分子内部的转化获得新物质的方法发明;可以是生物方法发明,如培养微生物方法的发明;还可以是其他方法的发明,如操作方法、通信方法、测试与计量方法;等等。

2. 实用新型

实用新型,是指对产品的形状、构造或者其结合所提出的适于实用的新的技术方案。实用新型具有以下特征:

① 实用新型专利只适用于产品,而不适用于其他方法和产品的用途。

② 实用新型专利保护的是产品的形状、构造或者其结合。产品的形状是指产品所具有的、可以从外部观察到的确定的空间形状。产品的构造是指产品的各个组成部分的安排、组织和相互关系。

③ 实用新型专利要适于实用。这是指这种形状、构造或结合必须具有某种功能作用,由此排除了仅为美观而对产品形状、构造或结合所作的改变。

3. 外观设计

外观设计,是指对产品的整体或者局部的形状、图案或者其结合以及色彩与形状、图案的结合所作出的富有美感并适于工业应用的新设计。外观设计包括整体外观设计和局部外观设计。外观设计具有以下特征:

① 外观设计的载体必须是产品,即可以用工业方法重复生产的物品。

② 外观设计必须是对产品的形状、图案或其结合以及色彩与形状、图案的结合所作

的设计。

③ 外观设计应富有美感。

④ 外观设计必须适于工业应用，即该设计可以被重复生产。

4. 不受专利权保护的对象

虽然《专利法》以促进科技创新为宗旨，但是并非所有的科学研究、智力活动成果都可以获得专利权保护。不受专利权保护的对象包括以下八类：

① 违反法律、社会公德或者妨害公共利益的发明创造。

② 违反法律、行政法规的规定获取或者利用遗传资源，并依赖该遗传资源完成的发明创造。

③ 科学发现。

④ 智力活动的规则和方法。

⑤ 平面印刷品的图案、色彩或者两者的结合作出的主要起标识作用的设计。

⑥ 疾病的诊断和治疗方法。但是，用于实施疾病诊断和治疗方法的仪器或装置，以及在疾病诊断和治疗方法中使用的物质或材料属于可被授予专利权保护的对象。

⑦ 动物和植物品种。但是，对动物和植物品种的生产方法，可以授予专利权。我国对植物新品种主要依据《植物新品种保护条例》进行保护。

⑧ 原子核变换方法以及用原子核变换方法获得的物质。

（二）申请专利的原则

1. 禁止重复授权原则

同样的发明创造只能授予一项专利权，即禁止对同一发明创造重复授权。但是，同一申请人同日对同样的发明创造既申请实用新型专利又申请发明专利，先获得的实用新型专利权尚未终止，且申请人声明放弃该实用新型专利权的，可以授予发明专利权。这是禁止重复授权原则的例外情况。

2. 先申请原则

两个以上的申请人分别就同样的发明创造申请专利的，专利权授予最先申请的人。对"最先申请"的判断，以日为标准确定。国务院专利行政部门收到专利申请文件之日为申请日。如果申请文件是邮寄的，以寄出的邮戳日为申请日。

当两个以上的申请人于同一天就同一发明创造提出专利申请时，由提出申请之人自行协商确立申请人，如双方协商意见不一致或者一方拒绝协商，则对任何一方都不授予专利权。

3. 单一性原则

专利申请的单一性原则又称一申请一发明创造原则，是指一份专利申请文件只能就一项发明创造提出专利申请。

但是，属于一个总的发明构思的两项以上的发明或者实用新型，可以作为一件申请提出；同一产品两项以上的相似外观设计，或者用于同一类别并且成套出售或使用的产品的两项以上的外观设计，可以作为一件申请提出。此规定可以看作单一性原则的例外。

4. 优先权原则

优先权，是指任何一个《巴黎公约》成员国国民向任何一个公约成员国就工业产权保护首次提出正式申请后的一定期间内（专利和实用新型为 12 个月，商标和外观设计为 6 个月），就同一主题再向其他成员国提出申请时，该成员国应当将该申请人的首次申请日视为在该国提出申请的日期，即优先权日。

（1）国际优先权

申请人自发明或者实用新型在外国第一次提出专利申请之日起 12 个月内，或者自外观设计在外国第一次提出专利申请之日起 6 个月内又在中国就相同主题提出专利申请的，依照该外国同中国签订的协议或者参加的国际条约，或者依照相互承认优先权的原则，可以享有优先权。这是《巴黎公约》第四条规定的，称为国际优先权或外国优先权，是《巴黎公约》成员国必须遵守的基本原则。

（2）国内优先权

申请人自发明或者实用新型在中国第一次提出专利申请之日起 12 个月内，或者自外观设计在中国第一次提出专利申请之日起 6 个月内，又向国务院专利行政部门就相同主题提出专利申请的，可以享有优先权。这是国内优先权或称本国优先权，是由各国自行设定的，国际公约没有统一要求。

5. 诚实信用原则

申请专利应当遵循诚实信用原则。为了确保实现《专利法》鼓励真实创新活动的立法宗旨，打击和遏制不以保护创新为目的的各类非正常申请专利行为，2021 年 3 月 11 日，国家知识产权局制定并发布《关于规范申请专利行为的办法》。

非正常申请专利行为是指任何单位或者个人，不以保护创新为目的，不以真实发明创造活动为基础，为牟取不正当利益或者虚构创新业绩、服务绩效，单独或者勾连提交各类专利申请、代理专利申请、转让专利申请权或者专利权等行为。

（三）专利申请应提交的文件

申请发明专利的，申请文件应当包括发明专利请求书、摘要、摘要附图（适用时）、说明书、权利要求书、说明书附图（适用时）。

申请实用新型专利的，申请文件应当包括实用新型专利请求书、摘要、摘要附图（适用时）、说明书、权利要求书、说明书附图。

申请外观设计专利的,申请文件应当包括外观设计专利请求书、图片或者照片(要求保护色彩的,应当提交彩色图片或者照片)以及对该外观设计的简要说明,并且应当写明使用该外观设计的产品及其所属类别。

(四)专利申请的审批

发明、实用新型、外观设计都是需要经过申请、审查、授权以后才能取得专利权的,具体程序有所不同。

我国对发明专利申请实行"早期公开延迟审查"制,即专利申请提出后18个月公开,在申请日起的3年内可以提出实质审查请求进行实审,不请求不实审,实审合格后授权。对实用新型和外观设计申请采取初步审查制,即对实用新型和外观设计申请只进行初步审查,不进行实质审查,初步审查合格即授权公告。

依据《专利法》,发明专利申请的审批程序包括受理、初审、公布、实审以及授权五个阶段。实用新型或者外观设计专利申请在审批中不进行早期公布和实质审查,只有受理、初审和授权三个阶段。

(五)专利授权的实质条件

发明创造能否被授予专利权,取决于它是否满足《专利法》规定的条件。除了满足申请专利的形式条件外,授予专利权的发明创造本身必须满足一些实质条件,即发明创造应具有专利性。

授予专利权的一个重要的实质条件,就是必须符合《专利法》第二十二条、第二十三条的规定,即第二十二条:"授予专利权的发明和实用新型,应当具备新颖性、创造性和实用性。"第二十三条:"授予专利权的外观设计,应当不属于现有设计;也没有任何单位或者个人就同样的外观设计在申请日以前向国务院专利行政部门提出过申请,并记载在申请日以后公告的专利文件中。授予专利权的外观设计与现有设计或者现有设计特征的组合相比,应当具有明显区别。授予专利权的外观设计不得与他人在申请日以前已经取得的合法权利相冲突。"

1. 专利的新颖性

新颖性,是指该发明或者实用新型不属于现有技术,也没有任何单位或者个人就同样的发明或者实用新型在申请日以前向国务院专利行政部门提出过申请,并记载在申请日以后公布的专利申请文件或者公告的专利文件中(抵触申请)。现有技术,是指申请日以前在国内外为公众所知的技术。

授予专利权的外观设计,应当不属于现有设计,也没有任何单位或者个人就同样的外观设计在申请日以前向国务院专利行政部门提出过申请,并记载在申请日以后公告的专利文件中。现有设计,是指申请日以前在国内外为公众所知的设计。

申请专利的发明创造在申请日以前6个月内,有下列情形之一的,不丧失新颖性:
① 在国家出现紧急状态或者非常情况时,为公共利益目的首次公开的。
② 在中国政府主办或者承认的国际展览会上首次展出的。
③ 在规定的学术会议或者技术会议上首次发表的。
④ 他人未经申请人同意而泄露其内容的。

2. 专利的创造性

创造性,是指同申请日以前已有的技术相比,该发明有突出的实质性特点和显著的进步,该实用新型有实质性特点和进步。创造性的参照标准是现有技术,即已有技术,不包括抵触申请。

发明专利与实用新型专利的创造性的区别在于"实质性特点"是否突出以及"进步"是否显著,两者只是程度上的差别。对于发明专利,"突出的实质性特点"是指该发明至少具有一个与现有技术有明显本质区别的技术特征,而这一个技术特征,对所属技术领域普通技术人员而言是非显而易见的,不能在现有技术的基础上通过逻辑分析、推理直接得到,它不是简单的现有技术组合,也不是简单的材料代换;"显著的进步"是指发明的技术效果与现有技术相比具有长足的进步,如解决了人们一直渴望解决但始终未能获得成功的技术难题,或者克服了技术偏见,或者取得了意想不到的技术效果等。对于实用新型专利,其创造性要求比发明专利低,只需与现有技术相比具有区别和进步,即可认定为具有创造性。

3. 专利的实用性

实用性,又称为工业再现性,即可以用于工业生产、重复再现,是指该发明或者实用新型能够制造或者使用,并且能够产生积极效果。

实用性有以下参考性判断基准:

① 再现性。再现性是指所属技术领域的技术人员可以根据公开的技术内容,重复实施该技术方案,实施的结果应该是相同的。不具备再现性的技术方案不具有实用性。

② 可实施性。可实施性是指所属技术领域的技术人员可以将该项技术方案在产业中加以利用和实现。缺乏技术手段,或者虽然提供了技术手段但是无法具体操作,或者虽有技术手段也可操作但是达不到所说的目的等,都属于缺乏可实施性,也就不具备实用性。

③ 有益性。有益性是指该技术方案的实施可以产生对人类社会有益的、积极的效果。污染环境、浪费能源、危害人体健康、违反国家法律和社会公德的技术方案是不具有实用性的。违背自然规律的技术方案不可能实现,不具备实用性。

二、商标权的取得

（一）商标权保护的对象

我国《商标法》第四条规定："自然人、法人或者其他组织在生产经营活动中，对其商品或者服务需要取得商标专用权的，应当向商标局申请商标注册。"因此，商标权保护的对象就是注册商标。

1. 可申请注册的标志

任何能够将自然人、法人或者其他组织的商品与他人的商品区别开的标志，包括文字、图形、字母、数字、三维标志、颜色组合和声音等，以及上述要素的组合，均可以作为商标申请注册。

但是，商标注册申请的目的是在生产经营活动中使用，不以使用为目的的恶意商标注册申请，不但违反诚实信用原则，而且也导致商标囤积压缩他人使用商标的有限空间，因此，《商标法》第四条还明确规定"不以使用为目的的恶意商标注册申请，应当予以驳回"。

按商标使用的对象不同，可以分为商品商标和服务商标。商品商标，是用来区别市场上商品的不同来源的标志；服务商标，是将自己提供的服务与他人提供的服务区别开来的标志。

按商标构成要素不同，可以分为文字商标、图形商标、字母商标、数字商标、立体商标、颜色组合商标、声音商标和组合商标。

2. 禁止作为商标使用的标志

根据我国《商标法》第十条的规定，下列标志不得作为商标使用：

① 同中华人民共和国的国家名称、国旗、国徽、国歌、军旗、军徽、军歌、勋章等相同或者近似的，以及同中央国家机关的名称、标志、所在地特定地点的名称或者标志性建筑物的名称、图形相同的。

② 同外国的国家名称、国旗、国徽、军旗等相同或者近似的，但经该国政府同意的除外。

③ 同政府间国际组织的名称、旗帜、徽记等相同或者近似的，但经该组织同意或者不易误导公众的除外。

④ 与表明实施控制、予以保证的官方标志、检验印记相同或者近似的，但经授权的除外。

⑤ 同"红十字""红新月"的名称、标志相同或者近似的。

⑥ 带有民族歧视性的。

⑦ 带有欺骗性,容易使公众对商品的质量等特点或者产地产生误认的。

⑧ 有害于社会主义道德风尚或者有其他不良影响的。

⑨ 县级以上行政区划的地名或者公众知晓的外国地名,但是地名具有其他含义或者作为集体商标、证明商标组成部分的除外,已经注册的使用地名的商标继续有效。

3. 不得作为商标注册的标志

根据我国《商标法》第十一条的规定,下列标志不得作为商标注册:

① 仅有本商品的通用名称、图形、型号的。

② 仅直接表示商品的质量、主要原料、功能、用途、重量、数量及其他特点的。

③ 其他缺乏显著特征的。

上述标志经过使用取得显著特征,并便于识别的,可以作为商标注册。

对于立体商标,我国《商标法》第十二条规定:"以三维标志申请注册商标的,仅由商品自身的性质产生的形状、为获得技术效果而需有的商品形状或者使商品具有实质性价值的形状,不得注册。"

(二)商标注册的原则

1. 商标注册原则

商标注册原则,是指商标权不会自动产生,必须依一定法律程序申请并获准注册才能受到保护。我国采用商标注册原则,只有依据《商标法》申请注册,经商标局核准注册后的标志才可以成为注册商标。商标注册人因此享有商标专用权,受到法律保护。

2. 自愿注册原则

自愿注册原则,是指当事人自己决定是否就使用的商标申请注册的制度。与之相对应的是强制注册原则,即商标使用人在其生产、经营的商品上使用的任何商标都必须注册的制度。

我国《商标法》采取自愿注册原则,商标使用人自愿提出商标注册申请是国家市场监督管理总局商标局授予商标的前提。但我国在《商标法》第六条中规定了一个例外,即法律、行政法规规定必须使用注册商标的商品,必须申请商标注册,未经核准注册的,不得在市场销售。目前在我国,烟草制品就属于此类商品。

3. 申请在先原则

申请在先原则,是指两个或两个以上的商标申请人,在同一或者类似的商品上以相同或近似的商标申请注册时,商标局给予申请在先的商标核准注册,即在先的申请人获得商标权,在后的申请人的申请予以驳回的一项制度。

我国商标注册实行申请在先原则,同时又以使用在先原则作为补充。当两个或两个以上的申请人,在同一种商品或类似商品上,以相同或近似的商标申请注册,初步审定申请在先的商标,同一天申请,初步审定使用在先的商标。同日使用或者均未使用的,各申请人可以自收到商标局的通知之日起 30 日内自行协商,并将书面协议报送商标局;不愿协商或者协商不成的,商标局通知各申请人以抽签的方式确定一个申请人,驳回其他人的注册申请。商标局已经通知但申请人未参加抽签的,视为放弃申请,商标局应当书面通知未参加抽签的申请人。

4. 优先权原则

我国《商标法》规定了两种优先权。

一是在国外提出商标注册申请后又在中国提出商标注册申请的优先权。商标注册申请人自其商标在外国第一次提出商标注册申请之日起 6 个月内,又在中国就相同商品以同一商标提出商标注册申请的,依照该外国同中国签订的协议或者共同参加的国际条约,或者按照相互承认优先权的原则,可以享有优先权。

二是在中国政府主办或承认的国际展览会展出的商品上首次使用的商标注册申请的优先权。商标在中国政府主办的或者承认的国际展览会展出的商品上首次使用的,自该商品展出之日起 6 个月内,该商标的注册申请人可以享有优先权。

5. 诚实信用原则

申请商标注册应当遵循诚实信用原则,不得有下列行为:

① 不以使用为目的恶意申请商标注册的。

② 复制、摹仿或者翻译他人驰名商标的。

③ 代理人、代表人未经授权申请注册被代理人或者被代表人商标的;基于合同、业务往来关系或者其他关系明知他人在先使用的商标存在而申请注册该商标的。

④ 损害他人现有的在先权利或者以不正当手段抢先注册他人已经使用并有一定影响的商标的。

⑤ 以欺骗或者其他不正当手段申请商标注册的。

⑥ 其他违反诚实信用原则,违背公序良俗,或者有其他不良影响的。

(三)商标注册的实质条件

1. 注册商标的新颖性

注册商标的新颖性,是指申请注册的商标与他人在同一种商品和类似商品上已经注册的和初步审定的商标不相同和不近似,即不能与在先注册或初步审定的商标相混同。申请注册的商标,凡同他人在同一种商品或者类似商品上已经注册的或者初步审定的商标相同或者近似的,由商标局驳回申请,不予公告。

2. 注册商标的非冲突性

注册商标的非冲突性,是指注册商标不得与他人在先取得的合法权利和他人的合法权益相冲突。

申请注册的商标,不得与他人在先取得的合法权利相冲突,否则,商标局将不予核准注册,已经核准注册的,也应予以无效。所谓他人在先取得的合法权利,是指他人在商标注册申请人提出商标注册申请以前,已经依法取得或者依法享有并受法律保护的权利,如著作权、外观设计专利权、商号权、姓名权、肖像权、域名权、知名商品特有名称、包装或者装潢使用权等权利。

申请注册的商标,也不得与他人的合法权益相冲突,否则,同样不予核准注册,已经核准注册的,也应予以无效。他人的合法权益主要包括:驰名商标;有一定影响的非注册商标;地理标志;被代理人或者被代表人的非注册商标。

3. 注册商标的显著性

商标的显著性,又称商标的可识别性,是指商标从总体上具有独自特征,并能与他人同一种商品或服务或者类似商品或服务的商标相区别。

商标显著性包括固有显著性和获得显著性。固有显著性是通过对商标构成要素的设计,使商标具有的显著性。固有显著性的强弱,与对构成要素的选择设计具有密切的联系。获得显著性是通过长期使用商标取得的显著性。缺乏固有显著性的商标,如果通过长期连续使用,使公众对商标及其标记的商品或服务产生了认同,从而产生了识别商品或服务的作用,这个商标就被视为具备了显著特征,可以取得商标注册。

(四)商标注册的审查核准

1. 商标申请的审查

当商标申请人提出商标申请后,商标审查是商标主管机关决定是否授予商标申请人商标权的前提。审查包括两个方面:形式审查和实质审查。

形式审查是指审查该商标注册的申请是否具备法定的条件和手续,以确定是否受理该项申请。

实质审查是指对商标是否具备注册条件的审查。申请注册的商标能否初步审定并予以公告,取决于该商标是否通过了实质审查。

2. 商标申请的复审

对申请注册的商标,商标局应当自收到商标注册申请文件之日起九个月内审查完毕,符合商标法有关规定的,予以初步审定公告。对驳回申请、不予公告的商标,商标局应当书面通知商标注册申请人。商标注册申请人不服的,可以自收到通知之日起十五日内向国家知识产权局申请复审。国家知识产权局应当自收到申请之日起九个月内作出决定,并书面通知申请人。有特殊情况需要延长的,经国家知识产权局批准,可以延长三个月。当事人对国家知识产权局的决定不服的,可以自收到通知之日起三十日内向人民法院起诉。

3. 商标异议

商标异议程序,是指对初步审定公告的商标依法提出反对意见,要求不予注册初步审定的商标的程序。商标异议的期间为自公告之日起三个月内,公告期满无异议的,对初步审定的商标予以核准注册,发给商标注册证,并予公告。

4. 商标核准注册

当商标的注册申请获得批准后,商标局授予申请人商标专用权。商标获准注册后,在《商标公告》上刊登注册公告,商标局颁发商标注册证。商标注册人自商标核准注册之日起享有商标专用权。

三、商业秘密权的取得

我国《民法典》第一百二十三条明确规定了商业秘密为知识产权的客体。商业秘密已经成为与作品、发明创造和商标并列的知识产权重要保护对象。商业秘密权保护的对象就是商业秘密,包括技术秘密和经营秘密。商业秘密权的取得无需履行任何手续,依法自动取得,即有关信息符合法律规定的条件,就自动享有商业秘密权。

(一)商业秘密的概念和种类

依据我国《反不正当竞争法》第九条的规定,商业秘密是指不为公众所知悉、具有商业价值并经权利人采取相应保密措施的技术信息、经营信息等商业信息。

根据商业秘密所包含的信息内容的性质不同,商业秘密可以分为技术秘密和经营秘密。

可以构成技术秘密的技术信息主要包括与技术有关的结构、原料、组分、配方、材料、样品、样式、植物新品种繁殖材料、工艺、方法或其步骤、算法、数据、计算机程序及其有关文档等信息。

可以构成经营秘密的经营信息主要包括与经营活动有关的创意、管理、销售、财务、计划、样本、招投标材料、客户信息、数据等信息。客户信息,包括客户的名称、地址、联系方式以及交易习惯、意向、内容等信息。

(二)商业秘密的构成要件

商业秘密的定义概括了商业秘密的构成要件:不为公众所知悉;具有商业价值;采取保密措施。

1. 不为公众所知悉(秘密性)

不为公众所知悉,也称为非公知性、秘密性,是指有关信息在被诉侵权行为发生时不为所属领域的相关人员普遍知悉和容易获得。

不为公众所知悉属于消极事实,一般难以直接证明,因此,在实践中往往是由被告来证明原告的有关信息已为公众所知悉,如果证明不能,则推定具有秘密性。

具有下列情形之一的,可以认定有关信息为公众所知悉:

① 该信息在所属领域属于一般常识或者行业惯例的。

② 该信息仅涉及产品的尺寸、结构、材料、部件的简单组合等内容,所属领域的相关人员通过观察上市产品即可直接获得的。

③ 该信息已经在公开出版物或者其他媒体上公开披露的。

④ 该信息已通过公开的报告会、展览等方式公开的。

⑤ 所属领域的相关人员从其他公开渠道可以获得该信息的。

2. 具有商业价值(价值性)

具有商业价值,也称为价值性,是指权利人请求保护的信息因不为公众所知悉而具有现实的或者潜在的商业价值。

商业秘密的价值性,不仅体现为能为权利人带来现实的经济利益或竞争优势,也体现为潜在的经济利益或竞争优势,消极的商业秘密就是典型的具有潜在商业价值的情形。商业秘密的价值性,不仅体现为最终性成果的商业价值,也可以体现为在生产经营活动中形成的阶段性成果的商业价值。可见,在实践中,几乎所有的技术信息和经营信息都能满足价值性条件。

3. 采取保密措施(保密性)

采取保密措施,也称为保密性,是指权利人为防止商业秘密泄露所采取的合理保密措施。

权利人采取的保密措施,不要求采取极端的和过分昂贵的保密措施,只要符合"合理"的要求即可。在正常情况下足以防止商业秘密泄露的,应当认定权利人采取了相应的保密措施。

保密性条件是以权利人客观上采取了保密措施来表明其主观上具有保密的意思。认定权利人是否采取了相应的保密措施,应当根据商业秘密及其载体的性质、商业秘密的商业价值、保密措施的可识别程度、保密措施与商业秘密的对应程度以及权利人的保密意愿等因素进行认定。具有下列情形之一的,应当认定权利人采取了相应的保密措施:

① 签订保密协议或者在合同中约定保密义务的。

② 通过章程、培训、规章制度、书面告知等方式,对能够接触、获取商业秘密的员工、前员工、供应商、客户、来访者等提出保密要求的。

③ 对涉密的厂房、车间等生产经营场所限制来访者或者进行区分管理的。

④ 以标记、分类、隔离、加密、封存、限制能够接触或者获取的人员范围等方式,对商

业秘密及其载体进行区分和管理的。

⑤ 对能够接触、获取商业秘密的计算机设备、电子设备、网络设备、存储设备、软件等,采取禁止或者限制使用、访问、存储、复制等措施的。

⑥ 要求离职员工登记、返还、清除、销毁其接触或者获取的商业秘密及其载体,继续承担保密义务的。

⑦ 采取其他合理保密措施的。

四、著作权的取得

著作权的取得也无需履行任何手续,依法自动取得。著作权保护的对象就是作品。作品不论是否发表,依照《著作权法》享有著作权。著作权自作品创作完成之日起产生。

(一)作品的概念

我国《著作权法》所称作品,是指文学、艺术和科学领域内具有独创性并能以一定形式表现的智力成果。

作品反映了作者的思想感情或对客观世界的认识,是一种以文字、声音、线条、色彩、形体等表达要素所表达出的智力成果。简单地说,作品就是对思想、情感、主题等的独创性表达。

(二)作品的构成要件

构成《著作权法》意义上的作品,必须具备以下要件:

1. 构成一定的表达

作者必须以文字、语言、符号、声音、动作、色彩等一定的表达要素将其无形的思想情感、主题表达出来,使他人感觉其存在。可以说,无表达,无作品。作品的表达要素有:文字、语言、符号、声音、动作、色彩等。

2. 具有独创性

著作权法所称的作品,是创作的文学、艺术和自然科学、社会科学、工程技术等作品,即作品必须是自己创作的,而不是从别人的作品中抄袭来的。

作品的独创性,是《著作权法》保护作品的基础,是作品取得著作权的实质条件。

所谓独创性,指作品是独立构思而成的,其不与或基本不与他人的作品相同,即作品不是抄袭、剽窃或篡改他人的作品而成的。对此,世界知识产权组织的解释是:独创性是指作品属于作者自己的创作,完全不是或基本不是从另一作品抄袭来的。

3. 具有固定性和可复制性

固定性和可复制性,指作品能够固定于某种有体物上,并能复制使用。

(三)著作权保护的作品种类

我国《著作权法》规定的作品种类包括:
① 文字作品。指小说、诗词、散文、论文等以文字形式表现的作品。
② 口述作品。即兴的演说、授课、法庭辩论等以口头语言形式表现的作品。
③ 音乐、戏剧、曲艺、舞蹈、杂技艺术作品。音乐作品,是指歌曲、交响乐等能够演唱或者演奏的带词或不带词的作品;戏剧作品,是指话剧、歌剧、地方戏等供舞台演出的作品;曲艺作品,是指相声、快书、大鼓、评书等以说唱为主要形式表演的作品;舞蹈作品,是指通过连续的动作、姿势、表情等表达思想感情的作品;杂技艺术作品,是指杂技、魔术、马戏等通过形体动作和技巧表演的作品。
④ 美术、建筑作品。美术作品是指绘画、书法、雕塑等以线条、色彩或者其他方式构成的,有审美意义的平面或者立体的造型艺术作品;建筑作品,是指以建筑物或者构筑物的形式表现的有审美意义的作品。
⑤ 摄影作品。指借助器械在感光材料或者其他介质上记录客观物体形象的艺术作品。
⑥ 视听作品。指由一系列有伴音或者无伴音的连续画面组成,并且借助适当装置放映或者以其他方式传播的作品。
⑦ 工程设计图、产品设计图、地图、示意图等图形作品和模型作品。工程设计图和产品设计图,是指为施工和生产而绘制的图形作品;地图是客观反映地理现象,同时艺术性标示这些地理现象的作品;示意图是说明事物原理或者结构的作品,如公交示意图;模型作品是指为了展示、试验或者观测等用途,根据物体的形状和结构,按照一定比例制成的立体作品。
⑧ 计算机软件。指计算机程序及其有关文档。计算机软件可以作为作品受著作权保护。我国《计算机软件保护条例》第二条规定,"本条例所称计算机软件,是指计算机程序及其有关文档"。所谓计算机程序,是指为了得到某种结果而可以由计算机等具有信息处理能力的装置执行的代码化指令序列,或者可以被自动转换成代码化指令序列的符号化指令序列或者符号化语句序列。同一计算机程序的源程序和目标程序为同一作品。所谓文档,是指用来描述程序的内容、组成、设计、功能规格、开发情况、测试结果及使用方法的文字资料和图表等,如程序设计说明书、流程图、用户手册等。
⑨ 符合作品特征的其他智力成果。这个规定是作品种类的"兜底条款",为难以归入上述具体的作品种类,以及将来可能出现的新作品形式,但符合作品特征的智力成果纳入著作权的保护范围留下余地。

(四)不受著作权保护的对象

我国《著作权法》规定了不受著作权保护的对象,包括:

① 法律、法规、国家机关的决议、决定、命令和其他具有立法、行政、司法性质的文件及其官方正式译文。

② 单纯事实消息、历法、通用数表、通用表格和公式等。

(五) 作品自愿登记

我国实行作品自愿登记制度。作品不论是否登记，作者或其他著作权人依法取得的著作权不受影响，也即登记并非取得著作权的条件，只是证明登记事项的初步证据。

第三节　知识产权的权利内容及限制

一、专利的权利内容及限制

(一) 专利的权利内容

专利权的本质就是禁止权，即专利权人有权禁止他人未经许可地实施其专利。我国《专利法》规定，发明和实用新型专利权被授予后，除《专利法》另有规定的外，任何单位或者个人未经专利权人许可，都不得实施其专利，即不得为生产经营目的制造、使用、许诺销售、销售、进口其专利产品，或者使用其专利方法以及使用、许诺销售、销售、进口依照该专利方法直接获得的产品；外观设计专利权被授予后，任何单位或者个人未经专利权人许可，都不得实施其专利，即不得为生产经营目的制造、使用、销售、进口其外观设计专利产品。

因此，笼统地说，专利权的权利内容包括制造权、使用权、许诺销售权、销售权和进口权。

具体而言，对于产品专利，其专利权人对其专利产品享有制造权、使用权、许诺销售权、销售权和进口权。

对于方法专利，其专利权人对其专利方法享有使用权，并且对依照其专利方法直接获得的产品享有使用权、许诺销售权、销售权和进口权。依照专利方法直接获得的产品仅仅包括实施方法专利所获得的原始产品，不延及到后续产品。对方法专利的延伸保护只限于用该种专利方法获得的产品。如果某人未经许可而制造了相同的产品，但是采用的是不同的制造方法，就不构成对方法专利的侵犯。

对于外观设计专利，其专利权人对其外观设计专利产品享有制造权、使用权、销售权和进口权。

"制造",是指具有权利要求所述技术特征的产品在实践中被实现。至于用什么方法制造,制造了多少数量,是在国内什么地方制造,这些都无关紧要。

"使用",是指将具有权利要求所述技术特征的产品付诸应用,或者具有权利要求所述技术特征的方法在实践中为权利要求书中所述的目的而使用。

"许诺销售",是指明确表示愿意出售具有权利要求所述技术特征的产品的行为。许诺销售行为既可以采用口头形式,也可以采用书面形式;既可以通过展示或者演示的途径,也可以通过电话、电传、报刊、网络或其他途径。例如,将专利产品陈列在商店中,列入拍卖清单,在报纸、电视、网络上做广告等行为,都明确表明了愿意出售该专利产品的愿望,都属于"许诺销售"的行为。

"销售",就是将具有权利要求所述技术特征的产品的所有权从一方(卖方)有偿转移给另一方(买方)。

"进口",是指具有权利要求所述技术特征的产品从国外越过边界运进国内。

(二) 专利的权利限制

专利权的限制主要表现为《专利法》规定的不视为侵犯专利权的情形、专利实施的强制许可和国有单位发明专利的推广应用。

1. 不视为侵犯专利权的情形

我国《专利法》规定,有下列情形之一的,不视为侵犯专利权:

① 使用、许诺销售、销售、进口合法售出后的专利产品。专利产品或者依照专利方法直接获得的产品,由专利权人或者经其许可的单位、个人售出后,使用、许诺销售、销售、进口该产品的。

② 先用权人的实施。在专利申请日前已经制造相同产品、使用相同方法或者已经做好制造、使用的必要准备,并且仅在原有范围内继续制造、使用的。

③ 临时过境工具的使用。临时通过中国领陆、领水、领空的外国运输工具,依照其所属国同中国签订的协议或者共同参加的国际条约,或者依照互惠原则,为运输工具自身需要而在其装置和设备中使用有关专利的。

④ 科研目的的使用。专为科学研究和实验而使用有关专利的。

⑤ 为药品审批需要而实施药品专利。为提供行政审批所需要的信息,制造、使用、进口专利药品或者专利医疗器械的,以及专门为其制造、进口专利药品或者专利医疗器械的。这就是所谓的"Bolar例外"。

2. 专利实施的强制许可

为了制止专利权人滥用专利权或者限制竞争,促进专利技术的实施和使用,满足社会公众对专利产品的需求,即使专利权人拒绝许可他人实施其专利,国务院专利行政部门也可以依法颁发专利实施的强制许可。

我国《专利法》规定了以下强制许可的情形：

① 专利权人未实施或者未充分实施其专利。专利权人自专利权被授予之日起满三年，且自提出专利申请之日起满四年，无正当理由未实施或者未充分实施其专利的，国务院专利行政部门根据具备实施条件的单位或者个人的申请，可以给予实施发明专利或者实用新型专利的强制许可。

② 为了消除或者减少专利权人的垄断行为对竞争产生的不利影响。专利权人行使专利权的行为被依法认定为垄断行为，为消除或者减少该行为对竞争产生的不利影响，国务院专利行政部门根据具备实施条件的单位或者个人的申请，可以给予实施发明专利或者实用新型专利的强制许可。

③ 国家出现紧急状态、非常情况或者为了公共利益。在国家出现紧急状态、非常情况时，或者为了公共利益，国务院专利行政部门可以给予实施发明专利或者实用新型专利的强制许可。

④ 为了公共健康而出口强制许可制造的专利药品。为了公共健康，对取得专利权的药品，国务院专利行政部门可以给予制造并将其出口到符合中国参加的有关国际条约规定的国家或者地区的强制许可。

⑤ 为了实施相互依存的专利。一项取得专利权的发明或者实用新型比前一已经取得专利权的发明或者实用新型具有显著经济意义的重大技术进步，其实施又有赖于前一发明或者实用新型的实施的，国务院专利行政部门根据后一专利权人的申请，可以给予实施前一发明或者实用新型的强制许可。

在依照上述规定给予实施强制许可的情形下，国务院专利行政部门根据前一专利权人的申请，也可以给予实施后一发明或者实用新型的强制许可。

强制许可涉及的发明创造为半导体技术的，其实施限于公共利益的目的和被认定为垄断行为的情形。除被认定为垄断行为和为了公共健康制造专利药品的情形外，强制许可的实施应当主要为了供应国内市场。

3. 国有单位发明专利的推广应用

国有单位的发明专利，对国家利益或者公共利益具有重大意义的，国务院有关主管部门和省、自治区、直辖市人民政府报经国务院批准，可以决定在批准的范围内推广应用，允许指定的单位实施，由实施单位按照国家规定向专利权人支付使用费。

（三）专利权人缴纳专利年费的义务

在授予专利权以后，为了维持专利权的有效性，各国的专利法均要求专利权人每年缴纳一笔费用，称为年费，也称为维持费。如无正当理由不按时缴纳年费，即视为自动放弃专利权。我国《专利法》第四十三条规定："专利权人应当自被授予专利权的当年开始缴纳年费。"

关于专利年费的标准,依照国家知识产权局的规定执行。目前规定的专利年费的标准为:第1~3年每年900元,第4~6年每年1200元,第7~9年每年2000元,第10~12年每年4000元,第13~15年每年6000元,第16~20年每年8000元。实用新型专利和外观设计专利年费的标准为:第1~3年每年600元,第4~5年每年900元,第6~8年每年1200元,第9~10年每年2000元。

二、商标权的权利内容及限制

(一)商标权的权利内容

根据注册原则,商标只有依法核准注册才能取得商标权。因此,商标权的主体是商标注册人,客体是注册商标。从权利内容上看,商标权包括专用权和禁止权。

1. 专用权

专用权是指商标注册人对其注册商标专有使用的权利。专用权是商标权的核心,商标权人有权在核定的商品上独占性地使用核准的商标。

注册商标的专用权,以核准注册的商标和核定使用的商品为限。这表明,专用权以注册登记的标志为准,以核定使用的商品为界。商标权人只有在这个范围之内使用商标才受法律保护,超出这个范围所包含的任何一个方面,如改变注册商标标志或者将注册商标扩大使用到核定使用的商品之外,不仅得不到法律的保护,而且是商标使用的违法行为。

2. 禁止权

禁止权是指商标注册人禁止他人未经许可使用其注册商标的权利,具体表现为禁止他人未经许可在同一种商品或者类似商品上使用与其注册商标相同或者近似的商标。禁止权的权利范围大于专用权的范围,禁止权的权利范围不仅涵盖了专用权的范围,还延及类似商品和近似商标。商标权的禁止权权利范围大于专用权,但并不意味着他人被禁止的行为,商标权人自己就可以实施。商标权人有权禁止他人在类似商标上使用近似的商标,但不得自行改变商标标志或扩大使用商标的商品范围,否则将构成商标违法行为。

(二)商标权的权利限制

商标权的限制,是指在某些情况下商标注册人享有的权利因与他人正当权益或公众利益产生冲突,为了协调权利人与社会公众利益之间的关系,法律对商标权的行使作出的必要限制。

1. 正当使用

正当使用,是指对某些注册商标以善意正当的方式进行商业性使用,商标权人无权禁止的情形。注册商标中含有的本商品的通用名称、图形、型号,或者直接表示商品的质量、主要原料、功能、用途、重量、数量及其他特点,或者含有地名,注册商标专用权人无权禁止他人正当使用。三维标志注册商标中含有的商品自身的性质产生的形状、为获得技术效果而需有的商品形状或者使商品具有实质性价值的形状,注册商标专用权人无权禁止他人正当使用。

2. 有一定影响商标的先用权

商标注册人申请商标注册前,他人已经在同一种商品或者类似商品上先于商标注册人使用与注册商标相同或者近似并有一定影响的商标的,注册商标专用权人无权禁止该使用人在原使用范围内继续使用该商标,但可以要求其附加适当区别标识。

3. 商标权利用尽

商标权利用尽,是指经商标权人或其许可将带有注册商标的产品投放市场后,对于任何人使用或销售该产品,商标权人无权禁止。换言之,一旦商标权人自己或许可他人使用了商标并将商品售出,任何人均可在市场活动中继续使用该注册商标销售该商品,因为商标权人已经行使了他应有的权利,权利因行使而用尽了。商标权利用尽的意义在于保障商品的正常流通,促进贸易的开展。如果没有这种限制,商标权人可能利用商标控制商品流通,分割市场,保持垄断地位或维持高价。

三、商业秘密的权利内容及限制

（一）商业秘密的权利内容

我国《反不正当竞争法》规定了商业秘密权人有权禁止的侵犯商业秘密的行为,大致可概括为以下几种:

① 以不正当手段获取商业秘密的行为。这是指以盗窃、贿赂、欺诈、胁迫、电子侵入或者其他不正当手段获取权利人的商业秘密的行为。不正当获取他人商业秘密的,即使没有加以披露、使用,获取行为本身就构成侵权。

② 对不正当获取的商业秘密的披露、使用等行为。这是指披露、使用或者允许他人使用以不正当手段获取的权利人的商业秘密的行为。这种侵权行为是建立在前一种行为的基础之上的,往往是不正当获取行为的目的。

③ 对正当取得的商业秘密的不正当披露、使用等行为。这是指违反保密义务或者

违反权利人有关保守商业秘密的要求,披露、使用或者允许他人使用其所掌握的商业秘密的行为。

④ 第三人教唆、引诱、帮助他人违约获取、披露、使用商业秘密的行为。这是指第三人教唆、引诱、帮助他人违反保密义务或者违反权利人有关保守商业秘密的要求,获取、披露、使用或者允许他人使用权利人的商业秘密的行为,第三人包括经营者以外的其他自然人、法人和非法人组织。

⑤ 第三人恶意获取、使用或披露商业秘密的行为。第三人明知或者应知商业秘密权利人的员工、前员工或者其他单位、个人实施上述所列违法行为,仍获取、披露、使用或者允许他人使用该商业秘密的,视为侵犯商业秘密。

(二) 商业秘密的权利限制

商业秘密权具有弱排他性,下列情形不构成对商业秘密权的侵犯:

① 通过自行开发研制所获得的商业秘密,自己使用或许可他人使用,即使该商业秘密与原告的商业秘密相同或者实质相同,也不构成侵权。

② 通过信息所有人自己泄密或者通过反向工程获得有关信息,以及使用该信息,不会构成侵权。所谓"反向工程",是指通过技术手段对从公开渠道取得的产品进行拆卸、测绘、分析等而获得该产品的有关技术信息。但是,当事人以不正当手段知悉了他人的商业秘密之后,又以反向工程为由主张获取行为合法的,法院不予支持。

③ 第三人不知道他所获取、使用的信息是他人的商业秘密的,因此是善意地获取和使用,不构成侵权。

④ 单位的特殊客户信息,包括汇集众多客户的客户名册,以及保持长期稳定交易关系的特定客户是企业的重要商业秘密,单位的职工不得披露和利用。但是,如果客户基于对员工个人的信赖而与该员工所在单位进行交易,该员工离职后,能够证明客户自愿选择与该员工或者该员工所在的新单位进行交易的,应当认定该员工没有采用不正当手段获取权利人的商业秘密,不应当认为该员工侵犯了商业秘密,除非该员工与原单位另有约定。

四、著作权的权利内容及限制

(一) 著作权的权利内容

我国《著作权法》规定,著作权包括人身权(精神权利)和财产权(经济权利)。

1. 著作人身权

著作人身权,又称为精神权利,是指作者基于作品创作所享有的各种与人身相联系而无直接财产内容的权利。著作人身权包括发表权、署名权、修改权和保护作品完整权。

发表权,是指决定作品是否公之于众的权利,还包括决定以何种形式发表和在何时何地发表的权利。

署名权,即表明作者身份,在作品上署名的权利,又可称为表明作者身份权。

修改权,是指作者对其作品进行修改或者授权他人进行修改的权利。

保护作品完整权,是指保护作品的内容、观点、形式等不受歪曲、篡改的权利。

2. 著作财产权

著作财产权,又称为经济权利,是指著作权人自己使用或者授权他人以一定方式使用作品而获取物质利益的权利。著作财产权的性质明显不同于著作人身权,它可以转让、继承或放弃。著作财产权也明显不同于一般的财产权,它受地域、时间等因素的限制。

我国《著作权法》对财产权作了单项列举式的规定。著作财产权包括复制权、发行权、出租权、展览权、表演权、放映权、广播权、信息网络传播权、摄制权、改编权、翻译权、汇编权以及应当由著作权人享有的其他权利。

复制权,即以印刷、复印、拓印、录音、录像、翻录、翻拍、数字化等方式将作品制作一份或者多份的权利。

发行权,即以出售或者赠与方式向公众提供作品的原件或者复制件的权利。发行权所控制的行为是向公众提供作品原件或复制件有形载体的行为。

出租权,即有偿许可他人临时使用视听作品、计算机软件的原件或者复制件的权利,计算机软件不是出租的主要标的的除外。

展览权,即公开陈列美术作品、摄影作品的原件或者复制件的权利。

表演权,即公开表演作品,以及用各种手段公开播送作品的表演的权利。表演权包括两个方面:现场表演权和机械表演权。现场表演,是指表演者直接或者借助设备器材以动作、声音、表情等公开再现作品或者演奏作品。机械表演,是指借助录音机、录像机等技术设备将作品的表演公开传播,即以"机械"的方式传播作品的表演。

放映权,即通过放映机、幻灯机等技术设备公开再现美术、摄影、视听作品等的权利。

广播权,即以有线或者无线方式公开传播或者转播作品,以及通过扩音器或者其他传送符号、声音、图像的类似工具向公众传播广播的作品的权利。

信息网络传播权,即以有线或者无线方式向公众提供作品,使公众可以在其个人选定的时间和地点获得作品的权利。

摄制权,即以摄制视听作品的方法将作品固定在载体上的权利。

改编权,即改变作品,创作出具有独创性的新作品的权利。所谓改编作品,一般是指在原作品的基础上,不改变原作品基本表达的前提下,将作品由一种类型改变成另一种类型,或者将作品扩写、缩写、改写,虽未改变作品类型,但创作出具有独创性的新作品。

翻译权，即将作品从一种语言文字转换成另一种语言文字的权利。

汇编权，指的是将作品或者作品的片段通过选择或者编排，汇集成新作品的权利。

二、著作权的权利限制

著作权的权利限制主要包括：在特定条件下使用某一作品可以不经著作权人许可也不向其支付报酬的"合理使用"，以及在法定条件下使用某一作品可以不经著作权人许可只需向其支付报酬的"法定许可"。

1. 合理使用

合理使用，是指在法律规定的特定情形下使用他人已经发表的作品，可以不经著作权人许可，不向其支付报酬，但应当指明作者姓名或者名称、作品名称，并且不得影响该作品的正常使用，也不得不合理地损害著作权人的合法权益。我国《著作权法》规定了13种合理使用的情形。具体内容如下：

① 为个人学习、研究或者欣赏，使用他人已经发表的作品。

② 为介绍、评论某一作品或者说明某一问题，在作品中适当引用他人已经发表的作品。

③ 为报道新闻，在报纸、期刊、广播电台、电视台等媒体中不可避免地再现或者引用已经发表的作品。

④ 报纸、期刊、广播电台、电视台等媒体刊登或者播放其他报纸、期刊、广播电台、电视台等媒体已经发表的关于政治、经济、宗教问题的时事性文章，但著作权人声明不许刊登、播放的除外。

⑤ 报纸、期刊、广播电台、电视台等媒体刊登或者播放在公众集会上发表的讲话，但作者声明不许刊登、播放的除外。

⑥ 为学校课堂教学或者科学研究，翻译、改编、汇编、播放或者少量复制已经发表的作品，供教学或者科研人员使用，但不得出版发行。

⑦ 国家机关为执行公务在合理范围内使用已经发表的作品。

⑧ 图书馆、档案馆、纪念馆、博物馆、美术馆、文化馆等为陈列或者保存版本的需要，复制本馆收藏的作品。

⑨ 免费表演已经发表的作品，该表演未向公众收取费用，也未向表演者支付报酬，且不以营利为目的。

⑩ 对设置或者陈列在公共场所的艺术作品进行临摹、绘画、摄影、录像。

⑪ 将中国公民、法人或者非法人组织已经发表的以国家通用语言文字创作的作品翻译成少数民族语言文字作品在国内出版发行。

⑫ 以阅读障碍者能够感知的无障碍方式向其提供已经发表的作品。

⑬ 法律、行政法规规定的其他情形（这一规定是合理使用的"兜底条款"，目前《信息

网络传播权保护条例》和《计算机软件保护条例》规定了相关的合理使用情形)。

2. 法定许可

法定许可,是指根据法律的特别规定,使用他人已发表的作品,可以不经著作权人的许可,但应向著作权人支付报酬,并尊重著作权人享有的其他权利。

我国《著作权法》规定了四种法定许可的情形:

① 报刊转载、摘编的法定许可。作品刊登后,除著作权人声明不得转载、摘编的外,其他报刊可以转载或者作为文摘、资料刊登,但应当按照规定向著作权人支付报酬。

② 录音制作者的法定许可。录音制作者使用他人已经合法录制为录音制品的音乐作品制作录音制品,可以不经著作权人许可,但应当按照规定支付报酬,著作权人声明不许使用的不得使用。

③ 广播组织的法定许可。广播电台、电视台播放他人已发表的作品,可以不经著作权人许可,但应当按照规定支付报酬。但是,电视台播放他人的视听作品、录像制品,应当取得视听作品著作权人或者录像制作者许可,并支付报酬。播放他人的录像制品,还应当取得著作权人的许可,并支付报酬。

④ 编写出版教科书使用作品的法定许可。为实施义务教育和国家教育规划而编写出版教科书,可以不经著作权人许可,在教科书中汇编已经发表的作品片段或者短小的文字作品、音乐作品或者单幅的美术作品、摄影作品、图形作品,但应当按照规定向著作权人支付报酬,指明作者姓名或者名称、作品名称,并且不得侵犯著作权人依照本法享有的其他权利。

第四节　知识产权的权利归属及行使

一、专利的权利归属及行使

(一) 发明人、专利申请人和专利权人

1. 发明人

发明人(或者设计人),是指对发明创造的实质性特点作出创造性贡献的人。在完成发明创造的过程中,只负责组织工作的人、为物质技术条件的利用提供方便的人或者从事其他辅助工作的人,不是发明人(或者设计人)。发明人只能是自然人。

两个或两个以上的对同一发明创造的实质性特点共同作出了创造性贡献的人为共

同发明人。共同发明人所完成的发明创造称为共同发明。共同发明申请和取得的专利权归全体共同发明人共有。

2. 专利申请人

专利申请人,是指就一项发明创造向专利局申请专利的人。通常情况下,发明人有权对其完成的发明创造申请专利,发明人与申请人为同一人。但是,占专利申请量的大多数的情形却是发明人与申请人不是同一人。造成这种发明人与申请人不一致的情形主要有:发明人通过合同转让了专利申请权;发明人的继承人继承了专利申请权;法律直接将专利申请权赋予发明人以外的其他人。例如,专利法规定职务发明创造申请专利的权利属于单位。因此,专利申请人可以是自然人、法人或其他组织。

3. 专利权人

专利权人,即指享有专利权的人。通常,发明人可以直接将其完成的发明创造申请专利而成为专利申请人,在专利申请被批准之后,专利申请人自动成为专利权人。但是,专利权人与专利申请人是两个不同的概念。一项发明创造申请专利后未必都能获得批准,相应的专利申请人也就未必能够成为专利权人。反之,专利权人未必都曾是专利申请人,因为专利权是可以通过转让或继承获得的。

总之,"发明人"只可能是一种人,即完成发明创造的那个或那些自然人。而"专利权人"却可能有以下4种:① 发明人本人;② 专利申请权转让中的受让人(包括法人);③ 发明人的雇主或发明人的工作单位;④ 专利权转让中的受让人(包括法人)。

(二) 职务发明创造和非职务发明创造的专利权归属

1. 职务发明创造的界定

职务发明创造,是指发明人执行本单位的任务或者主要是利用本单位的物质技术条件完成的发明创造。除了职务发明创造外,所有其他的发明创造是非职务发明创造。

执行本单位的任务所完成的职务发明创造包括:

① 在本职工作中作出的发明创造。单位按照某个职位的职能要求具体分配给员工的研究、设计、开发等类型的工作就是"本职工作",超出设定的工作范围的研发工作就不属于"本职工作"。

② 履行本单位交付的本职工作之外的任务所作出的发明创造。这是指单位在本职工作之外,另外分配员工进行短期或者临时的研究、设计和开发的工作。实践中,企业对这种类型的发明创造欲主张权利,最重要的是必须出具证据,证明曾分配员工进行该短期或者临时的研究、设计和开发的工作。

③ 退休、调离原单位后或者劳动、人事关系终止后1年内作出的,与其在原单位承担的本职工作或者原单位分配的任务有关的发明创造。但是,单位与其职工就职工在职期间或者离职以后所完成的技术成果的权益有约定的,应当依约定确认。一般认为,

1年期限的起算点,应该自员工办理完退休或者调离手续之日起计算。员工无正当理由离职或者企业无正当理由不办理调离手续时,则应该依照我国劳动法确定双方劳动关系解除的时间,此时间即离职时间。

"主要是利用本单位的物质技术条件所完成的职务发明创造",是指主要利用本单位的资金、设备、零部件、原材料或者不对外公开的技术资料等所完成的发明创造。其中的"不对外公开的技术资料"主要是指该单位拥有的内部情报或资料,如技术档案、设计图纸和新技术信息等,单位图书馆或资料室对外公开的情报或资料不包括在内。所谓"主要利用",是指对本单位物质技术条件的利用应当是完成发明创造所不可缺少的。少量的利用或者对发明创造的完成没有实质帮助的利用,应不予考虑。

2. 职务发明创造的专利权归属

职务发明创造,申请专利的权利属于该单位。申请被批准后,该单位为专利权人。

非职务发明创造,申请专利的权利属于发明人或者设计人。申请被批准后,该发明人或者设计人为专利权人。对发明人或者设计人的非职务发明创造专利申请,任何单位或者个人不得压制。

3. 职务发明创造的发明人享有的权利

职务发明创造的发明人虽然不享有就该发明创造申请专利的权利。但是,专利法为了平衡发明人与单位之间的利益,赋予了职务发明人权利,主要是:

① 获得奖励权。被授予专利权的单位应当对职务发明创造的发明人或者设计人给予奖励。

② 获得报酬权。发明创造专利实施后,根据其推广应用的范围和取得的经济效益,对发明人或者设计人给予合理的报酬。国家鼓励被授予专利权的单位实行产权激励,采取股权、期权、分红等方式,使发明人或者设计人合理分享创新收益。

③ 署名权。发明人或者设计人有权在专利文件中写明自己是发明人或者设计人。企业在申请职务发明专利时,发明人一栏仍应填写发明人或者设计人的名字,在相关的专利文件中也不得侵犯发明人或者设计人的署名权。

(三) 利用本单位的物质技术条件所完成的发明创造的专利权归属

在职务和非职务发明创造之间,客观上存在一"灰色地带",既不明显属于职务发明创造,也不明显属于非职务发明创造的发明创造。对此,《专利法》规定,利用本单位的物质技术条件所完成的发明创造,单位与发明人或者设计人订有合同,对申请专利的权利和专利权的归属作出约定的,从其约定。即使是属于"主要利用"本单位的物质技术条件所完成的发明创造,发明人和单位也可以通过事先订立相关合同的方式解决发明创造成果的归属问题,即可以约定该发明创造不属于单位。

（四）委托完成的发明创造的专利权归属及行使

委托完成的发明创造，是指一个单位或者个人接受其他单位或者个人委托所完成的发明创造。委托完成的发明创造，除另有协议的以外，申请专利的权利属于完成的单位或者个人，申请被批准后，申请的单位或者个人为专利权人，委托方可以在委托目的范围内免费实施该专利。可见，委托完成的发明创造的专利申请权和专利权的归属适用合同优先原则。因此，单位或者个人之间的委托研发一般应事先签订协议，明确规定发明创造完成后专利申请权与专利权的归属，以避免日后产生权属纠纷。

（五）合作完成的发明创造的专利权归属及行使

合作完成的发明创造，是指两个以上的单位或者个人合作研发所完成的发明创造。合作完成的发明创造，除另有协议的以外，申请专利的权利属于共同完成的单位或者个人，申请被批准后，申请的单位或者个人为专利权人。可见，合作完成的发明创造的专利申请权和专利权的归属也是适用合同优先原则。因此，在合作研发前，参与研发的各方应该就研发以后所完成的发明创造的权利归谁享有作出明确约定。

专利权的共有人行使共有的专利权应当取得全体共有人的同意，比如任何一个共有人都无权单独将专利权转让给第三人或者独占许可、排他许可给第三人实施，也无权放弃权利等。但是，专利权的共有人可以对共有权利的行使进行特别约定。如无正当理由，任何一个共有人不能禁止其他共有人单独实施或者以普通许可的方式许可他人实施该专利。如果共有人以普通许可的方式许可他人实施该专利的，收取的使用费应当在共有人之间分配。

二、商标权的归属及行使

（一）商标权的主体

商标权的主体，是指依法享有商标权的人。在我国，只有依法注册的商标才能取得商标权，因此，商标注册人为商标权人。按照我国《商标法》的规定，商标权的主体包括自然人、法人和其他组织。

（二）商标权的共有及行使

两个以上的自然人、法人或者其他组织可以共同向商标局申请注册同一商标，共同享有和行使该商标的专用权。也就是说，共同商标注册人按照民法有关共有的规定，共同享有和行使该商标权,同时共同承担义务。

一般而言,共同申请商标注册并不是优先的选择。如果客观原因造成必须共同申请商标注册,共同申请人应该订立有约束力的协议,确定商标使用的规则以及违反规则的法律责任。尤其需要约定,在严重违反商标使用规则的情况下,违约人必须转让商标权利给其他共有人,取消违约人共有和使用注册商标的权利。如果不能达成协议,根据具体情况,企业放弃共同申请商标注册应该是合理的选择。

(三)特殊商标的权利归属及行使

1. 集体商标

集体商标,是表明使用者在集体组织中的成员资格的标志。集体商标是以团体、协会或者其他组织名义注册的,因此,集体商标的权利归团体、协会等组织享有,但是集体商标注册人的集体成员,在履行该集体商标使用管理规则规定的手续后,可以使用该集体商标,注册人应发给使用人《集体商标使用证》。集体商标不得许可非集体成员使用。

2. 证明商标

证明商标,是用以证明商品或者服务的原产地、原料、制造方法、质量或者其他特定品质的标志。证明商标是由对某种商品或者服务具有监督能力的组织所注册的,由申请注册的组织以外的单位或者个人使用的,证明商标的注册人不得在自己提供的商品上使用该证明商标。

凡符合证明商标使用管理规则规定条件的,在履行该证明商标使用管理规则规定的手续后,可以使用该证明商标,注册人不得拒绝办理手续,并应发给使用人证明商标使用证。

3. 注册为集体商标的地理标志

对使用地理标志商品的特定品质具有监督能力的团体、协会或者其他组织可以申请将该地理标志作为集体商标注册。但是,具有监督能力的团体、协会或者其他组织应当由来自该地理标志所标示地区范围内的成员组成,且应当获得管辖该地理标志所标示地区的人民政府或者行业主管部门的批准。

其商品符合使用该地理标志条件的自然人、法人或者其他组织,可以要求参加以该地理标志作为集体商标注册的团体、协会或者其他组织,该团体、协会或者其他组织应当依据章程接纳其为会员。不要求参加以该地理标志作为集体商标注册的团体、协会或者其他组织的,也可以正当使用该地理标志中的地名(但不得使用该地理标志本身),该团体、协会或者其他组织无权禁止。

4. 注册为证明商标的地理标志

对使用地理标志商品的特定品质具有监督能力的组织可以申请将该地理标志作为

证明商标注册。申请以地理标志作为证明商标注册的,还应当获得管辖该地理标志所标示地区的人民政府或者行业主管部门的批准。

以地理标志作为证明商标注册的,其商品符合使用该地理标志条件的自然人、法人或者其他组织可以要求使用该证明商标,控制该证明商标的组织应当允许。

三、技术秘密权的归属及行使

《民法典》第三编"合同"第 20 章"技术合同"及有关司法解释对技术秘密的权利归属及行使作出了相关的规定。

(一)职务技术秘密和非职务技术秘密的权利归属

职务技术秘密,是指执行法人或者非法人组织的工作任务,或者主要是利用法人或者非法人组织的物质技术条件所完成的技术秘密。

1. 职务技术秘密的认定

职务技术秘密分为两类:执行单位的工作任务完成的技术秘密和主要是利用单位的物质技术条件所完成的技术秘密。

执行单位的工作任务包括:

① 履行单位的岗位职责或者承担其交付的其他技术开发任务。

② 离职后一年内继续从事与其原所在单位的岗位职责或者交付的任务有关的技术开发工作,但法律、行政法规另有规定的除外。

物质技术条件,包括资金、设备、器材、原材料、未公开的技术信息和资料等。主要利用单位的物质技术条件,包括职工在技术秘密的研究开发过程中,全部或者大部分利用了单位的资金、设备、器材或者原材料等物质条件,并且这些物质条件对形成该技术秘密具有实质性的影响;还包括该技术秘密实质性内容是在单位尚未公开的技术成果、阶段性技术成果基础上完成的情形。但下列情况除外:

① 对利用单位提供的物质技术条件,约定返还资金或者缴纳使用费的。

② 在技术秘密完成后利用单位的物质技术条件对技术方案进行验证、测试的。

2. 职务技术秘密的权利归属及行使

职务技术秘密的使用权、转让权属于单位,单位可以就该项职务技术秘密订立技术合同。

非职务技术秘密的使用权、转让权属于完成技术秘密的个人,完成技术秘密的个人可以就该项非职务技术秘密订立技术合同。

单位与其职工就职工在职期间或者离职以后所完成的技术秘密的归属有约定的,应当依约定确认。

个人完成的技术秘密,属于执行原单位的工作任务,但又主要利用了现所在单位的物质技术条件的,应当按照该自然人原所在和现所在单位达成的协议确认权利归属。不能达成协议的,根据对完成该项技术秘密的贡献大小由双方合理分享。

3. 职务技术秘密发明人的权利

职务技术秘密发明人享有以下权利:

① 奖酬权。单位应当从使用和转让职务技术秘密所取得的收益中提取一定比例,对完成该项职务技术秘密的个人给予奖励或者报酬。

② 优先受让权。单位订立技术合同转让职务技术秘密时,职务技术秘密的完成人享有以同等条件优先受让的权利。

③ 署名权和荣誉权。完成技术秘密的个人有在有关技术秘密文件上写明自己是技术秘密完成者的权利和取得荣誉证书、奖励的权利。

（二）委托完成的技术秘密的权利归属及行使

委托开发完成的技术秘密的使用权、转让权以及利益的分配办法,由当事人约定。没有约定或者约定不明确的,在没有相同技术方案被授予专利权前,当事人均有使用和转让的权利,但受委托的研究开发人不得在向委托人交付研究开发成果之前,将研究开发成果转让给第三人。

当事人均有使用和转让的权利,包括当事人均有不经对方同意而自己使用或者以普通使用许可的方式许可他人使用技术秘密,并独占由此所获利益的权利。当事人一方将技术秘密成果的转让权让与他人,或者以独占或者排他使用许可的方式许可他人使用技术秘密,未经对方当事人同意或者追认的,应当认定该让与或者许可行为无效。当事人依照相关法律的规定或者约定自行使用技术秘密,但因其不具备独立使用技术秘密的条件,以一个普通许可的方式许可他人实施或者使用的,可以准许。

委托开发完成的技术秘密,除法律另有规定或者当事人另有约定外,申请专利的权利属于研究开发人。研究开发人取得专利权的,委托人可以免费实施该专利。研究开发人转让专利申请权的,委托人享有以同等条件优先受让的权利。

（三）合作完成的技术秘密的权利归属及行使

合作开发完成的技术秘密的使用权、转让权以及利益的分配办法,由当事人约定。没有约定或者约定不明确的,在没有相同技术方案被授予专利权前,当事人均有使用和转让的权利。当事人均有使用和转让的权利的含义同上。

合作开发完成的技术秘密,除当事人另有约定的以外,申请专利的权利属于合作开发的当事人共有。当事人一方转让其共有的专利申请权的,其他各享有以同等条件优先受让的权利。合作开发的当事人一方声明放弃其共有的专利申请权的,除当事人另有约定的以外,可以由另一方单独申请或者由其他各方共同申请。申请人取得专利权的,放弃专利申请权的一方可以免费实施该专利。合作开发的当事人一方不同意申请专利的,另一方或者其他各方不得申请专利。

(四) 后续改进技术秘密的权利归属及行使

在技术秘密转让和许可中,往往会涉及对技术秘密的后续改进。当事人可以按照互利的原则,在技术转让和许可合同中约定使用技术秘密后续改进的技术成果的分享办法。没有约定或者约定不明确,一方后续改进的技术成果,其他各方无权分享。

四、著作权的归属及行使

(一) 著作权归属的一般原则

根据著作权自动取得的原则,著作权因作品的创作完成也就是形成作品这一法律事实的存在而产生,作者依法自动成为著作权人。著作权属于作者,是著作权归属的一般原则,是著作权的原始取得方式。

由法人或者非法人组织主持,代表法人或者非法人组织意志创作,并由法人或者非法人组织承担责任的作品,法人或者非法人组织视为作者。这类作品被称为单位作品,单位被视为作者,因此,单位作品的著作权归单位。

著作权法采用了推定的方式来确认作品的作者,即如无相反证明,在作品上署名的自然人、法人或者非法人组织为作者,且该作品上存在相应的权利。

(二) 职务作品的著作权归属及行使

1. 职务作品的界定

职务作品是指自然人为完成单位(法人或者非法人组织)的工作任务所创作的作品。这里所说的工作任务,是指自然人在该单位应当履行的职责。

2. 一般职务作品的著作权归属及行使

一般职务作品,著作权归作者享有,但单位在其业务范围内享有优先使用权。根据"著作权属于作者"的一般原则,职务作品的著作权除特别规定以外,归作者享有,但作者所在单位在其业务范围内有权优先使用职务作品。作品完成两年内,未经单位同意,作者不得许可第三人以与单位使用的相同方式使用该作品。在作品完成的两年内,如果单位在其业务范围内不使用,作者可以要求单位同意由第三人以与单位使用的相同方式使用,单位没有正当理由不得拒绝。作品完成两年内,经单位同意,作者许可第三人以与单位使用的相同方式使用作品所获报酬,由作者与单位按约定的比例分配。作品完成两年后,单位可在其业务范围内继续使用。作品完成两年的期限,自作者向单位交付作品之日起计算。

3. 特殊职务作品的著作权归属及行使

特殊职务作品,署名权归作者享有,其他权利归单位,单位可以给予作者奖励。特殊职务作品有:

① 主要利用单位的物质技术条件,并由单位承担责任的工程设计图、产品设计图、地图、示意图、计算机软件等职务作品。"物质技术条件",是指该单位为自然人完成创作专门提供的资金、设备或者资料。

② 报社、期刊社、通讯社、广播电台、电视台的工作人员创作的职务作品。

③ 法律、行政法规规定著作权由单位享有的职务作品。

④ 由作者与其所在单位以合同约定著作权由单位享有的职务作品。

(三) 合作作品的著作权归属及行使

合作作品是两人或两人以上合作共同创作的作品,包括不可分割使用的合作作品,也包括可以分割使用的合作作品。

合作作品的著作权由合作作者共同享有。因此,原则上,合作作品的著作权(包括人身权和财产权)应该由合作作者共同协商一致后行使。如果合作作品可以分割使用,作者对各自创作的部分可以单独享有并行使著作权,但行使著作权时不得侵犯合作作品整体的著作权。如果合作作品不可以分割使用,其著作权由各合作作者共同享有,通过协商一致行使;不能协商一致,又无正当理由的,任何一方不得阻止他方行使除转让、许可他人专有使用、出质以外的其他权利,但是所得收益应当合理分配给所有合作作者。

(四) 委托作品的著作权归属及行使

委托作品,是指委托人向受托人支付约定的创作报酬,由受托人按照委托人要求而创作的作品。委托作品的著作权归属遵循"有约定从约定,无约定从法定"的原则。

委托作品的著作权归属首先由委托人和受托人通过合同约定。具体而言,在委托创作合同中,委托人和受托人可以约定著作权或者归属于委托人,或者归属于受托人,或者由委托人、受托人共同享有,或者各自享有一部分权利。

在合同未明确约定著作权归属或者没有订立合同的情况下,委托作品的著作权归属由法律直接规定,著作权由受托人享有。但是,委托作品著作权属于受托人的,委托人在约定的使用范围内享有使用作品的权利;双方没有约定使用作品范围的,委托人可以在委托创作的特定目的范围内免费使用该作品。

(五)计算机软件的著作权归属

计算机软件著作权原则上属于软件开发者。软件开发者,是指实际组织开发、直接进行开发,并对开发完成的软件承担责任的法人或者非法人组织,或者依靠自己具有的条件独立完成软件开发,并对软件承担责任的自然人。

自然人在法人或者非法人组织中任职期间所开发的软件有下列情形之一的,该软件著作权由该法人或者非法人组织享有,该法人或者非法人组织可以对开发软件的自然人进行奖励:

① 针对本职工作中明确指定的开发目标所开发的软件。

② 开发的软件是从事本职工作活动所预见的结果或者自然的结果。

③ 主要使用了法人或者非法人组织的资金、专用设备、未公开的专门信息等物质技术条件所开发并由法人或者非法人组织承担责任的软件。

(六)其他特殊作品的著作权归属及行使

1. 汇编作品的著作权归属及行使

汇编作品,是指汇编若干作品、作品的片段或者不构成作品的数据或者其他材料,对其内容的选择或者编排体现独创性的作品。汇编作品的著作权由汇编人享有,但行使著作权时,不得侵犯原作品的著作权。

2. 演绎作品的著作权归属及行使

演绎作品,是指改编、翻译、注释、整理已有作品而产生的作品,演绎作品的著作权由演绎作者享有。使用改编、翻译、注释、整理、汇编已有作品而产生的作品(演绎作品)进行出版、演出和制作录音录像制品,应当取得该作品的著作权人和原作品的著作权人许可,并支付报酬。

3. 视听作品的著作权归属及行使

视听作品中的电影作品、电视剧作品的著作权由制作者享有,但编剧、导演、摄影、作词、作曲等作者享有署名权,并有权按照与制作者签订的合同获得报酬。电影作品、电视剧作品以外的视听作品的著作权归属由当事人约定;没有约定或者约定不明确的,由制作者享有,但作者享有署名权和获得报酬的权利。视听作品中的剧本、音乐等可以单独使用的作品的作者有权单独行使其著作权。

4. 美术、摄影作品原件转让后的著作权归属及行使

作品原件所有权的转移,不改变作品著作权的归属,但美术、摄影作品原件的展览权由原件所有人享有。作者将未发表的美术、摄影作品的原件所有权转让给他人,受让人展览该原件不构成对作者发表权的侵犯。

5. 匿名作品的著作权归属

作者身份不明的作品,由作品原件的所有人行使除署名权以外的著作权。作者身份确定后,由作者或者其继承人行使著作权。

6. 他人执笔本人审阅定稿并以本人名义发表的作品的著作权归属

除视为法人或者非法人组织作品的情形外,由他人执笔,本人审阅定稿并以本人名义发表的报告、讲话等作品,著作权归报告人或者讲话人享有,著作权人可以向执笔人支付适当的报酬。

第五节 知识产权的法律保护

一、知识产权纠纷解决的途径

当知识产权被侵犯时,权利人可以选择适当的纠纷解决途径,以制止相关侵权行为,维护自身的合法利益。知识产权纠纷解决的途径主要包括以下几种。

(一)自力解决途径

1. 自行制止侵权

自行制止知识产权侵权只是一种私力救济的方式。知识产权权利人发现侵权行为可以发函警告侵权人,希望对方立即停止生产、销售,回收市场上的侵权产品,并警告如果不停止侵权,权利人将采取相应的法律行动。如果为了避免陷入不必要的诉讼大战中,或者为了消除不知情的非恶意侵权(如经销商的善意销售行为),权利人采取向侵权人寄发简单的警告函的方式,可以将无心的善意侵权快速平息下去,以提高维权效率、减少维权成本,缩小侵权所带来的损失和负面影响。

2. 自行协商和解

自行协商和解也是一种私力救济的方式。知识产权权利人与侵权人双方就侵权事宜进行沟通协商,达成和解协议,解决双方的侵权纠纷,这是双方意思自治的体现,也是快速、平和解决知识产权纠纷的重要途径。

（二）行政投诉解决途径

1. 行政机关查处

依据《专利法》《商标法》《著作权法》《反不正当竞争法》等知识产权法的规定，权利人发现有知识产权侵权行为时，可以向相关知识产权行政机关投诉，请求行政机关查处知识产权侵权行为；相关知识产权行政机关发现知识产权侵权行为时，也应主动查处。比如，商标权人发现商标侵权行为，专利权人发现专利侵权行为，可以请求当地知识产权行政管理部门查处侵权行为。

2. 海关保护

不少侵犯知识产权的产品会通过海关进出口。如果侵权商品出口，则会影响权利人的海外市场；如果侵权商品进口，则会影响权利人的国内市场。知识产权海关保护的模式有两种：

一是依申请保护。指知识产权权利人发现侵权嫌疑货物即将进出口后向海关提出申请，海关根据知识产权权利人的申请扣留侵权嫌疑货物。依申请保护模式又被称为"被动保护"模式，因为在这一模式下，海关不会主动采取制止侵权嫌疑货物进出口的措施。

二是依职权保护。指海关在对进出口货物监管的过程中，若发现进出口货物涉嫌侵犯已在海关总署备案的知识产权的，将主动采取扣留和调查处理措施。由于在依职权保护模式下，海关有权主动采取制止侵权货物进出口的措施，因此，这一模式又被称作"主动保护"模式。应当注意的是，依职权保护模式仅适用于知识产权权利人事先将其知识产权向海关总署备案的情形。

（三）司法诉讼解决途径

诉讼是当事人通过人民法院的审判解决其知识产权纠纷的一种方式。如果当事人之间发生了知识产权纠纷，又没有仲裁协议或仲裁协议无效的，可以依照《中华人民共和国民事诉讼法》的规定直接向人民法院提起诉讼。诉讼是处理知识产权侵权最为激烈的方式，也是对侵权人最有震慑力的手段。由知识产权侵权而引发的诉讼主要有两种：一种民事诉讼，由权利人提起；另一种是刑事诉讼，由公安机关立案侦查，并由检察机关提起公诉。

（四）调解仲裁解决途径

1. 调解

调解，是指在第三人的主持下，协调双方当事人的利益，使双方当事人在自愿的基础上解决知识产权争议的方式。用调解的方式能够便捷地解决知识产权争议,又不伤双方当事人的和气,因此提倡解决知识产权纠纷首先运用调解的方式,比如请求知识产权行政管理机构进行调解。调解应当在当事人自愿的原则下进行。一方当事人不能强迫对方当事人接受自己的意志,第三人也不能强迫调解。调解不是解决知识产权纠纷的必经法定程序,调解协议不具有法律强制执行效力,而是需当事人自觉履行,如果不履行,则无法请求强制执行。当事人不愿调解、调解不成或者达成调解协议后一方反悔的,当事人可以寻求仲裁或者诉讼的途径解决纠纷。

2. 仲裁

仲裁,亦称"公断",是指双方当事人在争议发生前或争议发生后达成协议,自愿将其争议交付第三者作出裁决,双方当事人都有义务执行裁决的一种解决争议的方式。仲裁是当事人解决纠纷的一个重要途径,具有当事人自愿、程序简便、专家断案、气氛平和、保密性强、裁决具有终局效力等特点。当事人申请仲裁的前提是双方订有书面仲裁协议。

当事人达成仲裁协议的,应当向选定的仲裁机构提请仲裁,当事人一方向人民法院起诉的,人民法院不予受理。

仲裁实行一裁终局的制度。裁决作出后,当事人就同一纠纷再申请仲裁或者向人民法院起诉的,仲裁委员会或者人民法院不予受理。这就意味着,仲裁裁决一旦作出即发生法律效力,当事人应当自觉履行裁决的结果。如果一方当事人不履行或怠于履行裁决结果时,另一方当事人可就裁决结果向法院申请强制执行。

二、知识产权侵权行为的认定

(一)知识产权侵权行为的构成要件

侵权,是对民事主体享有的为国家法律所确认和保护的民事权利的一种不法侵害。行为人实施不法侵害行为的形式多种多样。在侵害一般民事权利时,通常表现为造成人身的伤害、财物的毁损等作为或者不作为的行为。

1. 知识产权侵权行为认定的要件

知识产权侵权行为的本质特征是违法性,即行为人的行为侵害了他人受《著作权法》《专利法》《商标法》等知识产权法保护的知识产权,其行为即应为法律所禁止。至于其行为是否造成损害后果、行为人是否具有主观过错以及行为与损害后果之间是否具有因果关系等均与知识产权侵权行为的认定无关。

知识产权侵权行为的构成很简单,只要具备违法性,就足以认定构成侵权。因此,构成知识产权侵权的要件是:他人擅自使用或实施了受知识产权保护的客体;使用或实施者使用或实施行为既未经权利人许可也无法律上的依据(合理使用、法定许可等情形)。侵权成立的,知识产权权利人就有权要求侵权人停止侵权行为,侵权人应当立即停止侵权行为。

2. 侵权损害赔偿责任的要件

知识产权侵权行为的认定,并不意味着侵权人就必须承担损害赔偿的责任。侵权行为的认定,只是确定损害赔偿责任的前提。因此,知识产权侵权行为认定的构成要件不同于知识产权侵权损害赔偿责任的构成要件。侵权损害赔偿的构成要件有四个,即加害行为的违法性,损害事实,行为人的主观过错,加害行为与损害事实之间的因果关系。

一般认为,我国知识产权侵权损害赔偿的归责原则是过错责任原则,即侵权人在主观上有过错(包括故意和过失)才承担赔偿责任。同时,以过错推定原则为补充,即侵权人对其所造成的损害不能证明自己没有过错时,推定为侵权人有过错,就应当承担赔偿责任。过错推定原则是过错责任原则的特殊情形。

综上所述,知识产权侵权认定及停止侵权责任,无须以过错为前提,只有在承担赔偿责任时,才以过错为前提。

(二)著作权侵权行为

根据著作权侵权行为的性质、后果以及应承担的法律责任的不同,我国《著作权法》将著作权侵权行为分为应承担民事责任的侵权行为和同时承担行政责任的侵权行为两类。

1. 应承担民事责任的著作权侵权行为

应当承担民事责任的著作权直接侵权行为,一共有11种情形,具体如下:

① 未经著作权人许可,发表其作品的。行为人侵犯的是著作权人的发表权。

② 未经合作作者许可,将与他人合作创作的作品当作自己单独创作的作品发表的。把合作作品当作自己单独创作的作品发表,行为人不仅侵犯了其他合作作者的发表权,而且侵犯了其他合作作者的署名权。

③ 没有参加创作,为谋取个人名利,在他人作品上署名的。行为人侵犯的主要是作者的署名权。

④ 歪曲、篡改他人作品的。行为人侵犯的是作者的保护作品完整权。

⑤ 剽窃他人作品的。剽窃他人的作品,是指将他人的作品当作自己创作的作品发表的行为。此种行为的表现形式有两种:一是完全照抄他人的作品;二是在一定的程度上改变他人作品的形式或内容进行剽窃。剽窃他人作品的目的是将其出版发行,牟取名利,该行为严重地损害了作者的人身权和财产权。但要注意区分剽窃与模仿、巧合、演绎、合理使用、利用作品的思想或观点。

⑥ 未经著作权人许可,以展览、摄制视听作品的方法使用作品,或者以改编、翻译、注释等方式使用作品的,《著作权法》另有规定的除外。前述行为侵犯了作者对其作品的展览权、摄制权、改编权、翻译权、注释权。但是符合合理使用的规定,合理使用著作权人的作品的除外。

⑦ 使用他人作品,应当支付报酬而未支付的。行为人侵犯的是著作权人获得报酬的权利。除《著作权法》规定的可以不付报酬的以外(如合理使用),都应当依照合同约定或者著作权法的有关规定付报酬(如法定许可)。

⑧ 未经视听作品、计算机软件、录音录像制品的著作权人、表演者或者录音录像制作者许可,出租其作品或者录音录像制品的原件或者复制件的,《著作权法》另有规定的除外。行为人侵犯的是著作权人和邻接权人的出租权,但计算机软件不是出租的主要标的的除外。

⑨ 未经出版者许可,使用其出版的图书、期刊的版式设计的。行为人侵犯的是出版者的版式设计权。

⑩ 未经表演者许可,从现场直播或者公开传送其现场表演,或者录制其表演的。行为人侵犯的是表演者的权利。

⑪ 其他侵犯著作权以及与著作权有关的权利的行为。侵犯著作权的行为在实际中较为复杂,法律难以列全,上述列举的 10 项侵权行为只是侵权中较为常见的行为,本项作为兜底性规定,将其他侵犯著作权以及邻接权的行为包括进来,能够更好地保护权利人的合法权益。

2. 同时承担行政责任的著作权侵权行为

同时承担行政责任的著作权侵权行为,与承担民事责任的侵权行为相比,在性质和后果上更为严重。侵权行为不仅侵害了著作权人的权利以及邻接权人的权利,同时还扰乱了市场秩序,损害了社会公共利益。因此,这类侵权行为人应当承担民事责任外,还应同时接受由主管著作权的部门给予的行政处罚;构成犯罪的,依法追究其刑事责任。

《著作权法》规定的同时承担行政责任的直接侵权行为,一共有八种情形,具体如下:

① 未经著作权人许可,复制、发行、表演、放映、广播、汇编、通过信息网络向公众传播其作品的,《著作权法》另有规定的除外。行为人侵犯的是著作权人的复制权、发行权、表演权、放映权、广播权、汇编权、信息网络传播权。只要未经著作权人许可,以上述方式使用其作品,就要视其侵权行为的情节,承担规定的法律责任。但《著作权法》另有规定的除外,如有关合理使用、法定许可的规定。

② 出版他人享有专有出版权的图书的。行为人侵犯的是著作权人所享有的专有出版权(复制权和发行权)。

③ 未经表演者许可,复制、发行录有其表演的录音录像制品,或者通过信息网络向公众传播其表演的,《著作权法》另规定的除外。行为人侵犯的是表演者对其表演所享有

的复制权、发行权和信息网络传播权。但《著作权法》另有规定的除外,如有关合理使用、法定许可的规定。

④ 未经录音录像制作者许可,复制、发行、通过信息网络向公众传播其制作的录音录像制品的,《著作权法》另有规定的除外。行为人侵犯的是录音录像制作者对其所制作的录音录像制品享有的复制权、发行权和信息网络传播权。但是,依照《著作权法》的规定,行为人合理使用的除外。

⑤ 未经许可,播放、复制或者通过信息网络向公众传播广播、电视的,《著作权法》另有规定的除外;行为人侵犯的是广播电台、电视台对其播放的广播、电视信号享有的播放权、复制权和信息网络传播权,但是行为人依法合理使用的除外。

⑥ 未经著作权人或者与著作权有关的权利人许可,故意避开或者破坏技术措施的,故意制造、进口或者向他人提供主要用于避开、破坏技术措施的装置或者部件的,或者故意为他人避开或者破坏技术措施提供技术服务的,法律、行政法规另有规定的除外。技术措施,是指用于防止、限制未经权利人许可浏览、欣赏作品、表演、录音录像制品或者通过信息网络向公众提供作品、表演、录音录像制品的有效技术、装置或者部件。未经权利人许可,任何组织或者个人不得故意避开或者破坏技术措施,不得以避开或者破坏技术措施为目的制造、进口或者向公众提供有关装置或者部件,不得故意为他人避开或者破坏技术措施提供技术服务。但是,下列情形可以避开技术措施:一是为学校课堂教学或者科学研究,提供少量已经发表的作品,供教学或者科研人员使用,而该作品无法通过正常途径获取;二是不以营利为目的,以阅读障碍者能够感知的无障碍方式向其提供已经发表的作品,而该作品无法通过正常途径获取;三是国家机关依照行政、监察、司法程序执行公务;四是对计算机及其系统或者网络的安全性能进行测试;五是进行加密研究或者计算机软件反向工程研究。上述可以避开技术措施的情形,不得向他人提供避开技术措施的技术、装置或者部件,不得侵犯权利人依法享有的其他权利。

⑦ 未经著作权人或者与著作权有关的权利人许可,故意删除或者改变作品、版式设计、表演、录音录像制品或者广播、电视上的权利管理信息的,知道或者应当知道作品、版式设计、表演、录音录像制品或者广播、电视上的权利管理信息未经许可被删除或者改变,仍然向公众提供的,但由于技术上的原因无法避免的除外。

⑧ 制作、出售假冒他人署名的作品的。行为人侵犯的是著作权人的人身权和财产权。制作、出售假冒他人署名的作品的表现形式主要有三种:第一种是自己创作的作品,署他人的姓名,假冒他人的作品出售;第二种是临摹他人的作品,署他人的姓名,假冒他人的作品出售;第三种是将第三人的作品署他人的姓名,假冒他人的作品出售。

(三) 专利侵权行为

1. 专利权保护范围的确定

我国《专利法》规定:"发明或者实用新型专利权的保护范围以其权利要求的内容为

准,说明书及附图可以用于解释权利要求的内容。外观设计专利权的保护范围以表示在图片或者照片中的该产品的外观设计为准,简要说明可以用于解释图片或者照片所表示的该产品的外观设计。"

发明或者实用新型专利权的保护范围以其权利要求的内容为准,而不是以权利要求的文字或者措辞为准。这就是说,权利要求是确定发明或者实用新型专利权保护范围的直接依据。同时,为了搞清楚权利要求所表示的实质内容,应当参考和研究说明书和附图,了解发明或者实用新型的目的、作用和效果。

外观设计专利权的保护范围与发明、实用新型的保护范围不同。因为外观设计专利申请文件中没有权利要求书,也没有说明书,只有表现该外观设计的图片或照片及其简要说明。因此,外观设计专利权的保护范围,只能根据外观设计的图片或照片确定,简要说明可以用于解释图片或者照片所表示的该产品的外观设计。

2. 专利侵权行为的类型

未经专利权人许可,实施其专利,即侵犯其专利权。

我国《专利法》规定,发明和实用新型专利权被授予后,除《专利法》另有规定的以外,任何单位或者个人未经专利权人许可,都不得实施其专利,即不得为生产经营目的制造、使用、许诺销售、销售、进口其专利产品,或者使用其专利方法以及使用、许诺销售、销售、进口依照该专利方法直接获得的产品。外观设计专利权被授予后,任何单位或者个人未经专利权人许可,都不得实施其专利,即不得为生产经营目的制造、许诺销售、销售、进口其外观设计专利产品。

据此,专利侵权行为可以具体化为:

① 未经许可制造专利产品。

② 未经许可使用专利产品(不包括外观设计专利产品)或依照专利方法直接获得的产品。

③ 未经许可许诺销售专利产品或依照专利方法直接获得的产品。

④ 未经许可销售专利产品或依照专利方法直接获得的产品。

⑤ 未经许可进口专利产品或依照专利方法直接获得的产品。

⑥ 未经许可使用专利方法。

(四)商标侵权行为

侵犯注册商标专用权的行为包括:

① 未经商标注册人的许可,在同一种商品上使用与其注册商标相同的商标的。这种侵权行为是重点打击的侵权行为。对这种侵权行为推定为当然混淆。

② 未经商标注册人的许可,在同一种商品上使用与其注册商标近似的商标,或者在类似商品上使用与其注册商标相同或者近似的商标,容易导致混淆的。对这类侵权行

为应以导致混淆为条件。

③ 销售侵犯注册商标专用权的商品的。无论销售人员是否知道销售的是侵犯注册商标专用权的商品，其销售行为都构成侵犯注册商标专用权。

④ 伪造、擅自制造他人注册商标标识或者销售伪造、擅自制造的注册商标标识的。"伪造"，是指未经商标专用权人委托或授权，仿制其注册商标标识的行为；"擅自制造"，是指超越商标专用权人的委托或授权范围，制造注册商标标识的行为。

⑤ 未经商标注册人同意，更换其注册商标并将该更换商标的商品又投入市场的。这种侵权行为也称"商标反向假冒"。

⑥ 故意为侵犯他人商标专用权行为提供便利条件，帮助他人实施侵犯商标专用权行为的。这类侵权行为以行为人的主观故意为要件。

⑦ 在同一种或者类似商品上，将与他人注册商标相同或者近似的标志作为商品名称或者商品装潢使用，误导公众的。

⑧ 将与他人注册商标相同或者相近似的文字作为企业的字号在相同或者类似商品上突出使用，容易使相关公众产生误认的。

⑨ 将与他人注册商标相同或者相近似的文字注册为域名，并且通过该域名进行相关商品交易的电子商务，容易使相关公众产生误认的。

（五）商业秘密侵权行为

侵犯商业秘密的行为包括：
① 以不正当手段获取商业秘密的行为。
② 对不正当取得的商业秘密的披露、使用等行为。
③ 对正当取得的商业秘密的违约披露、使用等行为。
④ 第三人教唆、引诱、帮助他人违约获取、披露、使用商业秘密的行为。
⑤ 第三人恶意获取、使用或披露他人商业秘密的行为。具体内容已在商业秘密权利内容部分详述。

三、违反知识产权法的法律责任

违反知识产权法应承担的法律责任包括民事责任、行政责任和刑事责任三类。

（一）违反知识产权法的民事责任

民事责任是指民事主体因不履行民事义务或者侵犯他人的民事权利所应承担的法律责任。根据发生损害事实的情况和后果，最新实施的《民法典》规定了承担民事责任的11种方式：停止侵害，排除妨碍，消除危险，返还财产，恢复原状，修理、重作、更换，继续履行,赔偿损失,支付违约金,消除影响、恢复名誉,赔礼道歉。承担民事责任的方式,可以单独适用,也可以合并适用。

违反知识产权法的民事责任包括违反知识产权合同的民事责任(违约责任)和侵犯知识产权的民事责任(侵权责任)。知识产权合同的违约责任的主要方式是继续履行、赔偿损失、支付违约金。以下重点介绍侵犯知识产权的民事责任。

侵犯知识产权的民事责任,是指民事主体因实施知识产权法规定的侵权行为而应承担的民事法律后果。综合我国《专利法》《商标法》《著作权法》等知识产权单行法的相关规定,侵犯知识产权的民事责任方式包括:停止侵害、赔偿损失和消除影响、赔礼道歉。

1. 停止侵害

停止侵害是指侵权行为人正在实施侵犯他人知识产权时,权利人为了防止损害的继续发生和扩大,有权制止正在实施的侵权行为,要求其停止相关的侵权行为。与一般民事侵权行为不同,知识产权侵权行为具有持续性,即在知识产权权利人主张其权利时,侵权行为往往仍然存在,而且是一直持续性地存在。因此,停止侵害是知识产权侵权人的主要民事责任形式,目的是为防止损害的继续发生和扩大,而不是对已经发生的损失的救济。

特别需要注意的是,无论侵权行为人主观上有无过错,只要客观上构成了知识产权侵权行为,都应立即停止侵害。

2. 赔偿损失

赔偿损失是指侵权人因其知识产权侵权行为造成知识产权权利人损失时,应当以其财产赔偿权利人的经济损失。赔偿损失是一种较为普遍适用的民事责任形式。

(1) 损害赔偿数额的确定

我国《专利法》《商标法》《著作权法》和《反不正当竞争法》均明确规定了侵权赔偿数额的确定,包括以下四种确定方法:

① 按照权利人因被侵权所受到的实际损失确定。

② 按照侵权人因侵权所获得的利益确定。

③ 权利人的损失或者侵权人获得的利益难以确定的,参照该知识产权许可使用费的倍数合理确定。

④ 法定赔偿。权利人因被侵权所受到的实际损失、侵权人因侵权所获得的利益、许可使用费难以确定的,由人民法院根据侵权行为的情节判决给予一定数额的赔偿。《专利法》规定3万元以上500万元以下的赔偿,《商标法》规定500万元以下的赔偿,《著作权法》规定500元以上500万元以下的赔偿,《反不正当竞争法》规定商业秘密侵权500万元以下的赔偿。

最后,赔偿数额还应当包括权利人为制止侵权行为所支付的合理开支。

(2) 惩罚性赔偿

《民法典》第 1185 条规定,故意侵害他人知识产权,情节严重的,被侵权人有权请求相应的惩罚性赔偿。这是知识产权侵权惩罚性赔偿的原则性规定,《著作权法》《专利法》《商标法》和《反不正当竞争法》具体规定了惩罚性赔偿。

对故意(恶意)侵犯知识产权,情节严重的,可以在按照权利人实际损失、侵权人侵权获利和许可使用费合理倍数方法确定数额的 1 倍以上 5 倍以下确定赔偿数额。

3. 消除影响、赔礼道歉

消除影响、赔礼道歉是指非财产性承担民事责任的方式,主要适用于侵犯知识产权人身权的行为所应承担的民事责任。适用时,原则上应当是侵权行为人在多大范围造成的影响,就应在多大范围内消除影响、赔礼道歉。也可以以双方当事人约定的方式消除影响、赔礼道歉,如当面赔礼道歉,在一定的场合公开赔礼道歉,也可以登报道歉,或者在其他媒体上表示歉意等。

(二)违反知识产权法的行政责任

行政责任是指实施违反行政法律法规所必须承担的法律后果。追究行政责任的形式有两种:一种是行政处分,另一种是行政处罚。

违反知识产权法的行政责任,是指知识产权行政管理部门对于较为严重的知识产权侵权行为和其他知识产权违法行为依法给予违法行为人的行政处罚。综合我国的各知识产权单行法的规定,违反知识产权法的主要行政责任形式包括:责令停止侵权;责令限期改正;没收违法所得;罚款;没收、销毁侵权商品和主要用于制造侵权商品的材料、工具、设备等。

(三)违反知识产权法的刑事责任

刑事责任是依据《中华人民共和国刑法》(以下简称《刑法》)规定,依法对犯罪分子追究的法律责任。我国《刑法》规定了八个知识产权犯罪的罪名,涉及著作权、专利、商标权和商业秘密权犯罪。

1. 侵犯著作权罪

《刑法》第 217 条规定,以营利为目的,有下列侵犯著作权或者与著作权有关的权利的情形之一,违法所得数额较大或者有其他严重情节的,处 3 年以下有期徒刑,并处或者单处罚金;违法所得数额巨大或者有其他特别严重情节的,处 3 年以上 10 年以下有期徒刑,并处罚金:

① 未经著作权人许可,复制发行、通过信息网络向公众传播其文字作品、音乐、美术、视听作品、计算机软件及法律、行政法规规定的其他作品的。

② 出版他人享有专有出版权的图书的。

③ 未经录音录像制作者许可,复制发行、通过信息网络向公众传播其制作的录音录像的。

④ 未经表演者许可,复制发行录有其表演的录音录像制品,或者通过信息网络向公众传播其表演的。

⑤ 制作、出售假冒他人署名的美术作品的。

⑥ 未经著作权人或者与著作权有关的权利人许可,故意避开或者破坏权利人为其作品、录音录像制品等采取的保护著作权或者与著作权有关的权利的技术措施的。

2. 销售侵权复制品罪

《刑法》第218条规定,以营利为目的,销售明知是本法第217条规定的侵权复制品,违法所得数额巨大或者有其他严重情节的,处5年以下有期徒刑,并处或者单处罚金。

3. 假冒专利罪

《刑法》第216条规定,假冒他人专利,情节严重的,处3年以下有期徒刑或者拘役,并处或者单处罚金。

4. 假冒注册商标罪

《刑法》第213条规定,未经注册商标所有人许可,在同一种商品、服务上使用与其注册商标相同的商标,情节严重的,处3年以下有期徒刑,并处或者单处罚金;情节特别严重的,处3年以上10年以下有期徒刑,并处罚金。

5. 销售假冒注册商标的商品罪

《刑法》第214条规定,销售明知是假冒注册商标的商品,违法所得数额较大或者有其他严重情节的,处3年以下有期徒刑,并处或者单处罚金;违法所得数额巨大或者有其他特别严重情节的,处3年以上10年以下有期徒刑,并处罚金。

6. 非法制造、销售非法制造的注册商标罪

《刑法》第215条规定,伪造、擅自制造他人注册商标标识或者销售伪造、擅自制造的注册商标标识,情节严重的,处3年以下有期徒刑,并处或者单处罚金;情节特别严重的,处3年以上10年以下有期徒刑,并处罚金。

7. 侵犯商业秘密罪

《刑法》第219条规定,有下列侵犯商业秘密行为之一,情节严重的,处3年以下有期徒刑,并处或者单处罚金;情节特别严重的,处3年以上10年以下有期徒刑,并处罚金:

① 以盗窃、贿赂、欺诈、胁迫、电子侵入或者其他不正当手段获取权利人的商业秘密的。

② 披露、使用或者允许他人使用以前项手段获取的权利人的商业秘密的。

③ 违反保密义务或者违反权利人有关保守商业秘密的要求,披露、使用或者允许他人使用其所掌握的商业秘密的。明知前款所列行为,获取、披露、使用或者允许他人使用

该商业秘密的,以侵犯商业秘密论。

8. 为境外窃取、刺探、收买、非法提供商业秘密罪

《刑法》第219条之一规定,为境外的机构、组织、人员窃取、刺探、收买、非法提供商业秘密的,处5年以下有期徒刑,并处或者单处罚金;情节严重的,处5年以上有期徒刑,并处罚金。

第三章 技术合同

合同是平等主体的自然人、法人、其他组织之间设立、变更、终止民事权利义务关系的协议。技术合同是合同的一种,依法成立的技术合同,对当事人具有法律约束力,当事人应当按照约定履行自己的义务。技术合同是科技成果转化的依托,从技术商品选择、交易方式选择、交易内容谈判、合同签订和合同的履行都跟技术合同息息相关。

合同的订立是一个比较复杂的法律活动过程,如何订立一份有效的技术合同是技术交易的基础和保障。本章主要介绍各类技术合同的概念、认定条件、基本条款以及如何订立一份技术合同。

第一节 技术合同概述

技术合同是各方当事人在技术商品交易时,就技术交易确立的协议,是一种重要的合同形式。订立技术合同条款、履行技术合同等,不仅可以最大的保护各方当事人的利益,而且可以规避合同风险和漏洞,并在条件符合的前提下,享受国家、地方政策。技术经纪人在技术商品交易过程中,无论是从事居间、行纪、代理等活动,都需要为技术合同的签订和履行进行全过程服务。深入了解和掌握技术合同的类型、特征、各项条款和履行,是技术经纪人从事技术经纪活动的基本要求。

一、技术合同概念和特征

(一)技术合同的概念

《中华人民共和国合同法》(以下简称《合同法》)1999年3月颁布,并于当年10月份开始施行,原有的《中华人民共和国技术合同法》《中华人民共和国经济合同法》《中华人民共和国涉外经济合同法》三法统一为此一法。

2020年5月28日,十三届全国人大三次会议表决通过了《中华人民共和国民法典》

(以下简称《民法典》)。《民法典》自 2021 年 1 月 1 日起施行,《合同法》同时废止。

《民法典》第 464 条规定,合同是民事主体之间设立、变更、终止民事法律关系的协议;第 843 条将技术合同定义为:技术合同是当事人就技术开发、转让、许可、咨询或者服务订立的确立相互之间权利和义务的合同。

(二) 技术合同的特征

1. 技术合同主体具有广泛性和特定性

《民法典》中技术合同的主体,可以是我国的自然人、法人和非法人组织,也可以是外国的个人、企业和其他组织,主体具有广泛性。

特定性指的是当事人一方,通常应当是具有一定专业知识或技能的技术人员。

2. 技术合同标的具有特殊性

技术合同的标的是提供技术的行为。提供技术的行为包括提供已掌握的技术成果、对尚待掌握的技术进行开发以及提供与技术有关的辅助性帮助的行为。技术是人类脑力活动的产物,技术具有价值和使用价值,上升为法律对象的技术集知识性与商品性于一身,技术是无形的,但它的载体是有形的,如设备、工具、数据、公式等。因此,技术合同的性质与一般买卖、承揽合同不同,其标的所涉及对象为技术。确定一个合同是否为技术合同,首先就应对标的进行判断。

3. 技术合同是双务、有偿合同

技术合同当事人双方都承担相应的义务,受托方有进行开发、咨询或者服务等的义务,委托方有支付价款的义务;受托方提供了有偿技术服务获取报酬,委托方支付费用获取了技术服务。

二、技术合同的分类

《民法典》第 843 条对技术合同进行了明确的分类,将技术合同分成:技术开发合同、技术转让合同、技术许可合同、技术咨询合同、技术服务合同。原俗称"四技"合同变为"五技"合同。

(一) 技术开发合同

1. 技术开发合同的概念

技术开发合同是指当事人之间就新技术、新产品、新工艺、新品种或者新材料及其系统的研究开发所订立的合同。它是当事人在新技术、新知识领域有所突破、有所创新的行为,是当事人在订立技术合同时尚未掌握的产品、工艺、材料及其系统等技术方案,是研究开发方依照技术开发的合同要求,经过创造性劳动而取得的新的技术成果。技术开发合同的履行不同于其他合同,它本身就是一个向未知科学领域探索的过程。技术开发合同的实现,不仅依赖合同当事人能否全面地履行合同义务,还会受到现有的科学发展水平的制约。所以即使合同当事人在合同履行上不存在任何过错,但是技术开发仍然可能由于人类现有技术水平的限制而失败。技术开发合同的高风险性使得技术开发合同中关于风险承担的约定显得尤为重要。

技术开发合同包括委托开发合同和合作开发合同两种类型。委托开发合同是一方当事人委托另一方当事人进行研究开发工作并提供相应研究开发经费和报酬所订立的技术开发合同,委托他人进行技术开发的一方为委托方,受他人委托进行技术开发的一方为研究开发方。合作开发合同是当事人各方就共同进行研究开发工作所订立的技术开发合同,当事人共同投资、共同参与研究开发活动、共同承担研究开发风险、共同分享研究开发成果。

2. 技术开发合同的认定条件

根据国科发政字〔2001〕253号《技术合同认定规则》第二十一条的说明,技术开发合同的认定条件是:

① 有明确、具体的科学研究和技术开发目标。
② 合同标的为当事人在订立合同时尚未掌握的技术方案。
③ 研究开发工作及其预期成果有相应的技术创新内容。

《技术合同认定规则》还明确了:小试、中试技术成果的产业化开发项目;技术改造项目;成套技术设备和试验装置的技术改进项目;引进技术和设备消化、吸收基础上的创新开发项目;信息技术的研究开发项目,包括语言系统、过程控制、管理工程、特定专家系统、计算机辅助设计、计算机集成制造系统等,但软件复制和无原创性的程序编制的除外;自然资源的开发利用项目;治理污染、保护环境和生态项目;其他科技成果转化项目等,凡符合这些条件的合同,都属于技术开发合同的范畴。

技术经纪人在签订技术开发合同时需注意这些情况:单纯以揭示自然现象、规律和特征为目标的基础性研究项目所订立的合同,以及软科学研究项目所订立的合同;合同标的为当事人已经掌握的技术方案,包括已完成产业化开发的产品、工艺、材料及其系统;合同标的为通过简单改变尺寸、参数、排列,或者通过类似技术手段的变换实现的产品改型、工艺变更以及材料配方调整;合同标的为一般检验、测试、鉴定、仿制和应用的合同,都不属于技术开发合同。

(二) 技术转让合同和技术许可合同

1. 技术转让合同和技术许可合同的概念

技术转让和技术许可是指具有一定技术水平和实用价值的技术商品在不同法律主

体之间交易而形成的权属转移或许可实施。技术转让从本质上讲是技术拥有者与技术需求者之间关于技术权属的转让;技术许可是技术拥有者与技术需求者之间关于技术实施的许可。技术的转让不是知识本身与原来的主体分离,而是向新法律主体转让了技术知识,赋予其使用该技术的权利,根据转让权利化程度的不同,分为专利权转让、专利申请权转让、技术秘密转让等;技术的许可是在约定的使用范围内赋予使用者实施该技术的权利,其法律主体不变,分为专利实施许可、技术秘密使用许可等。

技术转让合同是合法拥有技术的权利人,将现有特定的专利、专利申请、技术秘密的相关权利让与他人所订立的合同。技术转让合同在形式上虽表现为以图纸、资料、磁盘、磁带为物质载体的技术文件或技术方案在当事人之间转移,但本质上是专利申请权、专利权、技术秘密权等权属在当事人之间转移。

技术转让合同包括专利权转让合同、专利申请权转让合同、技术秘密转让合同等类型。

专利权转让合同是指一方当事人(让与方)将其发明创造专利权转让受让方,受让方支付相应价款而订立的合同。

专利权转让合同的标的是已经授予专利的技术成果,转让的是专利的所有权。根据《专利法》的规定,转让专利权,当事人应当订立书面合同,并向国家知识产权局或各地代办处登记,由国家知识产权局予以公告。专利权的转让自登记公告之日起生效。专利权转让合同生效后,除当事人另有约定外,原专利权人未经现专利权人许可,不得再实施其已经转让的专利。

专利申请权转让合同是指一方当事人(让与方)将其就特定的发明创造申请专利的权利转让受让方,受让方支付相应价款而订立的合同。

专利申请权转让合同的标的是已经申请,而未授予专利的技术成果。专利申请权转让合同转让的也是专利的所有权。跟专利权转让合同一样,转让专利申请权,当事人应当订立书面合同,并向国家知识产权局或各地代办处登记,由国家知识产权局予以公告。专利申请权的转让自登记公告之日起生效。

技术秘密转让合同是指一方当事人(让与方)将其拥有的技术秘密提供给受让方,明确相互之间技术秘密使用权和转让权、受让方支付相应使用费而订立的合同。

技术秘密转让合同的标的是现有未公开的非专利技术的成果,为当事人已经掌握的技术方案,而不是尚未开发的技术。技术秘密必须不为公众所知悉、能为权利人带来经济效益、具有实用性且权利人采取了保密措施。相对于专利技术的转让合同,法律对于技术秘密转让合同在技术商品的保护上限制比较少,所以秘密性和保密性是技术秘密转让合同的关键所在。

技术许可合同是合法拥有技术的权利人,将现有特定的专利、技术秘密的相关权利许可他人实施、使用所订立的合同。

技术许可合同包括专利实施许可合同、技术秘密使用许可合同等类型。

专利实施许可合同是指一方当事人（让与方、专利权人或者其授权的人）许可受让方在约定的范围内实施专利，受让方支付相应的使用费而订立的合同。

专利实施许可合同的标的是已经授予专利的技术成果。专利权人可以自行实施专利，也可以许可他人实施其专利。许可他人实施其专利是专利权人取得经济收益、实现其专利产业化的一种有效途径。尤其是专利权人自己不具备商业化实施其专利的条件，往往采用专利实施许可的方式实施其专利。由于专利许可方式的不同，专利实施许可包含以下几种：

① 独占许可。独占许可是指在约定的地域、期限和范围内，专利权人许可被许可方实施其专利，专利权人自己不再实施该专利，也不得在向第三方许可实施该专利。

② 排他许可。排他许可是指在约定的地域、期限和许可范围内，专利权人许可被许可方实施其专利，专利权人自己可实施该专利，但不得再向第三方许可实施该专利。

③ 普通许可。普通许可是指在约定的地域、期限和范围内，专利权人许可被许可方实施其专利，专利权人自己可实施该专利，并可继续许可第三方实施该专利。

④ 可转让许可。可转让许可是指在约定的使用范围内，专利权人许可被许可方实施其专利，还允许被许可方再许可给第三方实施该专利。

⑤ 交叉许可。交叉许可是指交易双方将各自拥有的专利互相许可对方实施，实现交叉许可。

技术秘密使用许可合同是指技术秘密的权利人将技术秘密提供给被许可方实施所签订的合同。

技术秘密使用许可合同需约定实施使用范围，使用范围包括使用权限限制、使用期限限制、使用地域限制、实施方式限制等。

2. 技术转让合同和技术许可合同的认定条件

根据《技术合同认定规则》的规定，技术转让和技术许可合同的认定条件是：

① 技术转让合同的标的是当事人订立合同时已经掌握的技术成果，包括发明创造专利、技术秘密及其他知识产权成果。技术合同的标的是非常宽泛的，可以是工业、农业、交通运输、医疗卫生、环境保护、国防建设以及国民经济各部门所能应用的技术成果，不受行业、专业和自然科学学科的限制。

② 合同标的具有完整性和实用性，相关技术内容构成一项产品、工艺、材料、品种及其改进的技术方案。

③ 当事人对合同标的要有明确的知识产权权属约定。

技术经纪人在签订技术转让合同和技术许可合同时需注意以下情况：技术转让合同和技术许可合同的标的必须是已经存在的技术成果，不包括尚待研究开发的技术成果；如果当事人以尚待研究开发的技术成果为标的，则应订立技术开发合同，而非技术转让合同或技术许可合同；公有领域的知识、技术、经验和信息等（如专利权或有关知识产权已经终止的技术成果),或者技术秘密转让未约定使用权、转让权归属的,不应认定为技术转让合同或技术许可合同;合同标的符合技术咨询合同、技术服务合同条件的,或其合同标的仅为高新技术产品交易,不包含技术转让成分的,不应认定为技术转让合同或技术许可合同。

(三) 技术咨询合同

1. 技术咨询合同的概念

技术咨询是指掌握技术的当事人一方,用自己的知识、经验和信息,通过调查研究、分析和预测,为委托方提供决策咨询、工程技术咨询、管理咨询、信息咨询等服务。技术咨询的工作成果属于软科学研究成果。

技术咨询的内容包括:项目立项的可行性分析、专题技术调查、市场营销策略、企业管理、发展规划预测、政策研究等方面。就其内容来说,可以分为决策咨询、工程咨询、管理咨询、专业咨询和信息咨询。如企业发展相关的各种战略性问题决策咨询,工程建设项目、技术改造项目、技术引进项目等进行可行性研究咨询,技术经济信息等方面的咨询和某专业领域的文献资料汇总、数据统计咨询等。

技术咨询合同是当事人一方以技术知识为对方就特定技术项目提供可行性论证、技术预测、专题技术调查、分析评价报告等所订立的合同。这里的"特定技术项目"指的是包括有关科学技术与经济社会协调发展的软科学研究项目,促进科技进步和管理现代化、提高经济效益和社会效益等运用科学知识和技术手段进行调查、分析、论证、评价、预测的专业性技术项目。

技术咨询合同具有履行结果的不确定性和风险承担的特殊性的特征。在合同履行上,咨询报告没有一个确定的数量或质量上的判断标准,提出的分析意见和建议只是作为委托人进行决策时的参考,因此具有不确定性。技术咨询合同的受委托人提出的报告和建议,只是委托人作出决策时的参考。因此,委托方按照接受委托人符合合同要求的咨询报告和意见作出决策时,所造成的损失由委托方自己承担,但当事人另有约定的除外。

2. 技术咨询合同认定条件

根据《技术合同认定规则》的规定,技术咨询合同的认定条件是:
① 合同标的为特定技术项目的咨询课题。
② 咨询方式为运用科学知识和技术手段进行的分析、论证、评价和预测。
③ 工作成果是为委托方提供科技咨询报告和意见。

《技术合同认定规则》还明确了,以下内容也属于技术咨询合同范畴:
① 科学发展战略和规划的研究。
② 技术政策和技术路线选择的研究。

③ 重大工程项目、研究开发项目、科技成果转化项目、重要技术改造和科技成果推广项目等的可行性分析。

④ 技术成果、重大工程和特定技术系统的技术评估。

⑤ 特定技术领域、行业、专业技术发展的技术预测。

⑥ 就区域、产业科技开发与创新及特定技术项目进行的技术调查、分析与论证。

⑦ 技术产品、服务、工艺分析和技术方案的比较与选择。

⑧ 专用设施、设备、仪器、装置及技术系统的技术性能分析。

⑨ 科技评估和技术查新项目。

技术经纪人在签订技术咨询合同时需注意以下情况：就经济分析、法律咨询、社会发展项目的论证、评价和调整所订立的合同；就购买设备、仪器、原材料、配套产品等提供商业信息所订立的合同应不属于技术咨询合同范畴。

四、技术服务合同

1. 技术服务合同的概念

技术服务是指掌握技术的当事人一方，以技术知识按照约定为委托方提供服务工作。技术服务一般不具有创造性，是有技术的当事人一方在熟悉的专业范围内，对自己掌握的知识、技术、经验、信息的重复运用。

技术服务合同是当事人一方以技术知识为对方解决特定技术问题所订立的合同，不包括承揽合同和建设工程合同。这里的"特定技术问题"包括需要运用专业技术知识、经验和信息解决的有关改进产品结构、改良工艺流程、提高产品质量、降低产品成本、节约资源能耗、保护资源环境、实现安全操作、提高经济效益和社会效益等专业技术问题。

2. 技术服务合同认定条件

根据《技术合同认定规则》的规定，技术服务合同的认定条件是：

① 合同的标的为运用专业技术知识、经验和信息解决特定技术问题的服务性项目。

② 服务内容为改进产品结构、改良工艺流程、提高产品质量、降低产品成本、节约资源能耗、保护资源环境、实现安全操作、提高经济效益和社会效益等专业技术工作。

③ 工作成果有具体的质量和数量指标。

④ 技术知识的传递不涉及专利、技术秘密成果及其他知识产权的权属。

《技术合同认定规则》还列举了以下一些服务项目，在满足认定的条件下，且该专业技术项目有明确技术问题和解决难度的，也属于技术服务合同范畴：

① 产品设计服务，包括关键零部件、国产化配套件、专用工模量具及工装设计和具有特殊技术要求的非标准设备的设计，以及其他改进产品结构的设计。

② 工艺服务，包括有特殊技术要求的工艺编制、新产品试制中的工艺技术指导，以及其他工艺流程的改进设计。

③ 测试分析服务,包括有特殊技术要求的技术成果测试分析,新产品、新材料、植物新品种性能的测试分析,以及其他非标准化的测试分析。

④ 计算机技术应用服务,包括计算机硬件、软件、嵌入式系统、计算机网络技术的应用服务,CAD、CIMS 的推广、应用和技术指导等。

⑤ 新型或者复杂生产线的调试及技术指导。

⑥ 特定技术项目的信息加工、分析和检索。

⑦ 农业的产前、产中、产后技术服务,包括为技术成果推广,以及为提高农业产量和品质、发展新品种、降低消耗、提高经济效益和社会效益的有关技术服务。

⑧ 为特殊产品技术标准的制定。

⑨ 对动植物细胞植入特定基因、进行基因重组。

⑩ 对重大事故进行定性定量技术分析。

⑪ 为重大科技成果进行定性定量技术鉴定或者评价。

上述各项如果属于当事人一般日常经营业务范围的,则不应认定为技术服务合同。

技术经纪人在签订技术服务合同时需注意以下情况:以常规手段或者为生产经营目的进行一般加工、定做、修理、修缮、广告、印刷、测绘、标准化测试等订立的加工承揽合同和建设工程的勘察、设计、安装、施工监理合同,但以非常规技术手段,解决复杂、特殊技术问题而单独订立的合同除外;就描晒复印图纸、翻译资料、摄影摄像等所订立的合同;计量检定单位就强制性计量检定所订立的合同;理化测试分析单位就仪器设备的购售、租赁及用户服务所订立的合同。这些合同都不能称为技术服务合同。

(五) 技术培训合同与技术中介合同

技术培训合同是当事人一方委托另一方对指定的专业技术人员进行特定项目的技术指导和业务训练所订立的合同。技术培训合同培训过程中,从事和接受培训的主体(教师、学员)都是具有专业知识的科技人员,而不是一般人员。而且合同中确定的技术培训内容是经当事人特别约定的专业知识,不是一般性的劳务培训。

技术中介合同是当事人一方(中介方)以知识、技术、经验和信息为另一方与第三方订立技术合同、实现技术创新和科技成果产业化进行联系、介绍、组织工业化开发并对履行合同提供专门服务所订立的合同。技术中介合同与经中介而订立的技术合同构成主从合同关系,技术中介合同是经中介而订立的技术合同的从合同。它可以以两种形式订立:一是中介方与委托方单独订立的有关技术中介业务的合同;二是在委托人与第三方订立的技术合同中载明中介方权利与义务有关中介条款。

这两类合同都属于技术服务合同的范畴,但在认定登记时应分别按技术培训合同和技术中介合同单独予以登记。根据《技术合同认定规则》的规定,技术培训合同的认定条件是:以传授特定技术项目的专业技术知识为合同的主要标的;培训对象为委托方指定的与特定技术项目有关的专业技术人员；技术指导和专业训练的内容不涉及有关知识产权权利的转移。而技术中介合同的认定条件是：技术中介的目的是促成委托方与第三方进行技术交易，实现科技成果的转化；技术中介的内容应为特定的技术成果或技术项目；中介方应符合国家有关技术中介主体的资格要求。

技术经纪人在签订技术中介合同时，可以以中介方与委托方单独订立技术中介合同，也可以在委托方与第三方订立的技术合同条款中明确中介方的权利与义务。

第二节 技术合同的订立

一、合同订立的原则和内容

技术合同是知识形态的商品通过技术市场进行交换的法律形式，它规定了技术贸易双方的权利和义务，是保证技术贸易顺利进行的书面依据，是对技术洽谈所涉及的各种问题的归纳、总结、规范和汇总。订立一个好的技术合同，直接关系到合同是否能确立、实施，合同双方权益能否实现的重要初始环节。作为技术贸易的法律形式，一旦依法签订，就对双方行为产生相应的法律约束力。订立一份完整的技术合同并不简单，不仅需要熟悉法律、法规和科技政策，了解知识产权，熟悉技术贸易，还要有专业技术背景。了解和掌握技术合同的类型、特征、原则、基本条款、法律规范等，也是技术经纪人从事技术经纪活动的基本要求。

（一）签订技术合同的基本原则

技术合同作为一项法律行为和一项科学技术工作，订立技术合同必须遵循以下基本原则：

① 遵守法律、法规，维护公共秩序的原则。当事人订立、履行合同应当遵守法律、法规，尊重社会公德，不得扰乱社会经济秩序，损害社会公共利益。这是合同当事人订立合同所必须遵守的基本原则。

② 自愿、平等、公平、诚实信用的原则。自愿、平等、公平、诚实信用的原则是《民法典》中确定的民事法律关系准则，这些原则适用于订立、履行各类合同。技术合同是促进科学技术与经济建设有机结合的交易形式，因而订立技术合同也必须恪守这些基本原则。

③ 有利于知识产权的保护和科学技术的进步，促进科学技术成果的研发、转化、应

用和推广的原则。目的在于鼓励和引导当事人正确地运用技术合同这一法律形式,在科研与生产之间架起一座桥梁,有力地保证科技成果的转化。有关技术合同的全部规范就是以市场为导向,以推进技术创新、促进技术成果从潜在生产向现实生产力转化为目标,技术开发、技术转让、技术许可、技术咨询和技术服务等合同的确立也正是反映了创新和转化的内在规律。

(二) 技术合同的常规内容和条款

技术合同的订立,首先是起草技术合同的各项条款,条款是技术合同的核心,没有条款就不能构成技术合同。各项条款直接反映着合同当事人各方的权利、义务和行为的法律关系,也是订立合同双方履行合同的基本依据。

在技术市场上签订技术合同条款时,应当首先使用国家法律规定的合同文本形式,尽管文本较为复杂,但是能够清楚地反映技术合同的复杂性。目前,交易市场上订立的技术合同文本主要有两种,一种是采用中华人民共和国科技部印制的《技术合同示范文本》,该文本由科技部于2001年依据当时的《合同法》有关规定制定的,主要就是为了规范技术合同交易活动、提高技术交易质量,依法保护技术合同当事人的合法权益,目前全国大多数省市都使用此文本;另一种是各地地方自己制定的文本。此外,还要一些大型企业也会制定自己公司的专用技术合同文本。

以科技部印制的《技术合同示范文本》的为例,技术合同文本分为8种示范文本,具体为:技术开发(委托)合同、技术开发(合作)合同、技术转让(专利申请权)合同、技术转让(专利权)合同、技术转让(专利实施许可)合同、技术转让(技术秘密)合同、技术咨询合同、技术服务合同。

虽然它们采用的格式文本不同,但根据《民法典》第845条规定,它们的条款一般包括项目名称,标的的内容、范围和要求,履行的计划、地点和方式,技术信息和资料的保密,技术成果的归属和收益的分配办法,验收标准和方法,名词和术语的解释等主要条款,下面就结合一些主要条款进行说明,依照条款认真起草一份技术合同。

1. 项目名称

项目名称指某一工程项目所规定的正式名称,一般使用整体项目的总称,也可以包括型号以及自定义词汇。技术合同的项目名称应该用简洁、规范的语言,准确地表达合同中课题的名称,并从名称中能反映合同性质。

例如:一种光伏逆变器的委托开发合同

   关于"一种空调出风口导流装置"的专利转让合同

   关于×××技术咨询合同

   解决×××技术问题的技术服务合同

2. 标的的内容、范围和要求

技术合同中明确的标的的内容、范围和要求，是判别合同是否履行完成的关键。起草时必须要用规范、标准的语言阐述其所属的技术领域、技术内容和技术要求。不同类型的技术合同其标的的内容、范围和要求也各不相同。

在技术开发合同中，其阐述的是研究开发课题所属技术领域和项目内容、技术构成、技术水平、经济效益的目标及提交研究开发成果的方式。技术范围和对技术的具体要求要根据当事人的协商情况具体写明，所提交的研究开发成果的形式，既可以是产品设计、材料配方等技术文件，也可以是动植物新品种、微生物菌种，或样品、样机等设备。

技术转让合同中，其阐述的是合同约定转让涉及专利技术与技术秘密成果的技术权益，包括发明创造说明、附图、权利要求书、相关检索资料以及其他背景材料，涉及实施的需明确许可方式，还包括技术的工业化、产业化的成熟度等。

技术咨询合同中，其阐述的是为咨询的特定技术项目提供的可行性论证、技术预测、专题技术调查、分析评价报告等软科学研究成果的内容和要求。如为企事业单位提高经济效益而提供科学管理方法的咨询项目，应标明单位的目标、战略的要求、提高生产效率、降低成本的要求范围等。

技术服务合同中，其阐述的是技术服务所要解决的具体问题、工作方式和要达到的技术指标。技术服务要求需要列明该特定技术服务项目的难度，具体的技术指标、经济指标以及实施效果。常见的技术服务的方式有产品设计、非常规测试和技术改造等。

3. 履行的计划、进度、期限、地点、地域和方式

履行的计划，指的是技术合同履行时的总体计划、分阶段和具体实施方案。

履行的进度，指的是项目从开始到结束，各个阶段的预期目标及时间节点。

履行的期限，指的是合同从开始履行到履行完毕的时间，分阶段履行的各个阶段的起止日期。

履行的地点，指的是提供技术服务及技术指导的地点，若合同中未约定，可在委托方所在地履行。

履行的地域，指的是合同约定技术成果的使用地域范围。

履行的方式，指的是以何种方式完成专业技术工作、交付技术成果。

4. 技术情报和资料的保密

技术情报和资料的保密明确的是合同当事人应负的保密义务、保密的内容和范围、保密的期限和泄露技术秘密的责任。合同中如涉及国家安全或者重大利益需要的保密技术，则必须由有关保密机关核定密级后，按照法律和国家政策规定办理。合同中的保密条款不得与法律、法规及有关政策相抵触。合同中需明确保密期限的，其期限可以不受合同有效期限制，可以是无限期。

5. 风险责任的承担

技术开发和技术转让合同在履行合同的时候,可能会出现现有技术水平无法履行而导致失败的情况,虽然经过主观努力,但是由于现有认识水平、技术水平和科学知识及其他现有条件的限制,无法实现技术合同目标,而导致研究开发或转让工作全部或部分失败。所以,在合同订立时需要当事人事先约定风险责任承担的问题,约定承担的比例。

技术合同的风险责任,如果合同有约定的按约定承担,没有约定的,由双方合理分担。如委托技术开发合同,在合同条款无约定情况下,委托者承担主要的风险责任。

6. 技术成果的归属和收益的分成办法

为了避免技术合同履行过程中技术成果的归属和分享发生争议,在订立合同时,当事人应该事先约定成果归属和分享的优先原则,没有约定的可以先协商,协商不成,可以根据法律规定解决。

技术开发合同:合作开发合同完成的发明创造,除当事人另有约定外,申请专利的权利属于合作开发的当事人共有;而委托开发合同完成的发明创造,除当事人另有约定外,申请专利的权利属于研究开发人所有。

技术转让合同:指的是在本合同有效期内,任何一方或者双方对合同标的的技术成果所作的革新和改进产生的新的技术成果其归属权,有约定的按照约定,无约定的根据法律法规解决。

技术咨询合同和技术服务合同:这两类合同提供的技术一般不涉及专利权和技术秘密使用权、转让权。在合同履行的过程中确实有新成果产生的,其归属权一般有约定的按照约定,无约定的根据法律法规解决。

7. 验收标准和方法

验收标准和方法包括了验收项目的范围、各项验收标准和验收方式,如有关技术文件、资料、样品,需明确是否齐备、合格;依照合同约定提供的技术和技术指导是否合格;研究开发成果是否达到约定的技术经济指标等。常见的验收方式有:根据合同的内容、范围和要求由甲方单方面验收;甲乙双方组织专家验收;送专业机构鉴定验收等。验收合格通过后需以书面文件的方式作为合同验收通过的依据。

8. 价款、报酬或者使用费及其支付方式

价款是指买卖货物时收付的款项;报酬是指由于使用别人的劳动、物件等而付给别人的钱或实物。《民法典》第846条规定,技术合同价款、报酬或者使用费的支付方式由当事人约定,可以采取一次总算、一次支付或者一次总算、分期支付,也可以采取提成支付或者提成支付附加预付入门费的方式。

约定一次支付的,可以按照当事人合同约定的时间一次性付款,一般付款时间通常是完成技术合同工作,对方验收后进行;约定分期支付的,可以按照当事人约定的不同时间节点分期付款,一般付款时间通常是按照合同进度进行;约定提成支付的,可以按照产品价格、实施专利和使用技术秘密后新增的产值、利润或者产品销售额的一定比例提成,也可以按照约定的其他方式计算。提成支付的比例可以采取固定的比例、逐年递增比例或者逐年递减比例。约定提成支付的,当事人应当在合同中约定查阅有关会计账目的办法。

9. 违约金或者损失赔偿的计算方法

技术合同的违约金是指违反合同的损失赔偿额。当事人可以约定一方违约时应当根据违约情况向对方支付一定数额的违约金,也可以约定因违约产生的损失赔偿额的计算方法。

约定的违约金低于造成的损失的,当事人可以请求人民法院或者仲裁机构予以增加;约定的违约金过分高于造成的损失的,当事人可以请求人民法院或者仲裁机构予以适当减少,人民法院会以实际损失为基础,兼顾合同的履行情况、当事人的过错程度以及预期利益等综合因素,根据公平原则和诚实信用原则予以衡量,并作出裁决。

10. 解决争议的方法

合同履行过程中发生争议,当事人可以通过和解或者调解解决合同争议。如当事人不愿和解、调解或者和解、调解不成的,可以根据仲裁协议向仲裁机构申请仲裁。涉外合同的当事人可以根据仲裁协议向中国仲裁机构或者其他仲裁机构申请仲裁。当事人没有订立仲裁协议或者仲裁协议无效的,可以向人民法院起诉。当事人应当履行发生法律效力的判决、仲裁裁决、调解书;拒不履行的,对方可以请求人民法院执行。

作为技术经纪人,要了解解决争议的方法。一般当技术合同当事方产生争议时,首先要通过友好协商的手段来解决争议;协商不成的,可以通过第三方从中调解,如上级主管机关或中介机构等;还不能解决的,则只能通过仲裁或诉讼的方式解决。

仲裁是指合同当事人根据仲裁协议将合同争议提交给仲裁机构并由仲裁机构作出裁决的方式。仲裁机构的裁决具有终局效力。诉讼是指合同当事人就合同争议依法向人民法院起诉,由人民法院按照审判程序作出判决,使合同争议得到解决。

11. 名词和术语的解释

技术合同涉及的技术领域广泛、专业性较强,而不同的领域、不同的专业都有自己行业的专有名词、术语和技术规范等。为了避免因关键名词、术语和规范在理解、认识上产生误解而影响合同履行,当事人必须对合同中出现的一些特定名词、术语和规范作必要的说明和注释。对没有标准和惯例的名词、技术术语要有标准的约定和解释,防止产生歧义或误解。

二、技术开发合同的订立

订立技术开发合同,需涉及知识产权、技术成果的归属、开发风险的承担等问题,是一种较为复杂的技术合同,也是技术合同的主要类型。技术开发合同包括委托开发合同和合作开发合同两种类型。作为一个技术经纪人,除了掌握技术开发合同的认定条件外,还需对技术开发合同的条款熟悉,为当事人签订合同提供必要的协助。

(一) 技术开发合同的基本条款

1. 项目名称

项目名称指的是技术开发合同中研究开发课题的名称,需要用简洁、规范的语言来组织表达,并从名称中能反映合同性质。如"×××催化剂的开发"或"风力发电新型逆变器的研究开发",不仅要简明扼要,还要能反映出合同的性质。

2. 标的的内容、形式和要求

标的指的是提供技术的行为,包括开发项目应达到的技术经济指标、开发目的、使用范围及效益情况、成果提交方式及数量。其中所提交研究开发成果的形式,既可以是产品设计、材料配方等技术文件,也可以是动植物新品种、微生物菌种,或样品、样机等设备。

3. 研究开发计划

研究开发计划主要包括当事人各方设施开发项目的阶段进度,各个阶段要解决的技术问题,达到的目标和完成的期限等。委托开发合同主要包括乙方的总体计划、分阶段实施方案和计划完成的目标。合作开发合同主要包括甲乙双方各自承担的工作,如研究开发的内容、各自的工作进度、各自的研究开发地点等。

4. 研究开发经费和报酬的数额及其支付、结算方式

合同制定时,当事人应确定研究开发经费和报酬的数额,提供或支付本合同项目的研究开发经费及其他投资,确定经费结算方式及支付方式。报酬是指研究开发成果的使用费和研究开发人员的工作报酬。技术开发合同可以约定将研究开发经费的一定比例作为报酬,合同中没有单独约定报酬的,可理解为报酬已包含在研究开发经费中,从研究开发经费的结余中支付。委托开发合同中委托方应当按约定支付全部研究开发经费。合作开发合同中当事人应当约定经费报酬的投资分配。

支付、结算方式在委托开发合同中一般是甲方支付给乙方,有一次性支付、分期支付和提成支付方式。在合作开发合同中要明确各方的提供或支付方式、支付或折算为技术投资的金额、使用方式等。

5. 利用研究开发经费购置的设备、器材、资料等财产权属

需利用研究开发经费购置设备、器材及资料的,则要约定为履行合同购置的设备和仪器的产权。根据合同订立时的约定,可以是甲方所有或乙方所有,也可以是部分属于甲方,部分属于乙方。设备、器材、资料的归属不同,将直接影响合同技术交易额的认定。

6. 履行期限、地点和方式

履行期限、地点和方式应包括完成开发研究工作的期限、提供开发成果的地点,以及成果交付的形式和数量。例如,研究开发完成后,甲方提交研究报告一份,样机一台,申请专利一项等,约定于×年×月×日在×地交付。

7. 合同的变更和解除

合同的变更和解除必须由双方协商一致后,以书面形式确定,并作为合同的附件。双方也可以约定变更和减除的特殊情形,如研究开发的内容已经被公开、国家产业布局发生调整、当事人努力履行但现有水平无法达到等,一方可以通知另一方解除本合同。

8. 风险责任的承担

技术开发合同中的风险责任使研究开发方在研究开发过程中,虽然经过主观努力,但是由于现有认识水平、技术水平和科学知识及其他现有条件的限制,无法实现技术开发合同目标,导致研究开发工作全部或部分失败而引起的财产责任。在风险处理上,当事人可先约定风险责任的承担。有约定按照约定执行,无约定,该风险责任由当事人合理分担。一般委托开发合同中,委托人承担更多的风险责任;合作开发合同中,双方共同承担风险责任。承担的责任需充分考虑到技术开发合同履行中的具体情况,如标的、价款、风险程度等,并计算双方已投入或结算的情况,使合同双方因技术风险造成的财产损失得到公平合理的解决。

9. 技术成果的归属和分享

技术成果的归属和分享包括当事人在合同中约定所完成开发成果的归属和分享的原则和方法,当事人既可以约定委托开发的成果属于委托人,也可以约定属于双方共有。一般来说,委托开发合同完成的开发成果除当事人约定外,申请专利的权利属于研究开发方;合作开发合同完成的开发成果除当事人约定外,申请专利的权利属于双方共有。

10. 验收的标准和方式

合同订立时需约定验收的技术标准和验收方法。开发合同中应明确项目验收的标准和验收方式,包括相关技术资料、文件等是否齐备,提交的样品、样机是否符合参数要求,依照合同约定提供的技术和技术指导是否履行,研究开发成果是否达到约定的技术经济指标。

当事人也可以选择国家规定的部门检测、鉴定会、专家评审会或双方认可的方式验收。验收完毕后,须由委托方出具验收证明。

11. 保密义务

保密条款需明确当事人双方应承担的保密义务。主要包括保密内容、涉密人员范围、保密的期限和泄露技术秘密的责任。涉及国家安全或者重大利益需要的保密技术,应由相关保密机构核定密级后,按照国家有关法律、政策规定办理。

12. 违约责任

双方任何一方违反合同的约定,造成研究开发工作停滞、延误或失败的,需承担违约责任。违约的当事人一方按照约定的违约条款支付违约金,违约金可以事先约定具体金额,也可以约定损失赔偿额的计算方法。除当事人事先约定外,一般违约金金额需在合理赔偿范围内。

13. 争议的解决方法

当事人就合同发生争议时,应尽量友好协商解决纠纷。如果协商不成,那么当事人可以根据自己的意愿约定争议发生时的解决办法。《中华人民共和国仲裁法》规定了或裁或审的制度,合同当事人一旦选择了仲裁,即放弃向法院起诉的权利;如果合同当事人选择了诉讼,即放弃仲裁,因此合同当事人应当对合同争议的解决方式进行约定。

14. 名词和术语的解释

名词和术语的解释主要是对技术合同中的专有名词、术语进行解释,目的为避免对关键词和术语的理解发生歧义而引起争议。

15. 其他事项

补充和约定合同中的一些其他事项。如合同是通过技术经纪人介绍签订的,可以将技术经纪人的权利和义务明确;如果双方当事人约定定金财产抵押及担保的,应将给付定金,财产抵押及担保手续的复印件作为本合同的附件。

(二) 合作开发合同与委托开发合同的区别

合作开发合同与委托开发合同的区别如下:

1. 合作方式不同

委托开发合同由委托方支付研究开发经费和报酬,提供技术资料、原始数据等,研究开发者通过知识、经验、技术能力完成研究开发成果;而合作开发合同是由各方当事人共同投入、共同研究,以实现合作开发合同的目的。

2. 风险承担责任不同

委托开发合同通常约定由委托人承担技术开发的风险;而合作开发合同的研究开发风险一般是由各方当事人共同承担的。

3. 成果归属不同

在研究开发成果归属上,合作开发合同完成的成果所涉及的发明创造,除当事人另有约定外,申请专利的权利属于合作开发的当事人共有;而委托开发合同完成的发明创造,除当事人另有约定外,申请专利的权利属于研究开发人所有。

三、技术转让合同和技术许可合同的订立

技术转让是指拥有技术的当事人一方将现有技术有偿转让给他人;技术许可是指拥有技术的当事人一方将现有技术有偿许可他人使用的行为,尚未研究开发出的技术成果不属于技术转让或技术许可范畴。技术转让合同是指当事人之间就专利权转让、专利申请权转让、技术秘密转让所订立的合同;技术许可合同是指当事人之间就专利实施许可、技术秘密使用许可所订立的合同。它涉及专利、技术秘密、技术成果的权属等问题,所以它是技术合同中最重要、最复杂的合同类型。技术转让合同和技术许可合同包括专利权转让合同、专利申请权转让合同、技术秘密转让合同、专利实施许可合同和技术秘密使用许可合同等类型。

技术转让合同和技术许可合同的标的是当事人订立合同时已经掌握的技术成果,包括工业、农业、医疗卫生、交通运输、环境保护、国防建设以及国民经济各部门所能应用的技术成果,不受行业、专业和自然科学学科的限制。技术经纪人在掌握技术转让合同和技术许可合同的概念、认定条件的同时,还需熟识多种技术转让合同和技术许可合同的特征、基本条款、知识产权相关知识。

(一)专利申请权转让合同的基本条款

专利申请权转让合同是让与人和受让人就发明创造申请专利的权利的转让而订立的合同。《专利法》规定,专利申请权可以转让,转让专利申请权,当事人应当订立书面合同,并向国务院专利行政部门登记,由国务院专利行政部门予以公告。中国单位与个人向外国人转让专利申请权的,还必须经过国务院有关主管部门批准。专利申请权的转让自国家知识产权局登记公告之日起生效。

1. 项目名称

专利申请权转让合同中项目名称应该由专利名称和专利转让形式组成,文字需简洁、规范。例如,"一种太阳能冷热直饮水装置"专利申请权转让合同。

2. 发明创造的名称和内容

需使用专利申请文件中已记载的发明创造名称,明确发明创造的申请类型,属于发明、实用新型还是外观设计。发明创造的内容包括专利申请人、发明人、专利申请日、专

利申请号,以及合同签署前该专利的法律状态。

3. 技术情报和资料的清单

为保证甲方申请专利,乙方应向甲方提交技术情报和资料。具体包括专利申请文件、技术标准、涉及的技术秘密、与技术相关的一些重大数据等,如专利申请书、权利要求书、设计附图等。

4. 专利申请被驳回的责任

专利申请权的权利化程度是专利申请后,未被授权前。因此作为合同标的的技术成果的专利申请完全有可能被驳回,双方在此应明确专利申请被驳回时,损失由谁承担。专利申请被驳回的原因比较复杂,例如,发明创造无创造性、新颖性和实用性;申请保护的技术成果违背国家利益或者社会公共利益;发明创造已被他人提前公开;发明创造不属于专利法授予专利的范围;转让专利申请权的主体侵犯了其他权利人,如职务发明和个人发明权属不清问题。由于专利申请被驳回的原因复杂,专利申请一旦被驳回,就会给受让人造成较大的经济损失,当事人有必要在合同中明确约定专利申请被驳回的责任,以减少以后发生纠纷时的不确定性。

5. 价款及其支付方式

价款及其支付方式是明确专利申请权的转让价款总额、受让方支付让与方价款的方式。转让方式一般有一次性支付、分期支付或提成支付等。

6. 保密义务

保密义务包括保密内容、涉密人员范围、保密期限和泄密责任的约定,如合同中让与方的技术资料文件和技术秘密等保密约定。

7. 违约责任

转让合同须约定当事人的违约责任,明确赔偿方法。由于转让合同比较复杂,双发有义务对关键合同条款逐条明确违约责任和赔偿金额。

8. 争议的解决方法

履行合同发生的争议应协商、调解解决。协商调解不成的,可以约定仲裁或诉讼方式处理。例如,执行本合同发生争议,可由当事人双方协商和解,也可以请求调解;双方当事人和解或调解不成,可由当地仲裁委员会仲裁。

9. 约定的其他有关事项

除上述条款约定外,双方当事人还需特别约定的内容和需要说明的问题。例如,技术成果的实施有赖于其他技术秘密才能实施,就需要当事人对相关技术秘密的提供及其有关问题作出约定;出现驳回或不可测情况,双方调整合约的约定等。

（二）专利权转让合同的基本条款

专利权转让合同是让与人和受让人就发明创造的专利权转让所订立的合同。专利权转让合同的标的是已经授予专利的技术成果。专利权转让合同的转让的是专利的所有权。专利权转让与专利申请权转让的区别是前者是在授权后，后者是在专利申请后、未授权前。与专利申请权转让合同一样，根据《专利法》的规定，转让专利权，当事人应当订立书面合同，并向国务院专利行政部门登记，由国务院专利行政部门予以公告。我国单位与个人向外国人转让专利权的，还必须经国务院对外经济贸易主管部门会同国务院科学技术行政部门批准。专利权的转让自登记公告之日起生效。

1. 项目名称

专利申请权转让合同中项目名称应该由专利名称和专利转让形式组成，项目名称应反映其技术特征和法律特征。例如，"一种太阳能冷热直饮水装置"专利权转让合同。专利权转让合同还需在相应条款中明确转让专利类型，是发明专利还是实用新型或外观设计。

2. 专利信息和内容

专利的信息要使用专利证书中记载的信息。专利的内容主要包括专利名称、专利发明人、专利权人、专利申请日、专利授权日、专利号、专利有效期、年费的缴费情况等。

专利名称、专利发明人、专利权人、专利申请日、专利授权日、专利号应以专利证书登记的为准。专利发明人指的是专利的设计人，专利权人指的是专利权属的拥有人，两者可以相同，也可以不同，专利权人不一定是专利发明人。

专利有效期是指专利权的法定有效时间。专利权在有效时间内受法律保护。根据《专利法》的规定，发明专利的有效时间为20年；实用新型和外观设计的法定有效时间为10年。以上法定有效时间均自申请之日起计算。

专利在授权后，除缴纳专利登记费外，还应缴纳授予专利权当年的年费。以后每年的年费应在前一年度期满前一个月内预缴。如果没有按规定时间缴纳或者缴纳数额不足的，可在年费期满之日起的6个月内补缴，同时缴纳相应数额的滞纳金，否则将丧失专利权。丧失专利权的专利权转让合同将无效。

3. 专利实施和实施许可情况

在合同签署前，专利权人可能自己实施其专利或者许可他人实施其专利。这就要求当事人在合同确立前，阐明或知晓专利的实施情况，并在专利转让合同中要对专利实施和实施许可的情况进行说明，并对专利实施和实施许可的善后事宜作出约定。合同生效后，让与方有义务将本专利权转让状况告知被许可使用的当事人，并协助原专利实施许可合同的让与人与受让方办理合同变更事项；受让方可以享有原专利实施许可合同的权利和义务。

《最高人民法院关于审理技术合同纠纷案件适用法律若干问题的解释》明确订立专利权转让合同前,让与人自己已经实施发明创造,在合同生效后,受让人要求让与人停止实施的,人民法院应当予以支持,但当事人另有约定的除外。让与人与受让人订立的专利权转让合同,不影响在合同成立前让与人与他人订立的相关专利实施许可合同的效力。

4. 技术情报和资料的清单

专利权转让合同的技术情报和资料主要包括发明创造说明、附图、权利要求书、相关检索资料和本发明创造的其他背景材料等;还包括实施该技术所需要掌握的专利技术秘密的相关资料,其目的在于保证受让人在被受让后实施该技术。

5. 技术秘密

为保证受让方有效拥有本项专利,让与方有义务帮助受让方顺利实施本项专利,包括实施时使用的相关技术秘密。订立合同时需明确实施时涉及的技术秘密的内容、实施要求和技术秘密的保密范围、期限等。

6. 价款及支付方式

专利权转让的价款及支付方式按《民法典》第846条的规定执行。价款取决于当事人的价格谈判;交易支付方式,取决于当事人对该专利的认识和实施前景的判断。

7. 后续改进约定

后续改进主要明确专利权转让后,其涉及技术后续的改进,产生新的技术成果的归属和利益分配办法的约定。

(三)技术秘密转让合同的基本条款

《最高人民法院关于审理技术合同纠纷案件适用法律若干问题的解释》规定,技术秘密是指不为公众所知悉、具有商业价值并经权利人采取保密措施的技术信息。技术秘密包括未申请专利的技术成果、未被授予专利权的技术成果和不属于专利法保护范围内的技术成果。

技术秘密转让合同,是指一方当事人(让与方)将其拥有的技术秘密提供给受让方,明确相互之间技术秘密使用权和转让权、受让方支付相应使用费而订立的合同。

1. 项目名称

项目名称指技术合同标的涉及的内容的总称。在技术秘密转让合同中,项目名称是指"某技术秘密"的技术转让合同。

2. 技术秘密的内容、要求和工业化开发的程度

技术秘密的内容、要求包括技术秘密的范围、技术指标和参数,具体为列举该技术秘密的技术参数、技术要求及工艺流程等;工业化开发的程度应说明该技术成果的成熟程度,是小试、中试、工业化或商业化生产等。

3. 技术情报和资料及其提交期限、地点和方式

让与方应向受让方提供实施该技术秘密所需的技术情报和资料,包括工艺设计、技术报告、工艺配方、文件图纸等有关内容,双方可以约定提交有关资料的清单和份数,以便于双方共同监督、检查。技术情报和资料可以一次提交完毕,也可以分期分批提交,提交的期限、地点和方式要明确,以防止产生分歧。技术情报和资料提交的地点和方式要符合技术秘密保密的要求。

4. 技术秘密的范围和保密的期限

技术秘密的范围包括实施专利或者使用技术秘密的期限、地域、方式以及接触技术秘密的人员等。例如,使用技术秘密的地域范围,让与方一般会根据市场需要将市场进行划分,向受让方转让技术在某特定市场或全部市场的使用权。当事人在合同中可以约定使用技术秘密的范围,但不得限制技术竞争和技术的发展。

一般来讲,技术秘密没有法定的保护期,期限的长短完全依赖于技术秘密是否仍具有保密性和价值性,只要它未被披露或丧失先进性,就能受到实际上的保护。

5. 验收标准和方法

受让方实施让与方许可使用的技术秘密试制产品完成后,应按本合同约定的产品质量标准对该产品进行验收。当事人双方约定受让方实施甲方许可使用的技术秘密试制完成的产品应符合的技术指标和参数,明确验收的标准和依据。验收的方式,既可以由双方委托的技术鉴定部门或者组织专家进行鉴定,也可以约定由受让方单方确认视为通过。但不论采用何种方式验收,验收的标准均应以合同约定的技术指标和参数为依据,并且应当出具书面验收证明。产品验收不合格时,双方应委派技术人员组成调查小组,调查产品不合格的原因,并依本合同约定确定双方的责任和解决方案。

6. 使用费及其支付方式

当事人约定技术秘密许可转让费的金额及其支付方式,双方可以约定采用常规支付转让费的方式,也可以采用支付入门费和提成费相结合的方式。

7. 保密义务

保密义务是技术秘密转让合同的基础,因为技术秘密一旦被公开,合同也即终止。技术秘密转让合同应约定当事人双方的保密内容、涉密人员范围、保密期限和违约责任。

8. 技术指导的内容

技术指导的内容主要明确让与人对受让人进行技术指导和技术服务的项目、内容、期限等,其目的在于受让人能够有效实施本项技术秘密。

9. 后续改进的提供与分享

在合同的有效期内,任何一方对许可实施的技术秘密所作的改进应及时通知对方,双方可以协商其归属及使用。未经对方许可,一方无权实施对方单独完成的对许可实施的技术秘密的改进技术。一般来说,合同订立时需要明确约定,否则容易出现纠纷。

10. 违约金或者损失赔偿额的计算方法

违约条款应明确任何一方违反本合同条款时应承担的违约责任。例如,受让方违反本合同第×条规定,应当赔偿合同的总金额的×%。

11. 争议的解决办法

双方因履行本合同而产生的争议,应协商、调解解决。协商、调解不成的,可按提交仲裁或依法向人民法院起诉的方式处理。

(四)专利实施许可合同的基本条款

专利实施许可合同是指让与人许可受让人在约定的范围内实施其所拥有的专利,并约定受让人支付使用费所订立的合同。根据专利许可方式的不同,专利实施许可包括普通实施许可、排他许可、独占实施许可等。不同的实施方式,还可进一步分为制造、销售、出口等许可范围。

专利实施许可合同转让的只是专利的实施权。这是专利实施许可合同与专利权转让合同最大的区别,专利权转让合同转让的是专利的所有权。

1. 项目名称

专利实施许可合同中项目名称应该由专利名称和专利转让形式组成,例如,"一种太阳能冷热直饮水装置"专利实施许可合同。同时标明许可方式:独占、排他或普通。

2. 专利的信息和内容

申请号、专利号、专利权人和专利的有效期限是专利权受法律保护的依据和坐标,凭借这些法律坐标可以确定实施许可专利的真实性、合法性。

3. 专利实施许可情况

专利实施许可情况明确合同签订前让与方在实施本项专利的状态,包括自己实施和许可他人实施的情况。

4. 技术情报、资料和保密事项

为了保证受让方有效实施该项专利,许可方须提交专利权证书、专利申请文件和相关技术文件等,并明确技术资料的提交时间、地点和方式。

专利实施许可时,需要让与方提供实施本专利有关的技术秘密,包括技术秘密的内容、实施要求、保密范围、保密期限等。

5. 技术服务内容

为了让受让方快速有效地实施本专利,双方可以协商,由让与方提供必要的技术服务和技术指导,形式一般有现场指导、技术培训等。

6. 使用费和支付方式

使用费包含技术秘密使用费、技术服务和指导费等。支付方式可以是一次性支付、分期支付或者提成形式支付等。

7. 违约责任

违约责任是明确合同当事方违反合约规定时的责任和义务。违约责任包括让与人未依约提供技术资料、技术指导服务,实施专利达不到约定的技术指标,以及在独占及排他实施许可合同中让与人侵犯受让人实施许可权等事项应承担的违约责任;受让方未按合同约定支付使用费时的违约责任。当事人可以约定违约金,也可以约定损失赔偿额的计算方式。

8. 后续改进约定

受让方有权利用让与方许可实施的专利技术和技术秘密进行后续改进;让与方有权在许可受让方实施该项专利权后,对该项专利权涉及的发明创造及技术秘密进行后续改进。由此产生的具有实质性或创造性技术进步特征的新的技术成果需要当事人约定。

9. 名词和术语的解释

对合同和相关附件中的有关名词和技术术语进行定义和解释,防止合同履行中产生歧义和误解。

10. 其他

根据《专利法实施细则》第 15 条的规定,专利权人与他人订立的专利实施许可合同,应当自合同生效之日起 3 个月内向国务院专利行政部门备案。根据国家知识产权局公布的《专利实施许可合同备案管理办法》,国家知识产权局负责全国专利实施许可合同的备案工作,各省、自治区、直辖市管理专利工作的部门负责本行政区域内专利实施许可合同的备案工作。

(五)技术秘密使用许可合同的基本条款

技术秘密使用许可合同的条款参照专利实施许可合同基本条款。

四、技术咨询合同的订立

技术咨询合同是当事人就特定的技术项目提供可行性论证、技术预测、专题技术调查、分析评价报告而订立的合同。提出合同标的要求并付款方为委托方,提供特定技术项目成果方为受托方。

常见的技术咨询内容有对某项特定的经济技术项目实施的技术先进性、经济合理性进行综合分析、计算和评价,从而确定该项目是否成功和发展的可能;对咨询技术项目的发展趋势进行展望与预测,主要是对新技术、新设备、新工艺、新材料、新产品的发展动态,以及这些技术的发展对某些产品需求的影响的预测;针对咨询技术项目的技术要求,采取多种方式对专题资料、数据的考查与收集工作等。

技术咨询合同的基本条款包括9个方面的内容。

1. 项目名称

项目名称是指技术咨询合同所涉及的合同标的项目的具体名称,需反映出合同的技术特征和法律特征,例如,某微电网建设项目技术咨询合同。项目名称一定要与内容相符合。

2. 咨询内容、要求和方式

咨询内容应包括有关科学技术与经济社会协调发展的软科学研究,促进科技进步和管理现代化、提高经济效益和社会效益等运用科学知识和技术手段进行调查、分析、论证、评价、预测的专业性技术项目的内容,所应达到的指标、要求以及应提交的咨询报告、技术资料和有关附件。

3. 履行进度

履行进度指的是项目从开始到结束,各个阶段的预期目标及时间节点。例如,×月×日至×月×日内完成初期调研和资料收集工作,×月×日至×月×日内完成初期调查报告,×月×日至×月×日内完成最终技术咨询报告。

4. 委托方的协作事项

当事人可以约定委托方的协作事项包括阐明咨询的问题,向受托方提供技术材料及有关技术、数据;为受托方进行调查论证提供必要的工作条件。对这些协作事项的约定应当明确具体,应写明提供资料及工作条件的具体时间、内容、数量和方式等。

5. 保密义务

保密义务涉及合同中当事人双方的技术文件、资料和技术秘密的保密约定。当事人一方要求另一方承担保密义务,应列出涉及技术秘密的资料数据和其他秘密事项的清单,涉密人员范围、保密期限及违反保密义务的责任。

6. 验收、评价方法

技术咨询合同提交的成果大都是可行性论证、技术预测、专题技术调查和分析评价报告等,属于软科学范畴,具有无形、难以操作的特点,其验收标准一般不宜以硬性指标衡量,委托方应本着科学、公正、实事求是的原则进行验收,不能过于苛刻或显失公平。验收方式可以约定采用专家评审会、技术论证会等,也可以约定以委托方认可视为验收通过。不论采用何种方式验收,都应由验收方出具验收证明文件。

7. 报酬及其支付方式

合同当事人应对技术咨询报酬进行约定,如报酬总额、支付次数、支付方式、支付期限等。

8. 违约责任

技术咨询合同中,委托方按照受托方符合本合同约定标准和方式完成的技术咨询报告并予以实施所造成的损失,受托方一般不承担法律责任,合同另有约定除外。

9. 争议的解决办法

合同当事人就合同发生争议时,一般由当事人内部协商解决纠纷;如果协商不成,可以通过诉讼或仲裁方式解决。

五、技术服务合同的订立

技术服务合同是一方当事人(受托方)以技术知识为另一方(委托方)解决特定技术问题所订立的合同,不包括建设工程合同和承揽合同。技术服务合同具有以下特征:合同标的是解决特定技术问题的项目;履行方式是完成约定的专业技术工作;工作成果有具体的质量和数量指标;有关专业技术知识的传递一般不涉及专利和技术秘密成果的权属问题。技术服务的范围较广,凡是当事人之间订立的需要用科学技术知识解决特定技术问题的合同,大都属于技术服务合同。

技术服务合同的基本条款包括8个方面的内容。

1. 项目名称

项目名称是技术服务合同所涉及的技术标的项目的全称,其概括技术服务合同的技术特征和法律特征。

2. 服务的内容、方式和要求

技术服务合同的标的体现为技术工作成果,主要有产品设计、工艺编制、工程计算材料配方、设备改造、制定企业技术改造方案、提出改善经营管理、计算机程序设计和检索、复杂的物理测试及化学测试、生物测试、复杂的产品或材料性能的分析鉴定、其他科学研究、技术开发、技术转让、工业化试验和生产活动中完成的特定技术工作以及技术培训和技术中介合同。服务方可就上述技术服务内容向委托方提供技术服务。技术服务的方式主要是指完成技术服务工作的具体做法、采用的手段和方式。技术服务的要求是指完成特定技术服务项目的难度、具体的技术指标、经济指标以及实施效果。

3. 履行期限、地点和方式

履行期限是从合同的开始履行至履行完毕的时间,分阶段履行的各个阶段的起止日期。履行地点是指提供技术服务及技术指导的地点,若合同中未约定,可在委托方所在地履行。履行方式可以约定以工艺产品结构的设计、新产品、新材料性能的测试分析、新型或者复杂生产线的调试、非标准化的测试分析以及利用技术和经验为特定技术项目服务等方式来完成。

4. 工作条件和协作事项

工作条件和协作事项是指为了使服务方顺利开展服务工作，委托方应向服务方提供必要的工作条件和技术背景资料等，包括技术资料、数据、材料、工作场地等。协作事项是向服务方阐明所要解决的技术问题的要点，提供有关技术背景材料及有关技术、数据、原始设计文件及必要的样品材料和工作场地等。

5. 验收标准和方式

验收标准是针对受托人技术服务的质量、效果的一种检验。技术服务合同的验收标准因不同的技术服务要求而不同，但验收标准应该包括明确、具体的技术服务要求，要达到的质和量的指标等。验收方式可以是委托方验收、委托第三方验收组织专家验收等。

6. 报酬及其支付方式

技术服务合同服务方提供技术服务，受托人支付服务报酬。双方约定报酬的支付方式和期限，并明确约定支付期限。支付方式可以根据履行期限、进度确定。

7. 违约责任的承担

合同当事人就合同发生争议时，一般由当事人通过内部协商解决纠纷，可以参照约定的赔偿条款并继续履行；如果协商不成，可以通过诉讼和仲裁两种方式解决。若当事人选定使用仲裁方式解决纠纷，则不得再将同一纠纷诉诸法院，仲裁解决具有终局效力。所以订立合同时应约定是采用仲裁还是诉讼。

8. 当事人约定的其他事项

当事人可以根据需要约定其他条款。如保证期限条款，技术合同的标的在短期内难以发现缺陷的，当事人可以在合同中约定保证期。在保证期内发现服务质量有缺陷的，受托人应当负责返工或者采取其他补救措施，但因委托人使用、保管不当引起服务质量问题除外。

六、技术中介合同和技术培训合同的订立

（一）技术中介合同

技术中介合同是指当事人一方以知识、技术、经验和信息为另一方与第三方订立技术合同进行联系、介绍以及对履行合同提供专门服务所订立的合同。当事人接受技

术供给方和技术需求方委托,为实现和加速技术转移提供服务,都应订立技术中介合同。

在签订技术中介合同时,当事人应互相审查对方主体资格、资信、技术情况和履约能力。技术中介合同委托方的义务主要是:如实提出订立合同的要求,提供有关背景资料;按照合同约定支付报酬;按照合同约定承担受托方的活动经费。受托方的义务主要是:真实反映委托方和第三方的履约能力、技术成果和资信情况(如技术的性能、实施条件、预计效益、价格等),促成委托方与第三方成交;诚实守信,保守委托方和第三方的技术秘密,不得擅自使用和转让委托方和第三方的技术成果;为委托方和第三方订立、履行合同提供约定的服务。

(二)技术培训合同

技术培训合同是当事人一方委托另一方对指定的专业技术人员进行特定项目的技术指导和业务训练所订立的合同。

技术培训合同委托人按照约定派出符合条件的学员,保证学员遵守培训纪律,接受专业技术训练和技术指导,并按照约定支付报酬。受托人则按照约定配备符合条件的教员,制定和实施培训计划,按期完成培训,实施约定的培训目标。

技术中介合同和技术培训合同属于技术服务合同的一种,它们的条款和注意事项可参考技术服务合同的主要条款说明。

第三节 技术合同的登记

一、技术合同登记的概念和作用

为了贯彻落实《中共中央、国务院关于加强技术创新,发展高科技,实现产业化的决定》精神,加速科技成果转化,保障国家有关促进科技成果转化政策的实施,加强技术市场管理,科技部、财政部和国家税务总局于2000年共同制定了《技术合同认定登记管理办法》。法人、个人和其他组织依法订立的技术开发合同、技术转让合同、技术咨询合同和技术服务合同可以申请认定登记,从而享受国家规定的信贷、奖励和税收优惠政策。

（一）技术合同认定登记的概念

技术合同认定登记是指根据《技术合同认定登记管理办法》设立的技术合同登记机构对技术合同当事人申请认定登记的合同文本从形式上、技术上进行核查，确认其是否符合技术合同要求的专项管理工作。技术合同登记机构对申请认定登记的合同是否属于技术合同及属于何种技术合同作出结论，并核定其技术交易额或技术性收入。

（二）技术合同认定登记的作用

技术合同认定登记对技术合同当事人和科技管理主管部门都具有重要的作用。

在技术合同认定登记过程中，通过合同主体合法性、合同有效性的审查及对有关附件和证照的查验，严格划清合法与非法、真实与虚假、有效与无效的界限，可以制止和制裁利用技术合同进行违法、侵权活动的行为，维护技术市场的正常秩序，保护国家、集体和个人的合法权益。

通过技术合同认定登记，可将技术合同与非技术合同严格区分开来，使真正的技术合同能够享受到国家给予的信贷、税收、奖励等应该享受的政策优惠，防止非技术合同假冒技术合同非法享受国家扶植技术市场的优惠政策，并因此而挫伤坚持技术开发的科技人员出成果的积极性的现象发生，保证科技成果源源不断、层出不穷，保持技术市场的持续繁荣。

技术合同经过认定登记，取得登记证明并履行后，当事人才能凭登记证明办理减免税收、提取奖酬金手续。这样做的原因：第一，能对合同的履行起到监督保证作用；第二，能有效防止逃避国家税收、滥发奖金等违法乱纪的行为，堵塞税收和现金管理上的漏洞，既严肃了财经纪律，又使信贷、税收、奖励等优惠政策真正发挥促进科技成果转化的作用，保证技术市场健康、有序地发展。

实施技术合同认定登记，有利于技术合同的规范化，以避免和减少合同争议及法律诉讼。通过对已签订的技术合同从法律和技术方面进行认定，可及时发现合同格式是否规范、条款是否完整、双方权利义务的划分是否公平、名词和术语的解释是否准确，若有问题，可立即指出，及时修改。很多法律和技术层面的问题在认定登记过程就得到了解决，就能防止或减少合同纠纷，保证技术市场稳定地运行。

通过技术合同认定登记，可以加强国家对技术市场和科技成果转化工作的指导、管理和服务，使技术交易更加规范，减少技术交易纠纷的产生，净化技术市场环境。技术合同认定登记还有利于加强国家对技术市场的统计和分析工作，为政府制定政策提供依据。

二、技术合同登记流程

(一) 技术合同认定登记的流程

1. 申请

技术开发合同的研究开发人、技术转让合同的让与人、技术许可合同的许可人、技术咨询和技术服务合同的受托人,以及技术培训合同的培训人、技术中介合同的中介人,应当在合同成立后向所在地区的技术合同登记机构提出认定登记申请。

申请技术合同认定登记,应提交完整的书面合同文本和相关附件,包括企业法人营业执照(或事业单位法人证书、社会团体法人登记证书)、组织机构代码证、税务登记证、个人身份证明材料;技术合同文本原件,原件份数根据当地合同登记管理办公室要求提交;技术合同登记表;技术转让合同需提交知识产权证书复印件等。采用口头形式订立技术合同的,技术合同登记机构将不予受理。技术合同认定登记中实行按地域一次登记制度,合同不能重复登记。

2. 受理

技术合同登记机构在对合同形式、签章手续及有关附件、证照进行初步查验,确认符合《民法典》《技术合同认定登记管理办法》《技术合同认定规则》等要求的,予以受理。

3. 审核登记

技术合同受理后,技术合同登记机构对当事人所提交的合同文本和有关材料进行审查和认定,其主要事项有判断是否是技术合同、分类登记、核定技术性收入等。审核,即作出是否审批通过的决定,并根据决定结果制作文书,送达申请人。

(二) 技术交易额的核定

技术合同登记机构应当对申请认定登记合同的交易总额和技术交易额进行审查,核定技术性收入。申请认定登记的合同,应当载明合同交易总额、技术交易额。其中合同交易总额是指技术合同成交项目的总金额;技术交易额是指从合同交易总额中扣除购置设备、仪器、零部件、原材料等非技术性费用后的剩余金额,但合理数量标的物的直接成本不计入非技术性费用;技术性收入是指履行合同后所获得的价款、使用费、报酬的金额。

申请认定登记时不能确定合同交易总额、技术交易额的,或者在履行合同中金额发生变化的,当事人应当在办理减免税或提取奖酬金手续前予以补正。不予补正并违反国家有关法律法规的,应承担相应的法律责任。

(三) 技术合同认定与登记的注意事项

申请认定登记的技术合同应当是依法已经生效的合同。当事人以合同书形式订立的合同,自双方当事人签字或者盖章时成立。依法成立的合同,自成立时生效。法律、行政法规规定应当办理批准、登记等手续生效的,依照其规定,在批准、登记后生效,如专利申请权转让合同、专利权转让合同等。

当事人为法人的技术合同,应当由其法定代表人或者其授权的人员在合同上签名或者盖章,并加盖法人的公章或者合同专用章;当事人为自然人的技术合同,应当由其本人在合同上签名或者盖章;当事人为其他组织的合同,应当由该组织负责人在合同上签名或者盖章,并加盖组织的印章。印章不齐备或者印章与书写名称不一致的,不予登记。申请认定登记的技术合同,如主体不明确的;合同标的不明确,不能使登记人员了解其技术内容的;合同价款、报酬、使用费等约定不明确的;合同条款含有非法垄断技术、妨碍技术进步等不合理限制条款的,都不予登记。

《技术合同认定规则》规定申请认定登记的技术合同中可以计入技术交易额的有关技术成果的载体,不得超出合理的数量范围。技术文件(包括技术方案、产品和工艺设计、工程设计图纸、试验报告及其他文字性技术资料)以通常掌握该技术和必要存档所需份数为限;磁盘、光盘等软件性技术载体、动植物(包括转基因动植物)新品种、微生物菌种,以及样品、样机等产品技术和硬件性技术载体,以当事人进行必要试验和掌握、使用该技术所需数量为限;成套技术设备和试验装置一般1~2套。

(四) 以安徽省技术合同认定登记为例

省、自治区、直辖市和计划单列市科学技术行政部门管理本行政区划的技术合同认定登记工作。地、市、区、县科学技术行政部门设技术合同登记机构,具体负责办理技术合同的认定登记工作。各地的技术合同认定登记流程虽有细小差异,但遵循的法律法规不变,依托《技术合同认定登记管理办法》《技术合同认定规则》的原则不变。

以安徽省技术合同认定登记为例,目前技术合同登记点已覆盖全省16个地市,并在相关高新技术产业开发园区、高校院所设立登记点,用户可登录"安徽省技术合同认定登记系统"中的"登记机构"查询相关登记点。技术合同的买方或卖方首次在认定登记系统中注册时,须上传统一社会信用代码证书扫描件。在认定登记系统中提交的技术合同信息须与书面技术合同文本保持一致,申请认定登记的技术合同必须在合同约定的有效期内。买方或卖方对其申请认定登记的技术合同及相关资料真实性负责。

登记机构负责本区域内用户注册信息审核、管理和注销;依据《技术合同认定规则》有关规定,对申请认定登记合同的网上信息与书面信息的一致性、是否属于技术合同进行审核,对技术合同进行分类认定登记,核定技术性收入金额。具体流程如图3.1所示。

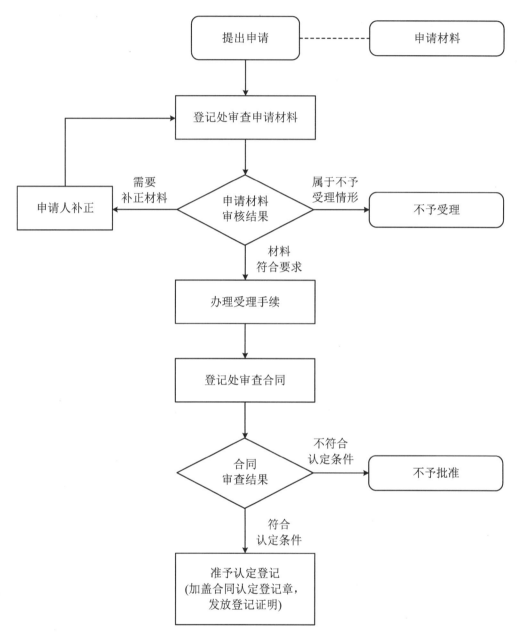

图 3.1 技术合同认定登记流程

省登记机构在自受理认定登记申请之日起 30 日内完成认定登记事项,对符合认定登记条件的技术合同,向当事人颁发《安徽省技术合同认定登记证明》,并在该证明和技术合同原件上需加盖技术合同认定登记专用章和登记人员制式印章,在合同原件上注明登记号。

第四节　技术合同的履行及常见情况

（一）技术合同履行

（一）技术合同履行的概念

《民法典》规定，当事人应当按照约定全面履行自己的义务，当事人应当遵守诚实信用原则，根据合同的性质、目的和交易习惯履行通知、协助、保密等义务。技术合同的履行是指当事人依照技术合同的标的、质量、数量、履行期限、履行方式等内容完成自己应尽的义务，并按照约定履行，使合同中的权利和义务得到全部实现的整个行为过程。

（二）技术合同履行的特点

1. 技术合同履行的无形性

技术合同的履行是技术成果的交付，不管是技术开发、技术转让、技术咨询或技术服务，其履行的过程是通过技术开发、技术转让、技术咨询或技术服务，使其符合约定和相关标准等。技术合同的履行不是显而易见的，它不是体现为交付一台样机、提交一份报告，而更像是一个看不见、摸不着的过程。即使是技术合同的明确验收标准是提交样机设备一台，也不是确凿无疑的履约证据，生产设备所使用的技术，才是合同履行的真正标的。

2. 技术合同履行的不确定性

技术合同的履行过程充满不确定性，主要体现在技术开发合同中。技术开发就是一个向未知科学领域探索的过程。技术开发合同的实现，不仅依赖合同当事人能否全面地履行合同义务，还会受到现有的科学发展水平的制约。所以即使合同当事人在合同履行上不存在任何过错，但是技术开发仍然可能由于人类现有技术水平的限制而失败。

（三）技术合同履行的内容

1. 技术合同履行的主体

技术合同履行的主体可以是我国的自然人、法人和其他组织，也可以是外国的个人、企业和其他组织,他们可以依据技术合同享有权利和承担义务。

2. 技术合同履行的标的

技术合同的标的是提供技术的行为。技术合同的标的与技术有密切联系,不同类型的技术合同有不同的技术内容。技术开发合同的标的兼具技术成果与技术行为的内容,技术转让合同的标的是特定的技术成果,技术服务与技术咨询合同的标的是特定的技术行为。

3. 技术合同履行的期限

技术合同当事人应当按照合同约定的期限履行义务。对合同中有明确约定的技术合同,应当在规定的期限内持续地或一次性地履行。

4. 技术合同履行的地点

技术合同的履行地点是指进行研究开发的地点,交付技术资料、进行技术指导的地点,提供咨询和服务的地点及支付费用和报酬的地点。

5. 技术合同履行的方式

合同履行方式由法律、合同约定或合同性质来确定,不同性质、内容的合同有不同的履行方式。根据合同履行的基本要求,在履行方式上,履行义务人必须首先按照合同约定的方式履行。如果约定不明确的,当事人可以协议补充,协议不成的,可以根据合同的有关条款来确定。

6. 技术合同履行中的成果分享

合同履行过程中产生的发明、技术秘密或其他技术成果,应明确专利申请权、技术秘密的使用权和转让权。对于后续改进技术的分享办法,当事人可以在合同中明确约定,没有约定或约定不明确的,当事人可以签订补充协议;不能达成补充协议的,依照法律相关规定确认归属。

二、技术合同履行中的常见情况

(一) 技术合同变更

技术合同变更是指合同法律关系内容的改变,如合同各项条款修改、删减、增补、限制等。《民法典》规定,当事人协商一致,可以变更合同。

(二) 技术合同解除

技术合同解除是指技术合同当事人在签订技术合同以后,依照法律规定,当事人双

方的商定所达成的提前终止合同的协议。有下列情形之一的,当事人可以解除合同:

① 因不可抗力致使不能实现合同目的。

② 在履行期限届满之前,当事人一方明确表示不履行主要债务。

③ 当事人一方迟延履行主要债务,经催告后在合理期限内仍未履行。

④ 当事人一方迟延履行债务或者有其他违约行为致使不能实现合同目的。

⑤ 法律规定的其他情形。

法律、行政法规规定解除合同应当办理批准、登记等手续的,依照其规定。合同解除后,尚未履行的,终止履行;已经履行的,根据履行情况和合同性质,当事人可以要求恢复原状、采取其他补救措施,并有权要求赔偿损失。合同因违约解除的,解除权人可以请求违约方承担违约责任,但是当事人另有约定的除外。

(三) 履行内容约定不明确的

根据《民法典》,合同生效后,当事人就质量、价款或者报酬、履行地点等内容没有约定或者约定不明确的,可以协议补充;不能达成补充协议的,按照合同相关条款或者交易习惯确定。

当事人就有关合同内容约定不明确,依据前条规定仍不能确定的,适用下列规定:

① 质量要求不明确的,按照强制性国家标准履行;没有强制性国家标准的,按照推荐性国家标准履行;没有推荐性国家标准的,按照行业标准履行;没有国家标准、行业标准的,按照通常标准或者符合合同目的的特定标准履行。

② 价款或者报酬不明确的,按照订立合同时履行地的市场价格履行;依法应当执行政府定价或者政府指导价的,依照规定履行。

③ 履行地点不明确,给付货币的,在接受货币一方所在地履行;其他标的,在履行义务一方所在地履行。

④ 履行期限不明确的,债务人可以随时履行,债权人也可以随时请求履行,但是应当给对方必要的准备时间。

⑤ 履行费用的负担不明确的,由履行义务一方负担;因债权人原因增加的履行费用,由债权人负担。

(四) 技术合同的争议及解决

技术合同发生争议时,技术经纪人可以帮助当事人通过和解、调解、仲裁和诉讼这四种办法解决。和解是指合同纠纷产生后,由当事人就合同当事人就合同争议的问题进行磋商,双方都作出一定的让步,在彼此都认为可以接受的基础上达成和解协议的方式。调解是指合同当事人自愿将合同争议提交给一个第三者,在第三者的主持下进行协商的方式。仲裁是指合同当事人根据仲裁协议将合同争议提交给仲裁机构,并由仲裁机构作出裁决方式。诉讼是指合同当事人就合同争议依法向人民法院起诉,由人民法院按照审判程序作出判决,使合同争议得到解决。

第五节　技术合同文本填写示范

合同示范文本是指由规定的国家机关事先拟定的对当事人订立合同起示范作用的合同文本。合同示范文本可以让当事人了解、掌握其特点和使用事项,提高合同签订的质量。不按合同示范文本填写,会让当事人签订的合同不规范、条款不完备、漏洞较多,将给合同履行带来很大困难,不仅影响合同履行,还会导致合同纠纷增多,解决纠纷的难度增大。

2001年7月科技部根据有关规定,印发了《技术合同示范文本》的通知,要求各地各科技行政管理部门,规范技术合同交易活动,提供技术交易质量。随着各地技术市场的繁荣兴盛,很多省直辖市在国版《技术合同示范文本》的基础上推出了各自版本的技术合同示范合同,如北京、上海、浙江等地,并要求当事人签订技术合同时使用该示范合同文本。很多大型企业也适时地推出了符合本企业自身要求的技术合同示范文本。

本节主要以技术合同中的技术开发合同为示范,教授大家如何规范地填写一份技术合同文本。示范将以国版"技术开发(委托)合同"为例,供大家学习参考。

合同编号:<u>认定登记后合同的编号</u>

技术开发(委托)合同

项　目　名　称:<u>用简明、准确的文字表达合同的标的和名称</u>
委托方(甲方):<u>用《企业法人营业执照》规定的法定名称</u>　　(买方)
受托方(乙方):<u>用《企业法人营业执照》规定的法定名称</u>　　(卖方)
签　订　时　间:<u>一般指最后一方签字盖章之日,已履行或另有约定除外</u>
签　订　地　点:<u>一般指合同签字盖章地点,涉及发生争议后的法律管辖</u>
有　效　期　限:<u>合同生效和废止的时间长度,涉及发生争议后的诉讼时效</u>

中华人民共和国科学技术部印制

技术开发(委托)合同

委托方(甲方)：<u>用《企业法人营业执照》规定的法定名称</u>
住　所　地：<u>用《企业法人营业执照》规定的地址</u>
法定代表人：<u>用《企业法人营业执照》规定的法定代表人</u>
项目联系人：<u>甲方项目指定联系人</u>
联系方式：<u>指电话、手机、email等联系方式</u>
通讯地址：<u>指可以联系通讯的地址</u>
电　　话：_____传真：_____
电子信箱：_____

受托方(乙方)：<u>用《企业法人营业执照》规定的法定名称</u>
住　所　地：<u>用《企业法人营业执照》规定的地址</u>
法定代表人：<u>用《企业法人营业执照》规定的法定代表人</u>
项目联系人：<u>乙方项目指定联系人</u>
联系方式：<u>指电话、手机、email等联系方式</u>
通讯地址：<u>指可以联系通讯的地址</u>
电　　话：_____传真：_____
电子信箱：_____

本合同甲方委托乙方研究开发合同项目名称项目，并支付研究开发经费和报酬，乙方接受委托并进行此项研究开发工作。双方经过平等协商，在真实、充分地表达各自意愿的基础上，根据《中华人民共和国民法典》的规定，达成如下协议，并由双方共同恪守。

第一条　本合同研究开发项目的要求如下：

1. 技术目标：① 新技术开发；② 新产品开发；③ 新工艺开发；④ 新材料开发；⑤ 新技术相关系统的研究开发。

2. 技术内容：① 所属技术领域；② 小试、中试、扩试、工业化或商业化等阶段技术成果；③ 技术文件：技术图纸、工艺、配方、标准、计算机软件程序等；④ 理论知识、方法或者产业技术。

3. 技术方法和路线：① 总体技术改造；② 研制新设备；③ 研制试验装备；④ 消化、吸收、仿制的新技术；⑤ 编制软件程序；⑥ 设计工艺路线；⑦ 设计；⑧ 治理污染、环境保护；⑨ 提高工作效率等。

第二条　乙方应在本合同生效后　<u>N</u>　日内向甲方提交研究开发计划。研究开发计划应包括以下主要内容：

① 阶段性计划内容,第1,2,3,…,N阶段;② 项目开始之日、阶段性目标、项目完成之日;③ 具体进度。

第三条 乙方应按下列进度完成研究开发工作:
① 总体计划,×年×月×日至×年×月×日② 阶段性时间分配,第1,2,3,…,N阶段;③ 项目开始之日、阶段性目标、项目完成之日;③ ×年×月×日至×年×月×日达到计划目标。

第四条 甲方应向乙方提供的技术资料及协作事项如下:
1. 技术资料清单:① 基础技术资料;② 有关背景技术资料;③ 目前技术的基础状态、状况和技术水平;④ 相关技术标准;⑤ 样机或者样品;⑥ 其他相关技术信息。
2. 提供时间和方式:① 何时何地;② 交付方式:当面交付、委托第三方、邮寄等。
3. 其他协作事项:① 需要另一方协助的事项;② 另一方必须给予帮助才能完成的,另一方就必须给予帮助或协助。

本合同履行完毕后,上述技术资料按以下方式处理:① 退回当事人一方;② 留下自行处理;③ 在×年内保存,不得丢失;③ 各自存档保管。

第五条 甲方应按以下方式支付研究开发经费和报酬:
1. 研究开发经费和报酬总额为人民币×××元或外币金额×××元。
其中:(1) 委托人向研究开发人约定支付的研究开发经费和报酬;
2. 研究开发经费由甲方约定选项(一次、分期或提成)支付乙方。具体支付方式和时间如下:
(1) 一次性支付:×年×月×日至×年×月×日支付;银行转账、托收或现金支付×元。
(2) 分期支付:①×年×月×日,银行转账、托收或现金支付×元;②×年×月×日,银行转账、托收或现金支付×元。
(3) 提成支付:① 提成支付计算方式;②支付时间:×年×月×日,银行转账、托收或现金支付×元。
(4) 双方约定×年×月×日通过第三方向乙方支付:银行转账、托收或现金支付。

乙方开户银行名称、地址和账号为:

开户银行:<u>单位财务开户行信息</u>
地址:
账号:

3. 双方确定,甲方以实施研究开发成果所产生的利益提成支付乙方的研究开发经费和报酬的,乙方有权以① 合同约定监督;② 每月、季、半年一次的;③ 双方约定的第三方负责监督的方式查阅甲方有关的会计账目。

第六条 本合同的研究开发经费由乙方以① <u>按照实际支出合理支配</u>;② <u>按照合同约定专款专用</u>;③ <u>保证开支经济合理</u>的方式使用。甲方有权以① <u>合同约定监督研究开发进度</u>;② 合同约定的第三方负责监督的方式检查乙方进行研究开发工作和使用研究开发经费的情况,但不得妨碍乙方的正常工作。

第七条 本合同的变更必须由双方协商一致,并以书面形式确定。但有下列情形之一的,一方可以向另一方提出变更合同权利与义务的请求,另一方应当在 __N__ 日内予以答复;逾期未予答复的,视为同意:

1. (合同的变更是合同内容的局部变更,是合同的非根本性变化合同变更只是对原合同关系的内容作某些修改和补充,而不是对合同内容的全部变更)

2. _____ ;
3. _____ ;
4. _____ 。

第八条 未经甲方同意,乙方不得将本合同项目部分或全部研究开发工作转让第三人承担。但有下列情况之一的,乙方可以不经甲方同意,将本合同项目部分或全部研究开发工作转让第三人承担:

1. <u>不涉及和损害甲方技术权益、经济利益和商业秘密</u>;

2. <u>主管技术的项目负责人变动、国家重大产业计划变动、显失公平等情况</u>;

3. <u>考虑技术进步的发展,独家难以承担一个完整的项目,这里就有对外合作问题</u>。

乙方可以转让研究开发工作的具体内容包括:① 不涉及本项目技术权益的;② 不属于本项目核心技术的。

第九条 在本合同履行中,因出现在现有技术水平和条件下难以克服的技术困难,导致研究开发失败或部分失败,并造成一方或双方损失的,双方按如下约定承担风险损失:① 双方约定承担,约定优先;② 合同无约定,由当事人合理分担,合理分担不等与平均分担;③ 当事人可以约定一定数量的资金作为承担未来可能发生的风险损失。

双方确定,本合同项目的技术风险按① 当事人认可的专家权威机构确认;② 国家或地方政府指定机构;③ 当事人约定几名专家确认的方式认定。认定技术风险的基本内容应当包括技术风险的存在、范围、程度及损失大小等。认定技术风险的基本条件是:

1. 本合同项目在现有技术水平条件下具有足够的难度;
2. 乙方在主观上无过错且经认定研究开发失败为合理的失败。

一方发现技术风险存在并有可能致使研究开发失败或部分失败的情形时,应当在 N 日内通知另一方并采取适当措施减少损失。逾期未通知并未采取适当措施而致使损失扩大的,应当就扩大的损失承担赔偿责任。

第十条 在本合同履行中,因作为研究开发标的的技术已经由他人公开(包括以专利权方式公开),一方应在 N 日内通知另一方解除合同。逾期未通知并致使另一方产生损失的,另一方有权要求予以赔偿。

第十一条 双方确定因履行本合同应遵守的保密义务如下:
甲方:

1. 保密内容(包括技术信息和经营信息):① 涉及本合同的技术文件、资料、经营信息和商业秘密;② 未经乙方同意不得对外转让或泄露。
2. 涉密人员范围:直接或间接涉及本合同技术的相关人员。
3. 保密期限:① 依法保密;② 约定保密期限,约定优先,但此约定不得违背国家有关规定③ 无保密期限。
4. 泄密责任:① 当事人合同约定优先;② 依照法律法规承担责任。

乙方:

1. 保密内容(包括技术信息和经营信息):① 涉及本合同的技术文件、资料、经营信息和商业秘密;② 本合同技术标的及应用方向;③ 本技术的销售市场和方向。
2. 涉密人员范围:① 直接或间接涉及本合同技术的有关人员;② 乙方的研究开发人员;③ 涉及与该技术成果的相关人员。

3. 保密期限：① 依法保密；② 约定保密期限,约定优先,但此约定不得违背国家有关规定；③ 无保密期限。

4. 泄密责任：① 当事人合同约定优先；② 依照法律法规承担责任。

第十二条 乙方应当按以下方式向甲方交付研究开发成果：

1. 研究开发成果交付的形式及数量：① 约定交付的形式与数量；② 双方当事人举行交付签字形式；③ 交付时双方的书面认可。

2. 研究开发成果交付的时间及地点：约定20××年×月×日,×地交付。

第十三条 双方确定,按以下标准及方法对乙方完成的研究开发成果进行验收：① 不得使用淘汰或禁止的标准；② 约定的标准和方法；③ 约定使用国际标准、国家标准、专业标准、企业标准或者其他国外标准等；④ 无标准的,按行业的一般要求鉴定；⑤ 方法：专家评议、国家规定的部门检测结论、鉴定会或双方认可的方式。

第十四条 乙方应当保证其交付给甲方的研究开发成果不侵犯任何第三人的合法权益。如发生第三人指控甲方实施的技术侵权,乙方应当 ① 承担甲方由此而产生的经济损失和其他责任；② 本约定具有溯及力合同结束后,本约定仍然有约束力。

第十五条 双方确定,因履行本合同所产生的研究开发成果及其相关知识产权权利归属,按下列第1或2种方式处理：

1. 双方约定的选项(甲、乙、双)方享有申请专利的权利。

专利权取得后的使用和有关利益分配方式如下：① 研究开发人员取得专利权,委托人可以免费实施该专利；② 研究开发人转让专利申请权,委托人享有同等条件的优先受让(购买)的权利；③ 专利权为双方共有,利益归双方共有；④ 允许当事人的其他约定。

2. 按技术秘密方式处理。有关使用和转让的权利归属及由此产生的利益按以下约定处理：

(1) 技术秘密的使用权：① 甲方；② 乙方；③ 双方共有。

(2) 技术秘密的转让权：① 甲方；② 乙方；③ 双方共有。

(3) 相关利益的分配办法：① 归实施方所有；② 双方按比例分享；③ 双方均有。

双方对本合同有关的知识产权权利归属特别约定如下：① 双方约定，约定优先；② 如无约定则按法律的有关规定。

第十六条　乙方不得在向甲方交付研究开发成果之前，自行将研究开发成果转让给第三人。

第十七条　乙方完成本合同项目的研究开发人员享有在有关技术成果文件上写明技术成果完成者的权利和取得有关荣誉证书、奖励的权利。

第十八条　乙方利用研究开发经费所购置与研究开发工作有关的设备、器材、资料等财产，归① 依约定；② 涉及技术交易额计算（甲、乙、双）方所有。

第十九条　双方确定，乙方应在向甲方交付研究开发成果后，根据甲方的请求，为甲方指定的人员提供技术指导和培训，或提供与使用该研究开发成果相关的技术服务。

1. 技术服务和指导内容：甲方技术人员和主要操作人员掌握该技术成果，包括设计指导、技术指导、工艺方法指导、技术培训与授课讲座培训。

2. 地点和方式：① 合同约定地点；② 甲方住所地；③ 乙方住所地；方式：培训、现场指导。

3. 费用及支付方式：① 甲方支付人民币××元；② 双方按比例承担费用；方式：③ 银行汇款、转账、现金支付等。

第二十条　双方确定：任何一方违反本合同约定，造成研究开发工作停滞、延误或失败的，按以下约定承担违约责任：

1. 乙方违反本合同第×条约定，应当① 支付违约金×元；② 按合同总额的×％赔偿支付（支付违约金或损失赔偿额的计算方法）。

2. 甲方违反本合同第×条约定，应当① 支付违约金×元；② 按合同总额的×％赔偿支付（支付违约金或损失赔偿额的计算方法）。

3. ／方违反本合同第 ／ 条约定，应当 ／（支付违约金或损失赔偿额的计算方法）。

4. ／方违反本合同第 ／ 条约定，应当 ／（支付违约金或损失赔偿额的计算方法）。

5. ／方违反本合同第 ／ 条约定，应当 ／（支付违约金或损失赔偿额的计算方法）。

6. __/__方违反本合同第__/__条约定,应当__/__(支付违约金或损失赔偿额的计算方法)。

第二十一条 双方确定,甲方有权利用乙方按照本合同约定提供的研究开发成果,进行后续改进。由此产生的具有实质性或创造性技术进步特征的新的技术成果及其权属,由<u>依约定(甲、乙、双)</u>方享有。具体相关利益的分配办法如下:<u>① 合同约定优先;② 后续改进归完成者所有,他人无权分享,任何分享都是有偿的;③ 约定双方共有,则利益共享。</u>

乙方有权在完成本合同约定的研究开发工作后,利用该项研究开发成果进行后续改进。由此产生的具有实质性或创造性技术进步特征的新的技术成果,归<u>依约定(甲、乙、双)</u>方所有。具体相关利益的分配办法如下:<u>① 合同约定优先;② 后续改进归完成者所有,他人无权分享,任何分享都是有偿的;③ 约定双方共有,则利益共享。</u>

第二十二条 双方确定,在本合同有效期内,甲方指定<u>项目联系人</u>为甲方项目联系人,乙方指定<u>项目联系人</u>为乙方项目联系人。项目联系人承担以下责任:

1. 关于需求、实施、进度、变更、验收、培训等项目的沟通;
2. 关于费用、付款、配合、协助等项目的交流;
3. _____;
4. _____。

一方变更项目联系人的,应当及时以书面形式通知另一方。未及时通知并影响本合同履行或造成损失的,应承担相应的责任。

第二十三条 双方确定,出现下列情形,致使本合同的履行成为不必要或不可能的,一方可以通知另一方解除本合同:

1. 因发生不可抗力或技术风险;
2. <u>① 技术风险出现,技术风险指当事人努力履行,现有水平无法达到,有足够技术难度,同行专家认定为合理失败;② 在合同履行中,第三人公开相同的技术成果。</u>

第二十四条:双方因履行本合同而发生的争议,应协商、调解解决。协商、调解不成的,确定按以下第<u>1或2</u>种方式处理:

1. 提交双发确认的×××仲裁委员会仲裁；
2. 依法向①依约定；②合同签订地；③合同履行地人民法院起诉。

第二十五条　双方确定，本合同及相关附件中所涉及的有关名词和技术术语，其定义和解释如下：
1. 对没有标准和惯例的名词、技术术语要有标准的约定和解释，防止歧义或误解；
2. 文字、符号标准化和规范；
3. 特定名词、术语和规范等。

第二十六条　与履行本合同有关的下列技术文件，经双方确认后，① 下列内容；② 约定其他的内容为本合同的组成部分：
1. 技术背景资料：名称、份数；
2. 可行性论证报告：名称、份数；
3. 技术评价报告：名称、份数；
4. 技术标准和规范：名称、份数；
5. 原始设计和工艺文件：名称、份数；
6. 其他：约定其他的技术文件，如补充协议、预算等。

第二十七条　双方约定本合同其他相关事项为：① 除上述条款约定之外，双方当事人尚需要其他特别约定的内容和需要说明的问题；② 可以约定中介条款（阐明中介方的权利与义务）；③ 未尽事宜双方友好协商解决。

第二十八条　本合同一式 N 份，具有同等法律效力。

第二十九条　本合同经双方签字盖章后生效。
甲方：印章应与《企业法人营业执照》规定的名称一致（盖章）
法定代表人/委托代理人：① 法定代表人签名；② 委托代理人（签名）
　　　　　　　　　　　　　　　　　年　　月　　日
乙方：印章应与《企业法人营业执照》规定的名称一致（盖章）
法定代表人/委托代理人：① 法定代表人签名；② 委托代理人（签名）
　　　　　　　　　　　　　　　　　年　　月　　日

印花税票粘贴处：
专门用于征收印花税税款

（以下由技术合同登记机构填写）

合同登记编号：

| | | | | | | | | | | | | | | | |

1. 申请登记人：自然人、法人或其他经济组织（卖方）
2. 登记材料：(1) 技术合同登记表；
　　　　　　(2) 附件或其他佐证材料；
　　　　　　(3) 合同原件等。
3. 合同类型：技术开发合同
4. 合同交易额：技术开发（委托）合同成交的总金额
5. 技术交易额：是指从合同交易总额中扣除购置设备、仪器、零部件、原材料等非技术性费用后的剩余金额。但合理数量标的的直接成本不计入非技术性费用。

技术合同登记机构（印章）

经办人：

年　月　日

第四章 科技成果转化政策

第一节 知识产权政策

一、知识产权保护

（一）《著作权法》的修正

2020年11月11日十三届全国人大常务委员会第二十三次会议通过了《关于修改〈中华人民共和国著作权法〉的决定》，对《著作权法》进行了第三次修正。新修订的《著作权法》将第二条"作品是指文学、艺术和科学领域内具有独创性并能以某种有形形式复制的智力成果"修改为"作品是指文学、艺术和科学领域内具有独创性并能以一定形式表现的智力成果"，即将"能以某种有形形式复制"修改为"能以一定形式表现"；将第（九）项"法律、行政法规规定的其他作品"修改为"符合作品特征的其他智力成果"。这些修改扩大了作品的范围，以保护不断出现的新的创作作品。

（二）《专利法》的修正

2020年10月17日，十三届全国人大常务委员会第二十二次会议通过了《关于修改〈中华人民共和国专利法〉的决定》，对《专利法》进行了第四次修正。新修订的《专利法》由76条增加到82条，进行实质性修改的条文共23条。修订的主要内容包括：

① 增加职务发明处置制度和产权激励。《专利法》第六条第一款增加"该单位可以依法处置其职务发明创造申请专利的权利和专利权"，授予职务发明单位处置专利权和专利申请权，为赋予科技人员职务科技成果所有权和长期使用权提供法律依据。第十五条增加第二款"国家鼓励被授予专利权的单位实行产权激励，采取股权、期权、分红等方式，使发明人或者设计人合理分享创新收益"，为专利权单位对发明人或设计人进行

股权、期权、分红等激励提供法律依据。

② 加大了外观设计专利权的保护力度。《专利法》第四十二条规定"发明专利权的期限为二十年,实用新型专利权的期限为十年,外观设计专利权的期限为十五年,均自申请日起计算",即外观专利的保护期,由原来的十年延长到十五年。将产品局部的设计及调整纳入外观设计专利保护,增加了外观设计专利的国内优先权。

③ 增加专利权期限补偿制度。《专利法》第四十二条增加了第二款"自发明专利申请日起满四年,且自实质审查请求之日起满三年后授予发明专利权的,国务院专利行政部门应专利权人的请求,就发明专利在授权过程中的不合理延迟给予专利权期限补偿,但由申请人引起的不合理延迟除外";增加了第三款"为补偿新药上市审评审批占用的时间,对在中国获得上市许可的新药相关发明专利,国务院专利行政部门应专利权人的请求给予专利权期限补偿。补偿期限不超过五年,新药批准上市后总有效专利权期限不超过十四年"。

④ 增加专利开放许可制度。《专利法》第五十条至五十二条是新增加的条文,分别规定了专利开放许可的方式及程序、许可使用费及纠纷处理方式。

⑤ 加大专利保护力度,增加专利侵权惩罚性赔偿,提高法定赔偿上限。

⑥ 完善专利行政保护制度。

二、提升知识产权质量

(一)提升专利质量

《教育部 国家知识产权局 科技部关于提升高等学校专利质量促进转化运用的若干意见》(教科技〔2020〕1号)提出了"突出转化导向"的基本原则,强化"优化专利质量和促进科技成果转移转化"的导向,并提出了3项与专利质量提升直接相关的重点任务。

1. 逐步建立职务科技成果披露制度

一方面,要求高校从源头上加强对科技创新成果的管理与服务;另一方面,要求科研人员主动、及时向所在高校进行职务科技成果披露。因为是职务科技成果,才要向高校披露,由高校判断是否有商业价值,是否要申请知识产权,是否可以转化,进而确定如何转化,等等。

2. 建立专利申请前评估制度

职务成果披露制度与专利申请前评估制度密切相关。先有职务成果披露,才可以"对拟申请专利的技术进行评估,以决定是否申请专利"。评估的目的是提升专利申请质量。如果评估结论认为不适宜申请专利,由此造成的损失,"相关责任人已履行勤勉尽责义务、未牟取非法利益的,可依法依规免除其放弃申请专利的决策责任"。

3. 支持发明人取得专利权

一是允许高校开展职务发明所有权改革探索,给予发明人专利权激励;二是高校决定申请专利的,鼓励发明人承担专利费用,该专利实施转化的,"发明人承担的专利费用要加倍扣除并返还给发明人";三是专利申请评估后,对于高校决定不申请专利的职务科技成果,高校可依照法定程序向发明人转让专利申请权或者专利权,该专利实施转化并取得收益的,在扣除专利申请、运维费用等成本后,发明人根据约定比例向高校缴纳收益。

(二)知识产权高质量发展

2021年3月31日,国家知识产权局、中国科学院中国工程院、中国科学技术协会印发《关于推动科研组织知识产权高质量发展的指导意见》(国知发运字〔2021〕7号),提出了6个方面16条指导意见。总体要求是"着力打通知识产权创造、运用、保护、管理、服务全链条,提升科研组织知识产权综合能力",并提出了以下推动知识产权高质量发展的措施:

① 改革完善知识产权考核机制,加快建立以知识产权转化绩效为重要指标的科技创新考评体系。

② 以《专利导航指南》(GB/T 39551—2020)为指导,在选题立项、研发活动、人才遴选和评价等环节积极开展专利导航。

③ 建立专利申请前评估制度。

④ 建立科研人员职务科技成果披露制度。

⑤ 开展技术秘密登记与认定工作,强化对涉密人员、载体、场所等全方位管理,加强人才交流和技术合作中的技术秘密保护。

⑥ 建立健全知识产权管理制度,加强科研项目选题立项、组织实施、结题验收、成果转化等全过程的知识产权管理。

⑦ 探索知识产权专员与知识产权师序列挂钩。

三、知识产权对外转让

2018年3月18日,国务院办公厅印发的《知识产权对外转让有关工作办法(试行)》(国办发〔2018〕19号,以下简称《办法》)规定,技术出口、外国投资者并购境内企业等活动中涉及国家安全的专利权、集成电路布图设计专有权、计算机软件著作权、植物新品种权等知识产权对外转让的,需要按照该办法进行审查。其中,知识产权包括其申请权;知识产权转让行为包括权利人的变更、知识产权实际控制人的变更和知识产权的独占实施许可三种情形;审查内容是知识产权对外转让对我国国家安全的影响及对我国重要领域核心关键技术创新发展能力的影响。该《办法》明确了两种审查工作机制：一是对于技术出口中涉及国家安全的知识产权对外转让审查，按照知识产权的不同类型进行归口管理，由相应的国家主管部门按照职责进行审查；二是对于外国投资者并购境内企业安全审查中涉及的知识产权对外转让审查，由相关安全审查机构根据拟转让的知识产权类型，征求国家相关主管部门意见，并按照有关规定作出审查决定。

第二节　国有科技成果资产管理政策

一、科技成果资产内涵

（一）科技成果资产的由来

科技成果资产是近几年出现的一个政策术语，是科技成果与资产的复合词，首先出现在《财政部关于〈国有资产评估项目备案管理办法〉的补充通知》（财资〔2017〕70号）中。该通知为将国有科技成果资产与其他国有资产区别开来，提出了"科技成果资产"这一术语。

科技成果是科技管理的一个术语。取得了知识产权的科技成果具有资产属性，即可以货币计量，能够带来经济利益。知识产权是一种财产权利，但必须具有商业价值且可以货币计量的科技成果才有资产属性。具有资产属性的科技成果，必须同时符合三个条件：一是取得了一项或一项以上知识产权的授权；二是具有商业价值，有商业价值才有转化的价值；三是可以货币计量。

（二）科技成果是一种特殊资产

科技成果取得了知识产权保护并具有商业价值，但难以以货币准确计量，因而是一种具有特殊属性的资产。

首先，科技成果难以以货币准确计量。科技成果资产价值取决于其预期收益，而不是取得成本，即研发成本。自行研发所取得的科技成果，无论采取研发成本计量，还是申请知识产权的费用计量，都不能准确地反映其商业价值。

其次，科技成果的商业价值必须经过转移转化来实现。科技成果必须转化为现实生产力，或转移给他人并由他人实施转化，其经济属性才能充分体现出来，其资产属性才得以实现。

将科技成果按特殊资产处理，在转移转化前，不纳入国有资产管理范畴，可为科技成果转移转化松绑。强大的精神激励和物质激励，可激发高校院所和科研人员实施科技成果转化的积极性。

（三）科技成果资产管理范围

为将科技成果资产与商标、商誉、著作权等无形资产区分开来，使用了"科技成果资产"这一术语。

1. 科技成果资产范围

适用《促进科技成果转化法》及相关配套政策的无形资产，都是科技成果资产。《财政部国家税务总局关于居民企业技术转让有关企业所得税政策问题的通知》（财税〔2010〕111号）规定，"专利技术、计算机软件著作权、集成电路布图设计权、植物新品种、生物医药新品种，以及财政部和国家税务总局确定的其他技术"都是科技成果资产。

2. 科技成果资产管理内容

根据《事业单位国有资产管理暂行办法》（财政部第100号令）规定，资产管理包括：

① 资产配置，是指"财政部门、主管部门、事业单位等根据事业单位履行职能的需要，按照国家有关法律、法规和规章制度规定的程序，通过购置或者调剂等方式为事业单位配备资产的行为"。调剂是指将一个单位长期闲置、低效运转或者超标准配置的资产，转移给另一个需要的单位。

② 资产使用，包括单位自用和对外投资、出租、出借、担保等方式。科技成果作价投资、科技成果许可，均属于资产使用。资产使用是指资产总量不改变，又使资产发挥作用、产生效益，其中对外投资是将资产变成股权。

③ 资产处置，是指"事业单位对其占有、使用的国有资产进行产权转让或者注销产权的行为"，即资产从资产账户中灭失。处置方式包括出售、出让、转让、对外捐赠、报废、报损以及货币性资产损失核销等。

④ 产权登记，是指"国家对事业单位占有、使用的国有资产进行登记，依法确认国家对国有资产的所有权和事业单位对国有资产的占有、使用权的行为"，其结果是取得《事业单位国有资产产权登记证》。

⑤ 资产评估，是指事业单位发生《事业单位国有资产管理暂行办法》第三十八条规定的七种情形之一的，应当对相关国有资产进行评估的行为，其目的是防止国有资产流失。

⑥ 资产清查，是指事业单位发生《事业单位国有资产管理暂行办法》第四十三条规定的六种情形之一的，应当对国有资产进行清查的行为。

⑦ 资产信息管理与报告，即将资产变动信息录入管理信息系统，并对其占有、使用的国有资产状况定期作出报告。

3. 与其他资产管理的不同之处

根据《财政部关于修改〈事业单位国有资产管理暂行办法〉的决定》(财政部第 100 号令)规定,主要有以下不同:

① 高校院所等科研事业单位对科技成果资产可以自主决定转让、许可、作价投资,无需主管部门审批。其他资产的转让、许可、作价投资需要履行审批手续。

② 科研事业单位转让、许可科技成果资产,或以科技成果作价投资,可以决定不进行资产评估。其他资产的转让、许可、作价投资必须进行资产评估。

③ 科研事业单位处置科技成果资产所得收入留归单位。处置其他资产的收入归国家所有,实行"收支两条线"管理。

④ 科研事业单位转让、许可科技成果资产所得收入,或者以科技成果作价投资,必须给予为完成、转化职务科技成果作出重要贡献的科技人员奖励。其他资产的转让、许可、作价投资不涉及奖励问题。

二、科技成果"三权"下放

(一) 科技成果"三权"内涵

《中共中央国务院关于深化体制机制改革加快实施创新驱动发展战略的若干意见》(中发〔2015〕8 号)第五部分第(十三)条规定,尽快"将财政资金支持形成的,不涉及国防、国家安全、国家利益、重大社会公共利益的科技成果的使用权、处置权和收益权,全部下放给符合条件的项目承担单位"。其中科技成果使用权、科技成果处置权以及科技成果收益权合称为科技成果"三权"。

1. 科技成果使用权

根据《事业单位国有资产管理暂行办法》的规定,在《促进科技成果转化法》第十六条规定的转化方式中,下列属于使用权范畴:一是自行投资实施科技成果转化;二是许可他人使用科技成果;三是以科技成果作为合作条件,与他人共同实施科技成果;四是以该科技成果作价投资、折算股份或者出资比例。

《促进科技成果转化法》第十九条规定,"国家设立的研究开发机构、高等院校所取得的职务科技成果,完成人和参加人在不变更职务科技成果权属的前提下,可以根据与本单位的协议进行该项科技成果的转化,并享有协议规定的权益"。这种方式属于科技成果使用权范畴。

2. 科技成果处置权

根据《事业单位国有资产管理暂行办法》的规定,转让科技成果和放弃科技成果所有权都属于科技成果处置权范畴。《民法典》规定的技术转让,包括专利申请权转让、专利权转让和技术秘密转让。虽然专利申请权是一种权利,但专利申请权转让既不属于使用权范畴,也不属于处置权范畴。

财政部国家税务总局《关于完善股权激励和技术入股有关所得税政策的通知》(财税〔2016〕101号)等有关税收政策文件规定,以科技成果作价投资是科技成果转让与投资同时发生,《事业单位国有资产管理暂行办法》将它归类为科技成果使用权。

3. 科技成果收益权

科技成果收益权是指科技成果资产处置收入和使用科技成果的收入归属。

(二) 科技成果"三权"下放

中发〔2015〕8号文规定的"将财政资金支持形成的,不涉及国防、国家安全、国家利益、重大社会公共利益的科技成果的使用权、处置权和收益权,全部下放给符合条件的项目承担单位",是指项目承担单位可以自主决定将科技成果资产转让给他人、许可他人使用,以科技成果作价投资、作为合作条件与他人共同实施转化或质押,自行投资转化科技成果,放弃科技成果知识产权等,不需报财政部门、主管部门审批,处置科技成果的收入与使用科技成果的收入留归单位。

《促进科技成果转化法》第十八条规定,"国家设立的研究开发机构、高等院校对其持有的科技成果,可以自主决定转让、许可或者作价投资"。据此,财政部于2019年3月29日发布了中华人民共和国财政部令第100号《财政部关于修改〈事业单位国有资产管理暂行办法〉的决定》,其规定,"国家设立的研究开发机构、高等院校对其持有的科技成果,可以自主决定转让、许可或者作价投资,不需报主管部门、财政部门审批或者备案,并通过协议定价、在技术交易市场挂牌交易、拍卖等方式确定价格。通过协议定价的,应当在本单位公示科技成果名称和拟交易价格"。这就是将科技成果的使用权、处置权和收益权下放给高校院所。

(三) 加大科技成果转移转化授权力度

科技部、教育部、发改委、财政部、人社部和中科院《关于扩大高校和科研院所科研相关自主权的若干意见》(国科发政〔2019〕260号)提出"修订完善国有资产评估管理方面的法律法规,取消职务科技成果资产评估、备案管理程序"。《国有资产评估项目备案管理办法》(财企〔2001〕802号)规定了国有资产评估项目需要报财政部门备案。《财政部〈关于国有资产评估项目备案管理办法〉的补充通知》(财资〔2017〕70号)将国家设立的研究开发机构、高等院校科技成果资产评估备案工作"调整为由研究开发机构、高等院校的主管部门负责"。据此,《教育部办公厅关于进一步推动高校落实科技成果转化政策相关事项的通知》(教技厅函〔2017〕139号)提出"教育部授权部属高校负责科技成果资产评估备案工作"。

《财政部关于进一步加大授权力度　促进科技成果转化的通知》(财资〔2019〕57 号)中下放了三项权力。

1. 下放涉密成果转移转化的审批权

财资〔2019〕57 号文提出,"涉及国家秘密、国家安全及关键核心技术的科技成果转让、许可或者作价投资,授权中央级研究开发机构、高等院校的主管部门按照国家有关保密制度的规定进行审批"。文件没有授权主管部门将审批权再授予所属的高校院所。

2. 下放国有技术股权的审批权

财资〔2019〕57 号文提出,"授权中央级研究开发机构、高等院校的主管部门办理科技成果作价投资形成国有股权的转让、无偿划转或者对外投资等管理事项,不需报财政部审批或者备案"。

3. 下放国有技术股权登记的审批权

财资〔2019〕57 号文提出,"授权中央级研究开发机构、高等院校的主管部门办理科技成果作价投资成立企业的国有资产产权登记事项,不需报财政部办理登记"。

对于地方高校院所的科技成果转移转化,财资〔2019〕57 号文提出：一是要求地方财政部门"结合本地区经济发展、产业转型、科技创新等实际需要,制定具体规定,进一步完善科技成果国有资产管理制度"；二是鼓励地方"探索符合科技成果国有资产特点的管理模式"。

第三节　职务科技成果赋权政策

一、职务科技成果的概念

（一）职务科技成果的判定标准

《促进科技成果转化法》第二条规定,"职务科技成果,是指执行研究开发机构、高等院校和企业等单位的工作任务,或者主要是利用上述单位的物质技术条件所完成的科技成果"。这一规定确定了两个标准：一是职责标准,"执行研究开发机构、高等院校和企业等单位的工作任务"体现了单位的意志,表明研发失败的风险由单位承担；二是资源标准,"利用上述单位的物质技术条件所完成的"体现了科研人员的意志,表明研发失败的风险由研发人员承担,但一旦取得了成功,就有可能变成单位的成果。

"职责标准"和"资源标准"的权利归属模式在《民法典》《专利法》《集成电路布图设计保护条例》《植物新品种保护条例》《计算机软件保护条例》等法律法规中都有规定。

一般情况下,科技成果的权利归属取决于谁投资与谁研发两个因素,主要分为以下三种情形:

① 科技人员自行投资并进行研究开发所完成的科技成果,属于非职务科技成果。这属于投资者与研发者重合的情形。

② 单位组织研发所取得的科技成果是职务科技成果。投资者是单位,研发者是与单位有聘用关系的个人。

③ 有约定从约定。有时职务行为与非职务行为是模糊的,是否主要利用单位的物质技术条件也不清晰。为充分发挥科技人员的积极性与创造性,单位可与科技人员约定科技成果的归属。

(二) 职务科技成果与知识产权

如果科技成果申请了知识产权,则取得了法律的保护,并拥有科技成果所有权。从创新性和商业价值两个维度,职务科技成果可以由以下一项或多项构成:

① 有证知识产权。具有创新性,且有商业价值,申请并取得了专利、计算机软件著作权、集成电路布图设计专有权、植物新品种权等有证知识产权。

② 无证知识产权,即技术秘密。科技成果具有创新性,且有商业价值,不适合申请专利,采取自我保密方式加以保护的。此处的技术秘密必须符合《反不正当竞争法》规定的要件。

③ 内部成果。即创新性一般,有一定的商业价值,单位以内部信息形式加以保护,明确不得外传,但没有达到《反不正当竞争法》规定的技术秘密要件。

④ 一般成果。即无商业价值,但有一定的经济价值,单位没有采取任何措施加以保护,可通过技术开发、技术咨询、技术服务等方式实现其价值。

(三) 科技成果确权

所谓确权,是指确认有否知识产权,并确认其归属。对科技成果进行确权,是科技成果管理的一项重要内容,也是科技成果转移转化的基础。做好科技成果确权,需做好以下工作:

① 在科研项目立项时,明确科技成果的归属,并在研发过程中加强管理,做好商业秘密的保密工作,及时申请相关知识产权。

② 在开展科研合作时,如委托开发、合作开发时,原则上遵循"谁创造谁所有"的原则约定成果的归属。

③ 在科技成果转移时,要对拟转移的科技成果进行确权。在进行确权时,要看该成果的完成人是否存在兼职或离岗创新创业的行为,是否存在其他流动的情形。如存在上述情形,要看是否对知识产权归属作出了约定,有约定的,依照约定;没有约定的,应当由相关当事人确定该成果的归属。

二、职务科技成果赋权

(一) 职务科技成果赋权政策演变

自 2016 年以来,职务科技成果赋权改革一直是科技成果转化领域的热点话题,中央印发了多个文件予以持续推进,到 2020 年,科技部等 9 个部门印发了《赋予科研人员职务科技成果所有权或长期使用权试点实施方案》(国科发区〔2020〕128 号)文件,赋权改革进入实质性试点阶段。

1. 在横向项目中探索

2016 年 10 月 15 日,中共中央办公厅、国务院办公厅印发的《关于实行以增加知识价值为导向分配政策的若干意见》(厅字〔2016〕35 号)提出:"对于接受企业、其他社会组织委托的横向委托项目,允许项目承担单位和科研人员通过合同约定知识产权使用权和转化收益,探索赋予科研人员科技成果所有权或长期使用权。"中央文件首次提出了探索职务科技成果赋权,允许接受横向委托项目的承担单位与科研人员通过合同约定知识产权使用权,并探索赋权。

2. 在法律授权前提下进行改革试点

2017 年 9 月 15 日,国务院印发的《关于印发国家技术转移体系建设方案的通知》(国发〔2017〕44 号)进一步提出:"在法律授权前提下开展高校、科研院所等单位与完成人或团队共同拥有职务发明科技成果产权的改革试点。"在不到一年的时间里,就从探索赋权进入改革试点,并明确赋权改革是"单位与完成人或团队共同拥有职务发明科技成果产权",并将赋权改革界定为科技成果产权改革。

3. 扩大试点范围

2018 年 7 月 18 日,国务院印发的《关于优化科研管理提升科研绩效若干措施的通知》(国发〔2018〕25 号)进一步将试点扩大到"利用财政资金形成的职务科技成果",并提出试点的原则是要坚持"权利与责任对等、贡献与回报匹配"。

4. 试点推广

2018 年底,赋权改革从文件规定进入推广阶段,《国务院办公厅关于推广第二批支持创新相关改革举措的通知》(国办发〔2018〕126 号)提出在 8 个改革试验区域推广"以事前产权激励为核心的职务科技成果权属改革"。

5. 明确推进部门

2019年,科技部、教育部、发改委、财政部、人社部和中科院印发的《关于扩大高校和科研院所科研相关自主权的若干意见》(国科发政〔2019〕260号)提出,"科技、财政等部门要开展赋予科研人员职务科技成果所有权或长期使用权试点,为进一步完善职务科技成果权属制度探索路子",明确了职务科技成果赋权改革的推进部门。

6. 发布试点实施方案

2020年5月9日,科技部等9个部门印发的《赋予科研人员职务科技成果所有权或长期使用权试点实施方案》(国科发区〔2020〕128号)提出,"分领域选择40家高等院校和科研机构开展试点,探索建立赋予科研人员职务科技成果所有权或长期使用权的机制和模式,形成可复制、可推广的经验和做法",试点期为3年,赋权改革进入试点方案实施阶段。2020年10月12日,科技部印发了《赋予科研人员职务科技成果所有权或长期使用权试点单位名单》(国科发区〔2020〕273号),确定了40家单位进行试点。

从上述文件出台的频率及规定的内容来看,近年来,职务科技成果赋权是科技创新政策领域的一个热词,中央高度重视职务科技成果赋权改革,不断扩大改革范围,持续推进赋权改革举措落地。

(二)职务科技成果赋权内涵解析

国科发区〔2020〕128号文提出:"国家设立的高等院校、科研机构科研人员完成的职务科技成果所有权属于单位。"这表明,职务科技成果赋权不是改变职务科技成果归属,而是在遵从《促进科技成果转化法》《专利法》《植物新品种保护条例》等法律法规对职务科技成果权利归属规定的前提下进行的。

1. 赋权性质

从国科发区〔2020〕128号文规定来看,"赋予科研人员职务科技成果所有权或长期使用权实施产权激励",性质上属于产权激励,其出发点和落脚点是"调动科研人员创新积极性、促进科技成果转化"。赋权的目的是"完善科技成果转化激励政策,激发科研人员创新创业的积极性",最终目的是"促进科技与经济深度融合,推动经济高质量发展,加快建设创新型国家"。赋权试点的目标是"探索建立赋予科研人员职务科技成果所有权或长期使用权的机制和模式,形成可复制、可推广的经验和做法,推动完善相关法律法规和政策措施"。

2. 赋权定位

职务科技成果赋权可以理解为:一是"促进科技成果转化的机制和模式"创新;二是"着力破除制约科技成果转化的障碍和藩篱"的一项措施;三是"畅通科技成果转化通道"

的一条途径。但科技成果转化难,并不是难在科研人员对职务科技成果不拥有产权。科技成果转化难是由多重复杂因素造成的,科研人员拥有科技成果的部分或全部产权,并不能彻底改变科技成果转化难的现实。

(三) 科技成果所有权赋权

科技成果所有权赋权是指试点单位"将本单位利用财政性资金形成或接受企业、其他社会组织委托形成的归单位所有的职务科技成果所有权赋予成果完成人(团队),试点单位与成果完成人(团队)成为共同所有权人"。赋权是试点单位对职务科技成果的处分,将试点单位所有的职务科技成果所有权的一定比例赋予成果完成人(团队),由试点单位所有变成由试点单位与成果完成人(团队)共有所有。

1. 赋权条件

即"赋权的成果应具备权属清晰、应用前景明朗、承接对象明确、科研人员转化意愿强烈等条件"。从中可知,赋权应满足以下四个方面的条件:

① 赋权的成果权属清晰。权属不清晰的,不可以赋权,单位也没有资格赋权。

② 赋权的成果是可以转化的,且有较好的转化前景。不可转化的科技成果,是没有必要赋权的。

③ 即将进入转化程序。"承接对象明确"表明单位已经完成了科技成果的推介,赋权就是使该科技成果更好地转化,因此赋权应在职务科技成果选定转化方式以后,从有利于该成果转化的角度决定是否赋权。

④ 科研人员有强烈的意愿。科研人员可以在"转化前赋予职务科技成果所有权(先赋权后转化)"与"转化后奖励现金、股权(先转化后奖励)"之间作出选择。

2. 赋权成果类型

赋权的"成果类型包括专利权、计算机软件著作权、集成电路布图设计专有权、植物新品种权,以及生物医药新品种和技术秘密等"。除技术秘密外,都是获得国家有关部门颁发权属证书的,赋权以后,应当办理"专利权、计算机软件著作权、集成电路布图设计专有权、植物新品种权,以及生物医药新品种"权利人变更登记,由单位独有变更为单位与成果完成人(团队)按份共有。对技术秘密赋权,应签订赋权协议,使成果完成人(团队)凭协议享有对该技术秘密的转让权。

3. 对试点单位的要求

赋权是对职务科技成果进行产权激励,性质上仍属于科技成果转化收益分配,国科发区〔2020〕128号文根据《促进科技成果转化法》规定,要求试点单位"建立健全职务科技成果赋权的管理制度、工作流程和决策机制"。总之,试点单位要有试点的意愿,有较好的成果转化基础,有开展赋权试点的必要性。

4. 赋权程序

国科发区〔2020〕128号文规定了赋权的流程如下：

① 科技成果完成人（团队）在团队内部协商一致，并书面约定内部收益分配比例等事项。团队应就是否进行职务科技成果赋权（即先赋权后转化）及团队内部的分配比例协商一致。团队选择了赋权，就意味着放弃"先转化后奖励"。尽管科技成果转化奖酬金的分配属于工资薪金，但分配比例还是要求团队内部协商一致。如果团队内部不能达成一致，则不能选择赋权。

② 指定代表书面向单位提出赋权申请。"指定代表"应是团队成员共同推选的，并附上"书面约定"。申请书应载明成果权属情况、应用前景、承接对象，并表明科研人员转化意愿强烈等。

③ 试点单位进行审批并在单位内公示，公示期不少于15日。试点单位审核赋权的成果是否符合"权属清晰、应用前景明朗、承接对象明确"等条件，审核其书面约定是否其真实意愿的表达。符合赋权条件的，应审批同意，并在本单位公示。

④ 试点单位与科技成果完成人（团队）签署书面协议，约定转化科技成果收益分配比例、转化决策机制、转化费用分担以及知识产权维持费用等。转化科技成果收益分配比例就是赋权比例，并按赋权比例分担转化费用和知识产权维持费用等。转化决策是否按照赋权比例决策，或者授权完成人（团队），或者授权单位决策。这些事项应在单位的赋权管理制度中作出规定。

⑤ 办理相应的权属变更等手续。上述涉及完成人（团队）内部约定的书面协议和试点单位与完成人（团队）之间签署的协议共两份协议，以及完成人（团队）指定代表提出的书面申请。

5. 赋权的选择

以转让、许可方式实施职务科技成果转化的，根据《财政部国家税务总局关于科技人员取得职务科技成果转化现金奖励有关个人所得税政策的通知》（财税〔2018〕58号）规定，科研人员取得的现金奖励可以减按50%计入当月"工资、薪金所得"缴纳个人所得税。选择赋权激励的，适用《个人所得税法》规定的财产转让税目缴纳个人所得税，税率是20%，不可以享受财税〔2018〕58号规定的税收优惠政策。

以作价投资方式实施职务科技成果转化的，先赋权后转化，只需办理一次公司注册登记手续，因而可简化有关手续，即以赋权科技成果作价投资，成果完成人（团队）可获得股权，并可享受《财政部 国家税务总局关于完善股权激励和技术入股有关所得税政策的通知》（财税〔2016〕101号）规定的递延纳税政策。同时，对于以赋权科技成果作价入股，国科发区〔2020〕128号文规定"应完善相应的法人治理结构，维护各方权益"。

（四）科技成果长期使用权赋权

根据国科发区〔2020〕128号文规定，"长期"是指"不低于10年"，即试点单位可赋予科研人员不低于10年的职务科技成果长期使用权。当然,低于10年也是允许的,因为实用新型专利、外观设计专利、集成电路布图设计专利权的有效期只有10年,自申请之日起计算,在取得授权时,其有效期限已经低于10年了。

与科技成果所有权赋权相比,其使用权赋权不涉及权属转移,不涉及权属变更登记,赋权程序相对简单一些:

① 科技成果完成人(团队)向单位提出申请并提交成果转化实施方案,由其单独或与其他单位共同实施该项科技成果转化。

② 试点单位进行审批并在单位内公示,公示期不少于15日。

③ 试点单位与科技成果完成人(团队)签署书面协议,合理约定成果的收益分配等事项。

赋予科研人员科技成果长期使用权,有助于贯彻落实《促进科技成果转化法》第十九条规定的"国家设立的研究开发机构、高等院校所取得的职务科技成果,完成人和参加人在不变更职务科技成果权属的前提下,可以根据与本单位的协议进行该项科技成果的转化,并享有协议规定的权益",也有助于科研人员通过兼职创业或离岗创业等方式实施职务科技成果转化。

赋予职务科技成果长期使用权不涉及收益权分配,收益分配须另行约定。

(五)科技成果赋权与确权的区别

国科发区〔2020〕128号文规定的赋予科技成果所有权和长期使用权是职务科技成果完成单位对该成果权益的处分,而确权的情形一般有以下三种:

① 确认科技成果的权利状态。科技成果包含国科发区〔2020〕128号文规定的专利权、计算机软件著作权、集成电路布图设计专有权、植物新品种权,以及生物医药新品种和技术秘密等一种或多种类型。确权是指确认上述每一种类型的知识产权是否处于法律保护状态。属于专利权的,要确认是否按规定缴纳了年费。没有按照规定缴纳专利年费,就是放弃专利权,不再受专利法保护。属于技术秘密的,要确认该技术信息是否符合《反不正当竞争法》第九条第三款规定的"不为公众所知悉、具有商业价值并经权利人采取相应保密措施"。即要同时符合三个条件:一是处于保密状态,如果处于公开状态,或已经公开了,则不是技术秘密;二是具有商业价值,保密是为了获取商业价值,没有商业价值就没有必要保密;三是采取了相应保密措施,即该措施能够确保该技术信息处于秘密状态,不被泄露。

② 确认科技成果权利归属。确权是指确认科技成果归单位所有还是个人所有,或者单位与个人共同拥有。有人主张,确权就是确认职务科技成果归该成果完成人所有,或单位与该成果完成人共同所有。这一主张不符合《促进科技成果转化法》的第二条规定,也没得到科技界的认同。

③ 确认科技成果完成人获得科技成果转化收益奖励和报酬的权利。这实际上是确认科技人员是否对完成、转化职务科技成果作出了重要贡献,作出了重要贡献则取得了获得奖励和报酬的主体资格。当然,职务科技成果的赋权对象是该成果的完成人。

可见,赋权与确权不是一回事,不可混淆。

(六)加强赋权科技成果管理

赋权科技成果是指赋予科技人员科技成果所有权或长期使用权的职务科技成果,以区别未被赋权的职务科技成果。对于赋权科技成果的转化,国科发区〔2020〕128号文提出了管理要求。

第一,要求试点单位"通过年度报告制度、技术合同认定、科技成果登记等方式,及时掌握赋权科技成果转化情况"。同时,试点单位领导人员在同时符合以下三个条件的情况下"可以免除追究其在科技成果定价、自主决定资产评估以及成果赋权中的相关决策失误责任":一是履行了勤勉尽职义务;二是严格执行决策、公示等管理制度,前提是建立了决策、公示等管理制度,这也是勤勉尽职范畴;三是没有牟取非法利益。此处的免责范围比《国务院关于印发实施〈促进科技成果转化法〉若干规定的通知》(国发〔2016〕16号)第二部分第(十)条规定的"在科技成果定价中因科技成果转化后续价值变化产生的决策责任"更宽。

第二,要求获得科技成果所有权或长期使用权的科技成果完成人(团队)"勤勉尽职,积极采取多种方式加快推动科技成果转化"和"将赋权科技成果向境外转移转化的,应遵守国家技术出口等相关法律法规"。

第三,在赋权科技成果的转移转化中,须遵守以下规范:一是鼓励首先在中国境内转化和实施;二是"国家出于重大利益和安全需要,可以依法组织对赋权职务科技成果进行推广应用";三是涉及国家秘密的,应严格执行科学技术保密制度,加强保密管理;四是加强科技伦理管理,严格遵守科技伦理相关规定,确保科技成果的转化应用安全可控。

(七)赋权并不是破解科技成果转化难的灵丹妙药

赋权在三种情形下是很有利的:一是以科技成果作价投资的,赋权可大大简化股权奖励程序,提高效率;二是可扫除科研人员享受股权奖励递延纳税优惠政策的障碍;三是有助于科研人员通过兼职或离岗创办企业的方式实施科技成果转化。

科研人员可通过两种途径获得转化科技成果的权利:一是通过赋权获得科技成果的部分所有权,再向单位受让剩余部分的所有权,即可获得该成果的所有权;二是科研人员也可通过赋权获得科技成果使用权。例如,科研团队要在江苏产业技术研究院转化科技成果,必须取得转化该成果的权利。

如果以转让、许可、与他人合作等方式转化科技成果,赋权是没有必要的,甚至可能因不能享受税收优惠政策而使科技人员获益减少,且操作程序会更加复杂。

赋予科技人员科技成果所有权或长期使用权,如果参与赋权的成果完成人数越多,则赋权的难度越大及复杂性增加,进而会增加该成果转化的难度或障碍。这表明,赋权只是在特定的情况下有效,是促进科技成果转化的一项措施而已,并不是扫除成果转化障碍的灵丹妙药,不可盲目使用。

是否赋予科研人员科技成果所有权或长期使用权,应在科技成果有明确的承接对象,并确定合适的转化方式时,由科技人员自主选择,切不可不问青红皂白,搞一刀切。否则,赋权不但不能提高成果转化效率,反而会给科技成果转化添堵。

总之,应深刻领会科技部等9个部门印发的《赋予科研人员职务科技成果所有权或长期使用权试点实施方案》(国科发区〔2020〕128号)的核心要义,准确把握赋权的原理,才能用好赋权,以更好地推进科技成果转化。

第四节 科技人员实施科技成果转化政策

一、科技人员在岗实施科技成果转化政策

(一)职称制度改革政策

专业技术职称反映了科技人员的学术技术水平和专业能力,职称评审政策会深刻影响科技人员的价值取向。为支持科技人员在岗转化科技成果,《中共中央办公厅 国务院办公厅关于深化职称制度改革的意见》(中办发〔2016〕77号)提出了一系列改革举措:

① 在改革的原则上,提出"以品德、能力、业绩为导向""克服唯学历、唯资历、唯论文的倾向""实行分类评价"。从事科技成果转化的科技人员,与从事科学研究和其他方面的人才实行不同的评价标准和评价方法。

② 在评价标准上实行分类评价:一是科学分类评价能力素质;二是突出评价业绩水平和实际贡献。在能力素质评价方面,不将论文作为评价应用型人才的限制性条件,对在基层一线工作的专业技术人才,"淡化或不作论文要求","对实践性、操作性强,研究属性不明显的职称系列,可不作论文要求","探索以专利成果、项目报告、工作总结、工程方案、设计文件、教案、病历等成果形式替代论文要求"。在业绩水平和实际贡献的评价上,增加了成果转化、技术推广等方面的权重,"将科研成果取得的经济效益和社会效益作为职称评审的重要内容",以引导科技人员实施科技成果转化,引导科技人员不断深化

研究,对科技成果进行后续试验、开发、应用、推广。

③ 在评价方式上,"应用研究和技术开发人才评价突出市场和社会评价",这就避免了以往可能出现的以学术评价方式来评价应用研究和技术开发人才。

④ 探索在新兴职业领域增设职称系列。有些地方设置技术转移专业技术职称,并设正高级、副高级、中级等等级,根据技术转移业绩,将技术转移项目数量、成交金额等作为评价指标。

总之,国家实行的职称改革新政,一是可以激发科技人员实施科技成果转化;二是激励科研人员既重视研究开发又重视成果转化,可将研究开发与成果转化同等重要地对待。

(二)人才分类评价政策

《中共中央办公厅 国务院办公厅关于分类推进人才评价机制改革的指导意见》(中办发〔2018〕6号)提出了人才评价机制改革举措,激励科技人员实施科技成果。

在评价标准方面,"坚持凭能力、实绩、贡献评价人才,克服唯学历、唯资历、唯论文等倾向",实行差别化评价。科技人员实施科技成果转化的,以转化业绩作为评价指标,包括取得的经济效益和社会效益大小,扫除了业绩评价的障碍,克服了学术化评价倾向。

在评价方式方面,"突出市场评价,由用户、市场和专家等相关第三方评价",从事科技成果转化的人员包括应用研究和技术开发人才、主要从事科研工作的医疗卫生人才和技术技能人才等,评价侧重点在于成果转化成效。对应用研究和技术开发人才,评价重点是"技术创新与集成能力、取得的自主知识产权和重大技术突破、成果转化、对产业发展的实际贡献等";对主要从事科研工作的医疗卫生人才,"重点考察其创新能力业绩,突出创新成果的转化应用能力";对技术技能人才,"重点评价其掌握必备专业理论知识和解决工程技术难题、技术创造发明、技术推广应用、工程项目设计、工艺流程标准开发等实际能力和业绩"。技术创新与集成、创新成果的转化应用、解决工程技术难题、技术推广应用、工程项目设计、工艺流程标准开发等都属于科技成果转化范畴。

在人才评价改革方面,《中共中央办公厅、国务院办公厅关于深化项目评审、人才评价、机构评估改革的意见》(中办发〔2018〕37号)提出将"成果转化效益"作为重要评价指标。该文件提到"树立正确的人才评价使用导向","不把人才荣誉性称号作为承担各类国家科技计划项目、获得国家科技奖励、职称评定、岗位聘用、薪酬待遇确定的限制性条件"。据此,人才评价结果可用于科技计划项目承担、科技奖励评审、职称评定、岗位聘用、薪酬待遇确定等。

(三)实行知识价值收入分配

《中共中央办公厅 国务院办公厅印发〈关于实行以增加知识价值为导向分配政策

的若干意见》》（厅字〔2016〕35号）提出了"强化绩效评价与考核，使收入分配与考核评价结果挂钩"。该文提出了增加知识价值分配的"三元"薪酬结构，即从稳定提高基本工资、加大绩效工资的分配力度、落实科技成果转化的奖励激励措施，使科研人员收入与岗位职责、工作业绩、实际贡献紧密联系，与其创造的科学价值、经济价值、社会价值紧密联系。

厅字〔2016〕35号文规定，科技人员在岗转化科技成果，业绩突出的，可一举三得：一是根据"逐步提高体现科研人员履行岗位职责、承担政府和社会委托任务等的基础性绩效工资水平"规定，基础性绩效可得到稳定增长；二是根据"在绩效评价基础上，加大对科研人员的绩效激励力度"的规定，绩效收入也会增加；三是根据《促进科技成果转化法》及相关政策，科技人员可通过科技成果转化获得合理的收入。

厅字〔2016〕35号文要求科研机构、高校做好以下工作：一是制定以实际贡献为评价标准的科技创新人才收入分配激励办法；二是合理调节教学人员、科研人员、实验设计与开发人员、辅助人员和专门从事科技成果转化人员等的收入分配关系；三是对从事应用研究和技术开发的人员，主要通过市场机制和科技成果转化业绩实现激励和奖励。

国家上述新政，可消除科技人员实施科技成果转化的职称评审、考核评价和收入分配等方面的障碍，实现名利双收。

二、科技人员兼职实施科技成果转化政策

（一）科技人员兼职转化科技成果的条件

《国务院关于印发实施〈中华人民共和国促进科技成果转化法〉若干规定的通知》（国发〔2016〕16号）和《中共中央办公厅　国务院办公厅印发〈关于实行以增加知识价值为导向分配政策的若干意见〉》（厅字〔2016〕35号）都对科技人员以兼职创新创业方式转化科技成果作出了规定：

① 兼职创新创业的主体是科技人员，特别是职务科技成果完成人。科技人员是指在自然科学、工程技术、农业、医疗卫生等领域从事研究开发和工程技术的人员，不包括从事人文科学、社会科学、管理科学的教师和研究人员。在实操中一般是指以实行专业技术序列的科技人员为主。

② 兼职的条件包括实体条件和程序条件。实体条件是履行好岗位职责、完成好本职工作。履行好岗位职责是质的要求，完成好本职工作是量的要求。科技人员兼职不影响本职工作，如果会影响本职工作，则应选择离岗创新创业。

③ 兼职的目的是实施科技成果转化，即帮助科技成果受让方或被许可方、以科技成果作价投资所设立的企业转化科技成果，或者为委托方掌握技术开发、技术咨询、技

服务所涉及的技术知识提供技术指导。

为支持科技人员兼职,国家先后出台了多项政策,主要原因在于,科技人员兼职是高校院所向企业输出科技成果(含科技知识)的重要途径,通过兼职开展人才交流,实现产学研合作。对企业科技人员而言,可以到高校院所兼职,但企业利用竞业限制条款和签订保密协议等方式,限制了企业科技人员到其他企业兼职。

(二)科技人员兼职程序

《国务院关于印发实施〈中华人民共和国促进科技成果转化法〉若干规定的通知》(国发〔2016〕16号)、《中共中央办公厅 国务院办公厅印发〈关于实行以增加知识价值为导向分配政策的若干意见〉》(厅字〔2016〕35号)、《人力资源社会保障部关于支持和鼓励事业单位专业技术人员创新创业的指导意见》(人社部规〔2017〕4号)和《人力资源社会保障部关于进一步支持和鼓励事业单位科研人员创新创业的指导意见》(人社部发〔2019〕137号)都规定了科技人员兼职兼薪程序。从上述规定来看,科技人员兼职可按照以下程序办理:

① 科技人员向单位提出兼职申请。兼职申请载明拟兼职单位及拟兼任的职位、兼职时间及期限、兼职收入、兼职目的,并保证兼职期间不影响本职工作,不侵犯本单位的合法权益等。科技人员提交兼职申请,表明其兼职是自愿的。科技人员兼职申请经所在部门审核同意后,报人事部门或人力资源管理部门等职能部门。

② 单位职能部门(人事部门或人力资源部门)会同科研管理部门、科研部门对科技人员的兼职申请进行审核。主要审核科技人员兼职的目的,判断该科技人员是否存在不得兼职的情形,是否会侵害单位的技术经济权益,判断是否有利于科技成果转移转化,是否会影响本职工作职责的履行。无正当理由,应当同意科技人员兼职。如无不得兼职的情形,应按照单位的决策程序决定是否同意,如同意,应留下"同意"的痕迹,由分管领导或主要负责人签字同意,或者由人事管理部门报经领导班子集体决策。

③ 审核同意的,在本单位公示。未经单位同意,科技人员不得擅自兼职。人社部发〔2019〕137号文规定:"要简化审核流程,对科研人员兼职创新、在职创办企业的申请,在不影响完成本职工作的情况下,一般应予同意,且不应随意撤销或变更。"根据这一规定,单位审核后,如无不同意的理由,应当同意科技人员兼职。根据人社部规〔2017〕4号文规定,对于同意兼职的科技人员,应当在本单位公示,公示内容包括拟兼职单位及其职务、兼职期限等信息。公示的目的是监督,避免本职与兼职产生利益冲突,防止利益输送。

④ 签订兼职协议或变更聘用合同。根据人社部规〔2017〕4号文规定,单位可通过变更聘用合同或者签订兼职协议,与科技人员、兼职企业约定兼职期限、保密、知识产权保护、兼职期间取得的知识产权归属等事项。如果是在职创办企业的,创业项目涉及事业

单位知识产权、科技成果的,事业单位、科技人员、相关企业可以订立三方协议,明确权益分配等内容。人社部规〔2017〕4号文主要规范了专业技术人员兼职的相关事宜。专业技术人员包括科技人员或科研人员。对于科技人员或科研人员兼职,可以适用该文件的规定。

科技人员应该在阳光下兼职,按照国家有关规定办理兼职创新创业手续,并自觉接受有关规定的规范和约束。否则,未经单位同意的兼职行为是违反国家规定的行为。是共产党员的,属于违反《中国共产党纪律处分条例》第九十四条第三款规定;违规兼职办企业的,违反《中国共产党纪律处分条例》第九十四条第三款第(一)项规定。情节较轻的,给予警告或者严重警告处分;情节较重的,给予撤销党内职务或者留党察看处分;情节严重的,给予开除党籍处分。不是共产党员的,违反《事业单位工作人员处分暂行规定》(人力资源和社会保障部、国家监察委员会令第18号)第十八条第一款第(六)项规定的"违反国家规定,从事、参与营利性活动或者兼任职务领取报酬的",可"给予警告或者记过处分;情节较重的,给予降低岗位等级或者撤职处分;情节严重的,给予开除处分"。

(三)科技人员兼职可享有的权利

根据厅字〔2016〕35号和人社部规〔2017〕4号等文件规定,科技人员兼职可享有以下权利:

① 科技人员兼职取得的报酬,原则上归个人。科技人员的兼职收入是由兼职单位发放的,不是本单位发放的,原则不必交到本单位再由本单位发放,因而不受本单位绩效工资总量的限制,不影响本单位的绩效工作发放。这是一项很重要的政策,扫除了影响科技人员兼职的政策障碍。如果科技人员兼职过程中要用到单位的物质技术条件或科技成果、技术资料,经单位同意的,应向单位支付使用费。

② 科技人员在兼职单位的工作业绩或者在职创办企业取得的成绩可以作为其职称评审、岗位竞聘、考核等的重要依据。可见,兼职业绩与在本职取得的业绩一视同仁,可激励科技人员在兼职单位在科技成果转化中积极创新,创造佳绩。

(四)科技人员兼职应履行的义务

科技人员兼职必须合理、合法、合规,处理好兼职与本职的关系,避免因兼职而让本职工作打折扣,避免因兼职而侵犯本单位或兼职单位的技术经济权益。科技人员兼职期间,应当履行以下义务:

① 兼职行为不得泄露本单位技术秘密。单位的技术秘密应符合《反不正当竞争法》第九条第三款规定的"不为公众所知悉、具有商业价值并经权利人采取相应保密措施的技术信息和经营信息"。对符合技术秘密要件的技术信息和经营信息,单位要求科技人员承担保密义务的,科技人员必须履行保密义务。

② 兼职行为不得损害或侵占本单位合法权益。在兼职中,需要利用本单位的物质技术条件或科技成果的,应当支付使用费。

③ 兼职行为不得违反承担的社会责任。社会责任是指环境保护、安全生产、社会道德以及公共利益等方面的责任,是由经济责任、持续发展责任、法律责任和道德责任等构成的。

④ 兼职报酬(包括股权及红利等收入)应如实报单位备案。兼职收入,包括兼职单位给予的股权及红利等收入,均应向单位报告,主动接受单位的监督。

⑤ 兼职收入应当依法缴纳个人所得税。科技人员取得的兼职收入,属于劳动收入,纳入工资薪金范畴,根据《个人所得税法》规定,应计入综合所得按年度缴纳个人所得税。

(五)担任领导职务的科技人员兼职

根据2013年12月中央组织部印发的《关于进一步规范党政领导干部在企业兼职(任职)问题的意见》(中组发〔2013〕18号)规定,领导干部兼职必须按照干部管理权限报经批准,并不得取酬。

(六)高校院所应履行监管职责

国家鼓励和支持科技人员兼职创新创业,并对高校院所提出了一些要求。

一是,划清兼职与履职的界线。科技人员在本单位管辖范围之内兼任多个岗位、在本单位及下属单位兼职,都属于履职行为,一般不按兼职兼薪处理。允许科技人员在与本单位无关联关系的单位兼职,属于兼职,可以兼薪。《人社部就支持鼓励事业单位专业技术人员创新创业答问》中提出"事业单位所属企业,包括独资企业或控股企业,都不在挂职、参与项目合作、兼职、离岗创业的范围内",即在实操中科技人员不得在本单位投资的机构中兼职兼薪。

二是,制定科研人员兼职创新创业规定,对科研人员兼职创新创业可享有的权利、应履行的义务、科研人员兼职公示、兼职收入报备等作出明确的规定。单位没有规定的,在兼职协议中进行约定。

三是,与兼职人员签订兼职协议。人社部规〔2017〕4号文规定,高校院所等"事业单位应当与专业技术人员约定兼职期限、保密、知识产权保护等事项。创业项目涉及事业单位知识产权、科研成果的,事业单位、专业技术人员、相关企业可以订立协议,明确权益分配等内容"。其中,约定好科技人员兼职期间所取得的知识产权的归属,是归本单位还是兼职单位,或者本单位与兼职单位共享或按份共有。

四是,实行科研人员兼职公示制度。对经批准兼职的科研人员在单位内部公示,以便接受监督。这就要求高校院所对科技人员兼职承担起管理责任。

五是,加强对兼职人员的监管。高校院所既要充分保障兼职创新创业人员的合法权益,又要加强对兼职创新创业人员履职尽责情况的考核,促进本职与兼职之间相互促进。当科技人员兼职影响其履行本职时,应采取限制兼职,或改为离岗创业等措施。

三、科技人员离岗创业政策

(一)科技人员离岗转化科技成果的情形

在以下两种情形下,科技人员可选择离岗方式转化科技成果。

一是,集中精力做好成果转化工作。当履行好岗位职责与实施科技成果转化之间发生严重冲突、不可兼顾时,只能两者选其一。如果以转让、许可、作价投资方式转化科技成果时,受让方、被许可方、被投资企业实施科技成果有困难,需要科技人员集中一段相对较长的时间(如三个月以上),而本职工作的压力不小,难以同时兼顾时,科技人员可以选择离岗的方式,利用一段比较完整的时间,集中精力解决好科技成果转化中的问题。

二是,职业转型。离岗创新创业是给高校院所的科技人员"下海"办企业一个适应过程。一些科技人员从科研事业单位转到企业实施科技成果转化,会有一段比较痛苦的适应期,包括心理上接受、能力上契合、收入有显著增加等。一旦适应"下海",在企业找到了更好的立足点,发现并可发挥自己的特长,就可安心待在企业。

《人力资源社会保障部关于支持和鼓励事业单位专业技术人员创新创业的指导意见》(人社部规〔2017〕4号)指出,科技人员离岗创业"是充分发挥市场在人才资源配置中的决定性作用,提高人才流动性,最大限度激发和释放创新创业活力的重要举措,有助于科技创新成果快速实现产业化"。

选择离岗创新创业的情形包括:科研成果多,需要及时转化的科技人员,可选择离岗一段时间内,以便集中精力转化科技成果;在本单位不处主流、被边缘化的科技人员,通过离岗创业,寻找新的发展机会。

(二)科技人员离岗创业申办程序

根据《人力资源社会保障部关于支持和鼓励事业单位专业技术人员创新创业的指导意见》(人社部规〔2017〕4号)规定,科技人员可按照以下程序办理离岗创业申请:

第一步,科技人员提出书面申请。有离岗创业意愿的科技人员向单位提出书面申请,阐明离岗创业的项目、缘由、初步计划、期限等。科技人员申请离岗创业,理由要充分,计划方案要可行,且要承诺因实施创业项目(即科技成果转化)而离岗,不得借离岗创业政策做其他事情。

第二步，单位同意。单位审核科技人员离岗创业的书面申请，综合考虑其离岗创业理由是否充分，方案是否可行，离岗期间对单位的教学、科研工作影响程度，决定是否同意其离岗创业。

第三步，订立离岗协议。人社部规〔2017〕4号文规定，"事业单位与离岗创业人员应当订立离岗协议，约定离岗事项、离岗期限、基本待遇、保密、成果归属等内容，明确双方权利义务，同时相应变更聘用合同"。根据这一规定，单位要与离岗人员变更原有的聘用合同，并订立离岗协议。

人社部规〔2017〕4号文还规定，"离岗创业项目涉及原单位知识产权、科研成果的，事业单位、离岗创业人员、相关企业可以订立协议，明确收益分配等内容"。根据该规定，单位与离岗人员应事前将有关知识产权问题约定清楚，避免日后产生知识产权纠纷。

（三）科技人员离岗创业可享受的政策

《国务院关于进一步做好新形势下就业创业工作的意见》（国发〔2015〕23号）规定，离岗创业人员与原单位其他在岗人员同等享有参加职称评聘、岗位等级晋升和社会保险等方面的权利。

《国务院关于印发实施〈中华人民共和国促进科技成果转化法〉若干规定的通知》（国发〔2016〕16号）规定，"离岗创业期间，科技人员所承担的国家科技计划和基金项目原则上不得中止，确需中止的应当按照有关管理办法办理手续"。同时规定，"在原则上给予不超过3年时间内保留人事关系"。在不超过3年的创业孵化期内，科技人员可以作出是回到原单位还是留在企业继续创业的选择。有特殊情况，可以申请延长到5年时间。

《中共中央办公厅　国务院办公厅印发〈关于实行以增加知识价值为导向分配政策的若干意见〉》（厅字〔2016〕35号）提出，"离岗创业收入不受本单位绩效工资总量限制"。科技人员不在岗，其在原单位的绩效工资总额要扣除。

《人力资源社会保障部关于支持和鼓励事业单位专业技术人员创新创业的指导意见》（人社部规〔2017〕4号）规定，"事业单位专业技术人员离岗创业期间依法继续在原单位参加社会保险，工资、医疗等待遇，由各地各部门根据国家和地方有关政策结合实际确定，达到国家规定退休条件的，应当及时办理退休手续。创业企业或所工作企业应当依法为离岗创业人员缴纳工伤保险费用，离岗创业人员发生工伤的，依法享受工伤保险待遇。离岗创业期间非因工死亡的，执行人事关系所在事业单位抚恤金和丧葬费规定。离岗创业人员离岗创业期间执行原单位职称评审、培训、考核、奖励等管理制度。离岗创业期间取得的业绩、成果等，可以作为其职称评审的重要依据；创业业绩突出，年度考核被确定为优秀档次的，不占原单位考核优秀比例"。这一规定表明，离岗创业人员可享受社保待遇，可同等参加年度考核，解除了离岗创业人员的后顾之忧。

（四）科技人员离岗创业行为规范

根据《人力资源社会保障部关于支持和鼓励事业单位专业技术人员创新创业的指导意见》（人社部规〔2017〕4号）规定，离岗创新创业人员应遵守以下两项行为规范：

一是，遵纪守法。离岗创业人员在离岗期间，应当遵守事业单位工作人员管理规定。根据《事业单位人事管理条例》的规定，事业单位工作人员不得旷工，应参加年度考核和岗位培训，遵纪守法等。人社部规〔2017〕4号文规定，"离岗创业期间违反事业单位工作人员管理相关规定的，按照事业单位人事管理条例等相关政策法规处理"。

二是，离岗创新创业期满应按期返回。创业期满应按期返回，这既是国家规定，也是协议约定。人社部规〔2017〕4号文规定，"离岗创业期满无正当理由未按规定返回的，原单位应当与其解除聘用合同，终止人事关系，办理相关手续"。

（五）高校院所应履行监管职责

高校院所应该落实好国家政策，履行好监管职责，主要有以下四个方面：

一是，制定科研人员离岗创业规定，对离岗创业的条件、申请程序、可享有的权利、应履行的义务等作出细化规定。如果高校院所没有出台兼离岗创新创业规定，可以认为是不作为或不尽责。

二是，与离岗创业人员签订协议并变更聘用协议。人社部规〔2017〕4号文规定，高校院所等"事业单位与离岗创业人员应当订立离岗协议，约定离岗事项、离岗期限、基本待遇、保密、成果归属等内容，明确双方权利义务，同时相应变更聘用合同"。

三是，约定科技成果转化权益。人社部规〔2017〕4号文提出，"离岗创业项目涉及原单位知识产权、科研成果的，事业单位、离岗创业人员、相关企业可以订立协议，明确收益分配等内容"。根据这一规定，科技人员离岗创业转化职务科技成果的，需按照《促进科技成果转化法》及实施规定授予科技人员实施该成果，并明确转化收益的分配。

四是，履行相关管理责任。高校院所应充分保障离岗创业人员的合法权益，包括社保、工资、医疗、职称评审、培训、考核、奖励等待遇，也应监督离岗创业人员遵守事业单位工作人员相关管理规定等。对因离岗创业而空出的岗位，可根据相关规定聘用急需人才，将科技人员离岗创业带来的负面影响降到最小。

第五节　科技成果转化奖酬金分配政策

一、科技成果转化奖酬金分配类型

根据国家有关规定,科技成果转化奖酬金分配可分为四类情形。

(一) 科技成果转让与许可的奖酬金分配

根据《促进科技成果转化法》第四十五条第一款第(一)项规定,科技成果完成单位未规定、也未与科技人员约定奖励和报酬的方式和数额的,将该项职务科技成果转让、许可给他人实施的,从该项科技成果转让净收入或者许可净收入中提取不低于50%的比例对为完成、转化职务科技成果作出重要贡献的人员给予奖励和报酬。这一规定可解读如下。

1. 奖酬金计算公式

$$科技成果转化现金奖励 = 净收入 \times 现金奖励分配比例$$

2. 净收入的计算

根据《中国科学院、科学技术部关于印发〈中国科学院关于新时期加快促进科技成果转移转化指导意见〉的通知》(科发促字〔2016〕97号)、《教育部科技部关于加强高等学校科技成果转移转化工作的若干意见》(教技〔2016〕3号)和国家卫生健康委员会等五部门《关于加强卫生与健康科技成果转移转化工作的指导意见》(国卫科教发〔2016〕51号)等文件对"科技成果转化净收入"作出的规定,可以采用合同收入扣除维护该项科技成果、完成转化交易所产生的费用的计算方式,不计算前期研发投入。

一般来说,净收入是指总收入减去业务成本、折旧、利息、税款及其他开支以后的所得或收入余额;科技成果转让或者许可的净收入是指科技成果转让或许可的合同收入,即技术转让合同(包括实施许可)成交额,减去科技成果转让或许可中发生的知识产权维护、科技中介、法律顾问、文件翻译、价值评估、交易谈判、合同履行监管等服务的费用、税金和其他与该成果转让或许可相关的费用。

3. 科技成果转化现金奖励比例的确定方式

根据《促进科技成果转化法》第四十四条和第四十五条规定,现金奖励比例可采取以下三种方式之一确定:

① 科技成果完成单位作出规定,即在单位的科技成果转化制度中作出规定。

② 单位与科技人员约定。单位可以在科研项目任务书或协议书,或其他协议中约定奖酬金比例。

③ 既没有约定也没有规定的情况下,适用《促进科技成果转化法》第四十五条第一款第(一)项和第二款的规定。

4. 科技成果转化现金奖励分配比例

《促进科技成果转化法》第四十五条第二款规定,国家设立的高校院所的现金奖励比例不得低于50%,一些地方通过地方立法进一步提高最低奖励比例。不属于国家设立的高校院所,如医院、其他事业单位、国有企业,虽然没有最低奖励比例的限制,但单位可以制定规定,确定现金奖励比例。

(二) 以科技成果作价投资的股权奖励

科技成果完成单位利用科技成果作价投资,从该项科技成果形成的股份或者出资比例中提取一定比例给予科技人员奖励和报酬。

股权奖励与科技成果转让、许可一样,也会发生交易成本、税费、知识产权维护费等成本,无法从股权中予以扣除,这些费用只能由单位支出。

(三) 自行投资实施转化和与他人合作转化的现金奖励

根据《促进科技成果转化法》第四十五条第一款第(三)项规定,科技成果完成单位未规定、也未与科技人员约定奖励和报酬的方式和数额的,将该项职务科技成果自行实施或者与他人合作实施的,应当在实施转化成功投产后连续三至五年,每年从实施该项科技成果的营业利润中提取不低于5%的比例,对为完成、转化职务科技成果作出重要贡献的人员给予奖励和报酬。对这一规定需把握以下三个关键词:

① 时限。即从该项科技成果在实施转化成功投产后的一定年限内,如三至五年。

② 数额。即每年从实施该项科技成果的营业利润中提取一定比例中给予科技人员奖励和报酬,即营业利润的一定比例。

③ 方式。即从营业利润中提取一定比例,可以约定按照销售收入,或销售量,或净利润的一定比例提取。

无论是时限,还是数额,抑或方式,单位都可以作出约定或规定。单位没有规定,也没有与科技人员约定,时限应为三至五年,数额与方式为按营业利润的不低于5%的比例。

(四) 技术开发、技术咨询和技术服务的奖酬金分配

《国务院关于印发实施〈中华人民共和国促进科技成果转化法〉若干规定》(国发

〔2016〕16号)第一部分第(六)条第4项规定,"对科技人员在科技成果转化工作中开展技术开发、技术咨询、技术服务等活动给予的奖励,可按照《促进科技成果转化法》和本规定执行"。《中共中央办公厅 国务院办公厅印发〈关于实行以增加知识价值为导向分配政策的若干意见〉》(厅字〔2016〕35号)规定,"技术开发、技术咨询、技术服务等活动的奖酬金提取,按照《中华人民共和国促进科技成果转化法》及《实施〈中华人民共和国促进科技成果转化法〉若干规定》执行"。《教育部科技部关于加强高等学校科技成果转移转化工作的若干意见》(教技〔2016〕3号)规定:"高校科技人员面向企业开展技术开发、技术咨询、技术服务、技术培训等横向合作活动,是高校科技成果转化的重要形式,其管理应依据合同法和科技成果转化法"。《中国科学院、科学技术部关于印发〈中国科学院关于新时期加快促进科技成果转移转化指导意见〉的通知》(科发促字〔2016〕97号)规定:"科技人员为企业提供技术开发、技术咨询、技术服务、技术培训等服务,是科技成果转化的重要形式"。国家卫生健康委员会等五部门印发的《关于加强卫生与健康科技成果转移转化工作的指导意见》(国卫科教发〔2016〕51号)规定,"科技人员面向社会和企业开展研究开发、技术咨询与服务、技术培训等横向合作活动,是科技成果转化的重要形式,其管理应依据合同法和科技成果转化法执行"。上述文件都规定了技术开发、技术咨询、技术服务、技术培训等就是科技成果转化。

其一,技术开发、技术咨询和技术服务等活动都是科技知识的应用活动。根据《促进科技成果转化法》对科技成果的定义,这些科技知识都是科技成果。

其二,技术开发、技术咨询和技术服务等活动的结果都能提高生产力水平,可以提高劳动者素质,改进劳动工具和劳动对象。

其三,技术开发、技术咨询和技术服务等活动可以对科技成果进行后续试验,可以是开发新产品、新技术、新工艺等,可以是对科技成果的应用、推广。

其四,技术开发、技术咨询和技术服务等活动,对受托方来说,是科技成果的直接应用;对委托方来说,就是新技术、新工艺、新材料、新产品。

其五,技术开发、技术咨询和技术服务等活动的最终结果,可能引发新产业的发展。

总之,技术开发、技术咨询和技术服务等活动基于科技知识,都属于科技知识的应用、推广活动,将其纳入科技成果转化,有助于高等学校、科研院所、医疗卫生机构激发科技人员更好地为社会提供服务。

从国家有关规定来看,科技成果转化奖酬金分配都是科技成果转化政策的重点,关系到科技人员的切身利益,是科技人员激励政策的重点内容。

二、科技成果转化奖酬金分配受益人

根据《促进科技成果转化法》规定,科技成果转化奖酬金受益人一是职务科技成果完成人,二是为转化职务科技成果作出重要贡献的人员。

(一) 科技成果完成人

《民法典》《专利法实施细则》和最高人民法院《关于审理技术合同纠纷案件适用法律若干问题的解释》(法释〔2004〕20 号)都对科技成果完成人及其权益作出了规定:

① 科技成果完成人是对科技成果的取得或完成作出了创造性贡献的人。科技成果必须有所创造,比现有技术更先进。创造性贡献是指对该科技成果的实质性构成作出了贡献。

② 凡是对科技成果的完成作出了创造性贡献的人,都是科技成果完成人。若一项科技成果由若干人作出了创造性贡献,则所有作出创造性贡献的人,都是科技成果完成人。在对科技成果的完成作出贡献的人员中起主要作用的,被称为科技成果主要完成人。

③ 主要贡献人员、重要贡献人员与主要完成人是从不同角度对科技成果的完成作出贡献的人员。主要贡献人员是指贡献程度超过 50% 的人,主要指科技项目的负责人、牵头人等;重要贡献人员是从创造性贡献的重要性程度而言的;主要完成人是指从完成人按照贡献大小排序排在前几位的完成人。

(二) 科技成果完成人的认定办法

根据《专利法实施细则》和法释〔2004〕20 号文规定,不从事创造性工作的人不是成果完成人,包括:一是只负责组织工作的人;二是为物质技术条件的利用提供方便的人,如提供资金、设备、材料、试验条件等;三是从事其他辅助工作的人,如协助绘制图纸、整理资料、翻译文献等人员。科技成果完成人应满足以下几项条件:

① 科技成果取得专利、集成电路布图设计等知识产权的,应该在专利权、集成电路布图设计专有权等证书上署名为发明人或设计人等。

② 科技成果是在单位立项的科技项目或者向国家或地方申请并获批准立项的科技计划项目取得的,应该在科技计划项目中列为主要研究人员名单。

③ 在科技成果验收证书中列入主要完成人名单。

④ 在科技成果登记证书中列入主要完成人名单。

⑤ 通过技术开发、技术转让、技术咨询、技术服务等技术合同取得技术性收入的,应是在有关技术成果文件上署名的科技人员。

(三) 科技成果转化奖酬金受益人

教育部教技厅函〔2017〕139 号文规定,"成果转化受益人应是在与科技成果转化相关科研任务的正式合同、计划任务书或论文、专利及奖励证书上署名的机构和人员,或是在成果转化服务合同中约定的第三方机构和人员。成果转化受益人按规定或约定参与科技成果转化收益的初次分配"。这就要求科技成果完成人的确定有迹可循。

(四)科技成果转化人员及其认定

科技成果转化人员是指对科技成果进行后续试验、开发、应用、推广等的人员,主要包括:一是对科技成果进行后续试验的人员;二是对科技成果进行后续开发的人员;三是科技成果应用人员;四是科技成果推广人员;五是科技成果转化服务人员;六是从事新产品(服务)营销人员等。

认定转化人员的程序:首先确定是否是为转化成果作出重要贡献的人;其次判断是否履行了技术转移管理职责的行为,如是履行管理职责,则不列入奖酬金受益人。可以采取以下两种办法:一是由单位确认技术转移人员是否对科技成果转化有重要贡献;二是单位不作规定,由科技人员内部处理。

(五)科技成果完成人与科技成果转化人员之间的关系

为完成职务科技成果作出重要贡献的人员与为转化职务科技成果作出重要贡献的人员之间,存在以下四种关系:

① 两者完全重合,即由完成人转化该成果。

② 两者完全分开,即科技成果完成人是一拨人,科技成果转化人是另一拨人,两者之间不存在交叉重合。

③ 部分重合,即一部分科技成果完成人参与了该成果的转化,而一部分科技成果转化人没有参与该成果的研发。

④ 分属不同的单位,即将科技成果转化外包给第三方机构。科技成果完成单位与第三方机构签订科技成果转化合同,或科技成果转化中介合同,并支付相关费用。

三、职务科技成果转化现金奖励纳入绩效工资管理

(一)基本情况

2021年2月28日,人力资源和社会保障部、财政部、科技部联合印发了《关于事业单位科研人员职务科技成果转化现金奖励纳入绩效工资管理有关问题的通知》(人社部发〔2021〕14号)。该文是"为落实以增加知识价值为导向的收入分配政策,进一步推动科技成果转移转化,根据国务院办公厅《关于抓好赋予科研机构和人员更大自主权有关文件贯彻落实工作的通知》(国办发〔2018〕127号)要求出台的"。

首先是为落实以增加知识价值为导向的收入分配政策。2016年10月15日,中共

中央办公厅、国务院办公厅印发了《关于实行以增加知识价值为导向分配政策的若干意见》(厅字〔2016〕35号),提出了"三元薪酬",即保障基本工资水平正常增长、建立绩效工资稳定增长机制、提高科研人员科技成果转化收益分享比例。将科研人员科技成果转化收益分配列为不同于绩效工资的一元薪酬,并提出:"技术开发、技术咨询、技术服务等活动的奖酬金提取,按照《中华人民共和国促进科技成果转化法》及《实施〈中华人民共和国促进科技成果转化法〉若干规定》执行"。

其次是为进一步推动科技成果转移转化。《促进科技成果转化法》第四十五条第三款规定:"国有企业、事业单位依照本法规定对完成、转化职务科技成果作出重要贡献的人员给予奖励和报酬的支出计入当年本单位工资总额,但不受当年本单位工资总额限制、不纳入本单位工资总额基数。"人社部发〔2021〕14号文主要是落实这一规定。

最后是为落实国办发〔2018〕127号文规定。国办发〔2018〕127号文第四条提出,"人力资源和社会保障部会同有关部门按照《国务院关于优化科研管理提升科研绩效若干措施的通知》精神,落实'科研人员获得的职务科技成果转化现金奖励计入当年本单位绩效工资总量,但不受总量限制,不纳入总量基数'的要求,制定出台具体操作办法"。

(二)科技成果转让、许可现金奖励不纳入绩效工资管理

人社部发〔2021〕14号文第一条规定,"职务科技成果转化后,科技成果完成单位按规定对完成、转化该项科技成果作出重要贡献人员给予的现金奖励,计入所在单位绩效工资总量,但不受核定的绩效工资总量限制,不作为人力资源社会保障、财政部门核定单位下一年度绩效工资总量的基数,不作为社会保险缴费基数"。这一规定将《促进科技成果转化法》规定的"不受当年本单位工资总额限制"细化为"不受核定的绩效工资总量限制";将《促进科技成果转化法》规定的"不受当年本单位工资总额限制"细化为"不受核定的绩效工资总量限制";将《促进科技成果转化法》规定的"不纳入本单位工资总额基数"细化为"不作为人力资源社会保障、财政部门核定单位下一年度绩效工资总量的基数,不作为社会保险缴费基数";明确规定"不作为社会保险缴费基数",不因成果转化而增加单位和个人的社保缴费负担。

人社部发〔2021〕14号文第二条规定,对科技成果完成单位向科研人员发放现金奖励提出了以下要求:一是建立健全职务科技成果转化管理规定、公示办法;二是有关规定、办法在制定前和制定过程中,要在充分听取科研人员意见;三是制定的规定、办法应明确现金奖励享受政策人员范围、具体分配办法和相关流程;四是相关规定应在本单位公开。

(三)"三技"的现金奖励不纳入绩效工资管理

人社部发〔2021〕14号文第三条规定,"其中属于科研人员在职务科技成果转化工作

中开展技术开发、技术咨询、技术服务等活动的,项目承担单位可根据实际情况,按照《技术合同认定登记管理办法》规定到当地科技主管部门进行技术合同登记,认定登记为技术开发、技术咨询、技术服务合同的,项目承担单位按照促进科技成果转化法等法律法规给予科研人员的现金奖励,按照本通知第一条规定执行。不属于职务科技成果转化的,从项目经费中提取的人员绩效支出,应在核定的绩效工资总量内分配,纳入单位绩效工资总量管理"。对此可作如下理解:

"其中"是指"对于接受企业或其他社会组织委托取得的项目"所开展的技术开发、技术咨询和技术服务,不包括政府购买服务、政府采购和纵向科研项目。

"职务科技成果"根据《促进科技成果转化法》第二条规定,是指"执行研究开发机构、高等院校和企业等单位的工作任务,或者主要是利用上述单位的物质技术条件所完成的科技成果",从创新性与商业价值两个维度,可以分为取得知识产权(专利、技术秘密等)和未取得知识产权(包括内部成果、信息等)。

"科技成果转化"根据《促进科技成果转化法》第二条规定,是指"为提高生产力水平而对科技成果所进行的后续试验、开发、应用、推广直至形成新技术、新工艺、新材料、新产品,发展新产业等活动"。可以分为以下情形:一是将科技成果转让、许可、作价投资给企业或其他组织,在这一过程中开展技术开发、技术咨询、技术服务等活动,即"一技带三技";二是利用科技成果为企业或其他组织开展技术开发、技术咨询、技术服务等活动,但不发生权属转移。

"职务科技成果转化"根据《促进科技成果转化法》第十六条规定,是指对职务科技成果进行转化,主要是以下五种情形:一是科技成果完成单位自行投资对职务科技成果实施转化;二是科技成果完成单位将职务科技成果以转让、许可或作价投资的方式转移给企业或其他社会组织;三是科技成果完成单位以职务科技成果作为合作条件,与企业或其他组织合作进行转化;四是科技成果完成单位利用职务科技成果承接企业或其他社会组织委托的技术开发、技术咨询、技术服务活动,职务科技成果不发生权属转移;五是科技成果完成单位以其他协商确定的方式转化职务科技成果。前三种方式适用人社部发〔2021〕14号文第一条规定,第四种方式适用该文第三条规定。

"不属于职务科技成果转化"是指"对于接受企业或其他社会组织委托取得的项目",不属于"科研人员在职务科技成果转化工作中开展技术开发、技术咨询、技术服务等活动",主要是指不能通过技术开发、技术咨询、技术服务合同认定登记。能够通过技术开发合同、技术咨询合同、技术服务合同认定登记的,应该都属于科技成果转化。

第六节　科技成果转化税收优惠政策

一、技术合同税收优惠政策导读

（一）技术转让所得减免企业所得税政策

《中华人民共和国企业所得税法实施条例》规定，"在一个纳税年度内，居民企业技术转让所得不超过500万元的部分，免征企业所得税；超过500万元的部分，减半征收企业所得税"。《财政部　国家税务总局关于居民企业技术转让有关企业所得税政策问题的通知》（财税〔2010〕111号）规定，技术所有权转让和5年以上独占实施许可收入，可以减免企业所得税。《财政部　国家税务总局关于将国家自主创新示范区有关税收试点政策推广到全国范围实施的通知》（财税〔2015〕116号）将技术转让从技术所有权转让和5年以上独占实施许可扩大到5年以上普通许可。《国家税务总局关于技术转让所得减免企业所得税有关问题的通知》（国税函〔2009〕212号）和《国家税务总局关于许可使用权技术转让所得企业所得税有关问题的公告》（国家税务总局公告2015年第82号）就该政策的执行作出了规定。

1. 受益对象是居民企业

居民企业是指依法在中国境内成立，或者依照外国（地区）法律成立但实际管理机构在中国境内的企业，包括企业和其他取得收入的组织。依照《企业所得税法》缴纳企业所得税的高校院所、社会组织等，都是居民企业，都是受益对象。

2. 可享受减免税优惠的技术范围

财税〔2010〕111号文和财税〔2015〕116号文均规定，享受减免所得税的技术限于专利技术、计算机软件著作权、集成电路布图设计权、植物新品种、生物医药新品种，以及财政部和国家税务总局确定的其他技术。其中专利技术，是指法律授予独占权的发明、实用新型和非简单改变产品图案的外观设计。

《科技部　财政部　国家税务总局关于修订印发〈高新技术企业认定管理工作指引〉的通知》（国科发火〔2016〕195号）规定的国家级农作物品种、国家新药、国家一级中药保护品种应属于财税〔2010〕111号文和财税〔2015〕116号文规定的财政部和国家税务总局确定的其他技术。

3. 技术转让的含义

财税〔2010〕111号文规定,"技术转让,是指居民企业转让其拥有符合本通知第一条规定技术的所有权[①]或5年以上(含5年)全球独占许可使用权的行为。"财税〔2015〕116号文进一步规定,"自2015年10月1日起,全国范围内的居民企业转让5年以上非独占许可使用权取得的技术转让所得,纳入享受企业所得税优惠的技术转让所得范围"。从中可知,技术的所有权转让和技术的实施许可。采用技术实施许可方式转移技术的,如要享受减免企业所得税,许可使用年限应不低于5年。

4. 应当签订技术转让合同

根据《技术合同认定登记管理办法》(国科发政字〔2000〕063号)规定,凡是享受优惠政策都应当签订技术合同,办理技术合同认定登记,核定技术性收入。财税〔2010〕111号文规定:"境内的技术转让合同须经省级以上(含省级)科技部门认定登记,跨境的技术转让须经省级以上(含省级)商务部门认定登记,涉及财政经费支持产生技术的转让,需省级以上(含省级)科技部门审批。"

根据财税〔2010〕111号文规定,对于跨境技术转让合同,在办理认定登记时,有关部门须按照商务部、科技部发布的《中国禁止出口限制出口技术目录》(商务部、科技部令2008年第12号)进行审查。居民企业取得禁止出口和限制出口技术转让所得,不享受技术转让减免企业所得税优惠政策。

5. 技术转让所得的计算

国税函〔2009〕212号文第二条规定,技术转让所得=技术转让收入－技术转让成本－相关税费。

其中,技术转让收入,是指当事人履行技术转让合同后获得的价款,不包括销售或转让设备、仪器、零部件、原材料等非技术性收入。

技术转让成本,是指转让的无形资产的净值(也称账面价值),即该无形资产的计税基础(也称技术资产的入账价值或原值)减除在资产使用期间按照规定计算的摊销扣除额后的余额。

相关税费,是指技术转让过程中实际发生的有关税费,包括除企业所得税和允许抵扣的增值税以外的各项税金及其附加、合同签订费用、律师费等相关费用及其他支出。

每一项技术的转让,都应按照上述公式计算该项目的技术转让所得。

6. 技术转让所得税优惠的计算

国税函〔2009〕212号文第三条规定:"享受技术转让所得减免企业所得税优惠的企业,应单独计算当年的技术转让所得,并合理分摊企业的期间费用;没有单独计算的,不

[①] 有人认为,所有权是物权的范畴,技术属于知识产权范畴,不过在政策文件中,借用所有权来表述技术成果的知识产权的财产权。

得享受技术转让所得企业所得税优惠。"据此可以得出以下计算公式：

企业当年的技术转让所得＝Σ项目的技术转让所得－合理分摊企业的期间费用＝Σ项目的技术转让所得－Σ项目的技术转让收入/企业总收入×企业期间费用。

企业技术转让年所得小于或等于500万元的，免缴企业所得税；大于500万元部分，减半征收企业所得税。

（二）技术开发、技术转让免征增值税政策

《财政部　国家税务总局关于全面推开营业税改征增值税试点的通知》（财税〔2016〕36号）附件3《营业税改征增值税试点过渡政策的规定》第一条第（二十六）款规定，纳税人提供技术转让、技术开发和与之相关的技术咨询、技术服务可免征增值税。

1. 有关概念解析

财税〔2016〕36号文附件1的附件《销售服务、无形资产、不动产注释》对以下概念进行了注释：

① 研发服务，也称技术开发服务，"是指就新技术、新产品、新工艺或者新材料及其系统进行研究与试验开发的业务活动"。研发服务属于第（六）"现代服务"中第1项"研发与技术服务"的一项。

② 技术转让或转让技术，属于销售无形资产。该附件作出以下规定，"销售无形资产，是指转让无形资产所有权或者使用权的业务活动"；"无形资产，是指不具实物形态，但能带来经济利益的资产，包括技术、商标、著作权、商誉、自然资源使用权和其他权益性无形资产"；"技术，包括专利技术和非专利技术"。

2. 免征增值税政策

《中华人民共和国增值税暂行条例》（中华人民共和国国务院令第538号）第二十一条、《营业税改征增值税试点实施办法》（财税〔2016〕36号文附件1）第五十三条规定，适用免征增值税规定的应税行为，不得开具增值税专用发票，只能开具增值税普通发票。

增值税发票分为两种：一是增值税专用发票，即买方抵扣，卖方不免；二是增值税普通发票，即买方不抵扣，卖方可免税。

3. 备案程序

纳税人申请免征增值税时应当符合以下要求：一是与技术的受让人签订技术转让合同或与技术开发的委托人签订技术开发合同；二是持技术转让、开发的书面合同，到纳税人所在地省级科技主管部门进行认定登记；三是开具增值税普通发票，如果开具增值税专用发票，则意味着放弃免税；四是持有关的书面合同和科技主管部门审核意见证明文件报主管税务机关备查。

4. 放弃免税

根据财税〔2016〕36号文附件1《营业税改征增值税试点实施办法》第四十八条第一

款规定,纳税人发生应税行为适用免税、减税规定的,可以放弃免税、减税,依照本办法的规定缴纳增值税。放弃免税、减税后,36个月内不得再申请免税、减税。

(三)技术出口增值税优惠政策

根据财税〔2016〕36号文附件4《跨境应税行为适用增值税零税率和免税政策的规定》第一条第(三)款规定,境内单位和个人向境外单位提供的完全在境外消费的研发服务、设计服务、软件服务、信息服务、离岸服务外包业务、转让技术等,适用增值税零税率。"增值税零税率"表明纳税人有纳税义务,只是因税率为"零",计算出来的应纳税额为零。

根据该附件第二条规定,境内单位和个人向境外单位提供的完全在境外消费的知识产权服务、专业技术服务、无形资产等,免征增值税。"免征增值税"是指免除了纳税人的纳税义务,即对一般纳税人不征收销项税额。

跨境技术合同需经所在地商务部门进行认定登记。

(四)"一技带两技"的认定

与技术转让、技术开发相关的技术咨询、技术服务(含技术培训),即通常所称的"一技带两技",是指转让方(或者受托方)根据技术转让或者开发合同的规定,为帮助受让方(或者委托方)掌握所转让(或者委托开发)的技术,而提供的技术咨询、技术服务(含技术培训)业务,且这部分技术咨询、技术服务(含技术培训)的价款与技术转让或者技术开发的价款应当在同一张发票上开具。

把握"一技带两技",需注意以下两点:

一是,内容上不可分。即纳税人为帮助受让方或委托方掌握所转让或委托开发的技术而提供技术咨询、技术服务(含技术培训),属于"一技带两技",应当签订一份技术合同,在办理技术合同认定登记时,可以登记为技术转让合同或技术开发合同。

二是,技术咨询、技术服务(含技术培训)收入与该技术转让项目收入或技术开发收入一并收取价款,且价款应该开具在一张发票上。

二、科技成果转化现金奖励个税政策

(一)基本情况

2018年5月29日财政部、国税总局和科技部联合印发了《关于科技人员取得职务科技成果转化现金奖励有关个人所得税政策的通知》(财税〔2018〕58号)规定,"依法批准设立的非营利性研究开发机构和高等学校(以下简称非营利性科研机构和高校)根据《中华人民共和国促进科技成果转化法》规定,从职务科技成果转化收入中给予科技人员的现金奖励,可减按50%计入科技人员当月'工资、薪金所得',依法缴纳个人所得税"。减按50%计入科技人员当月"工资、薪金所得"是应纳税所得额计算方式的优惠,不能等同于个人所得税税率减半。《关于科技人员取得职务科技成果转化现金奖励有关个人所得税征管问题的公告》(国家税务总局公告2018年第30号)对落实财税58号文进行了细化。

(二)非营利科研机构和高校的范围

据财税58号文第二条、第三条和第四条规定,非营利科研机构和高校主要有两类:

1. 国家设立的高校院所

符合"利用财政性资金设立的、取得《事业单位法人证书》"两个条件,包括中央和地方所属科研机构和高校。这些高校院所,不论是否有横向收入,不论其盈利与否,都是公益性科研机构和高校,无须有关部门认定,都是财税58号文规定的非营利科研机构。

2. 非营利性民办科研机构和高校

对于这些科研机构,应同时符合财税58号文第四条规定的三个条件:

① 根据《民办非企业单位登记管理暂行条例》在民政部门登记,并取得《民办非企业单位登记证书》。

②《民办非企业单位登记证书》记载的业务范围应属于"科学研究与技术开发、成果转让、科技咨询与服务、科技成果评估"范围。如果税务机关对业务范围存有异议的,转请县级(含)以上科技行政主管部门确认。对于民办非营利性高校,应取得教育主管部门颁发的《民办学校办学许可证》,且《民办学校办学许可证》记载学校类型为"高等学校"。

③ 经认定取得企业所得税非营利组织免税资格。

上述三个条件分别用于界定"民办""科研机构和高校""非营利"三个关键词。根据财政部、国家税务总局于2009年11月印发的《关于非营利组织免税资格认定管理有关问题的通知》(财税〔2009〕123号)规定的条件和程序进行认定和监管。凡是通过认定取得免税资格的民办科研机构和高校,属于享受财税58号文规定的非营利科研机构和高校。

(三)科技人员享受现金奖励个税优惠政策应符合的条件

根据财税58号文第五条规定,科技人员享受税收优惠政策,须同时符合以下四个条件:

① 税收优惠对象是科技人员,即非营利性科研机构和高校中对完成或转化职务科技成果作出重要贡献的人员。财税58号文没有将科技人员限定为非营利科研机构和高校的在编在岗人员,应该是指履行岗位职责、执行单位工作任务的人员,或者主要利用单位物质技术条件完成科技成果的人员。目前高校院所中科技人员身份比较复杂,有

在编人员;有虽然不在编但与单位签订聘用合同的兼职人员、退休返聘人员等;有劳务派遣人员,虽然他们不与单位签订劳动合同,但以单位的名义开展研究开发工作;有在读学生,他们虽未与单位签订劳务合同或劳动合同,但因完成学业需要,在导师的指导下开展科研,取得成果的,也是该成果的完成人。不管其身份如何,结合整个文件和《个人所得税法》规定来看,获得科技成果转化现金奖励的,均有资格享受税收优惠。

② 科技成果应符合规定条件,即专利技术(含国防专利)、计算机软件著作权、集成电路布图设计专有权、植物新品种权、生物医药新品种,以及科技部、财政部、国税总局确定的其他技术成果。这一范围与《关于居民企业技术转让有关企业所得税政策问题的通知》(财税〔2010〕111 号)、《关于将国家自主创新示范区有关税收试点政策推广到全国范围实施的通知》(财税〔2015〕116 号)、《关于完善股权激励和技术入股有关所得税政策的通知》(财税〔2016〕101 号)等文件规定是一致的。

财税 58 号文第五条第(二)项规定的科技成果均是"有证技术成果"。技术秘密成果和公知技术成果的转化均被排除在外。在落实减计 50% 税收优惠政策时,需要注意以下几点:一是工艺、配方等技术不适宜申请专利等知识产权,往往采取自我保密的方式加以保护,转化技术秘密成果获得的现金奖励不属于税收优惠范围;二是一项科技成果如是多项知识产权与技术秘密的组合,要将"有证技术"与"无证技术"分别进行转让或许可,并分别签订技术合同。

③ 科技成果转化方式应符合要求,即指非营利性科研机构和高校向他人转让科技成果或者许可他人使用科技成果。科技成果转化方式限定为转让、许可两种方式。《促进科技成果转化法》规定了六种转化方式,除转让、许可外,还有自行投资实施转化、与他人合作转化、以科技成果作价投资和其他转化方式。非营利科研机构和高校自行投资实施转化、与他人合作方式转化科技成果取得现金收益给予科技人员现金奖励不可享受财税 58 号文规定的税收优惠。

④ 应当签订技术合同,在技术合同登记机构进行审核登记,并取得技术合同认定登记证明。

另外,单位应当按照规定公示有关科技成果及其转化的信息。

(四)单位应按规定公示有关科技人员名单及相关信息

财税 58 号文要求非营利性科研机构和高校应按规定公示有关科技人员名单及相关信息(国防专利转化除外)。《科技部 财政部 税务总局关于科技人员取得职务科技成果转化现金奖励信息公示办法的通知》(国科发政〔2018〕103 号)第三条规定,"公示信息应当包含科技成果转化信息、奖励人员信息、现金奖励信息、技术合同登记信息、公示期限等内容"。

科技成果转化信息,包括"转化的科技成果的名称、种类(专利、计算机软件著作权、集成电路布图设计专有权、植物新品种权、生物医药新品种及其他)、转化方式(转让、许可)、转化收入及取得时间等"。

奖励人员信息,包括"获得现金奖励人员姓名、岗位职务、对完成和转化科技成果作出的贡献情况等"。

现金奖励信息,包括"科技成果现金奖励总额,现金奖励发放时间等"。

技术合同登记信息,包括"技术合同在技术合同登记机构的登记情况等"。

这些信息与财税58号文第五条规定基本上是一致的。上述信息是不完全列举的,非营利高校院所可以根据转化项目的实际,公示有关信息。

总的来说,公示是为了监督,公示的信息就是将"科技人员职务科技成果转化现金奖励"的来龙去脉交代清楚。

(五)非营利科研机构和高校应制定公示办法

国科发政〔2018〕103号文第二条规定:"科技成果完成单位要结合本单位科技成果转化工作实际,健全完善内控制度,明确公示工作的负责机构,制定公示办法,对公示内容、公示方式、公示范围、公示时限和公示异议处理程序等事项作出明确规定。"这一规定对非营利科研机构和高校提出了三个方面的要求:一是将信息公示纳入单位的内控制度范畴;二是明确公示工作的负责机构;三是制定公示办法,明确公示办法应规定的事项。

国科发政〔2018〕103号文第四条规定:"如果非营利科研机构已经按照《中华人民共和国促进科技成果转化法》的规定公示上述信息的,如公示信息没有变化,可不再重复公示。"这表明,高校院所在进行协议定价时,应在本单位公示科技成果名称及拟交易价格。这个公示与现金奖励中公示科技人员名单及相关信息,可以合并在一起。

(六)有关科技人员名单及相关信息的公示程序

国科发政〔2018〕103号文第五条至第九条对于科技人员名单和相关信息的公示程序作出了以下规定:

① 公示期限不得低于15个工作日。公示期内如有异议,科技成果完成单位应及时受理,认真做好调查核实并公布调查结果。这意味着在公示期以外提出的异议,可以不作处理。

② 在单位内部公示。国科发政〔2018〕103号文第六条规定:"公示范围应当覆盖科技成果完成单位,并保证单位内的员工能够以便捷的方式获取公示信息。"从中可知,公示是在单位内部张贴,或者在单位内部网络上公示,不宜在单位外网上公示。

③ 公示信息应真实、准确。因是单位公示,在公示前,公示工作的负责机构应当审核公示信息的真实性、准确性。一旦发现存在提供虚假信息、伪造变造信息等情况的,应

对责任人严肃处理并在本单位公布处理结果。

④ 公示时间应当在职务科技成果转化现金奖励发放 15 个工作日前。国科发政〔2018〕103 号文第八条规定:"应当在职务科技成果转化现金奖励发放前 15 个工作日内完成公示"。根据该规定,单位应将公示信息结果和个人奖励数额形成书面文件留存,以备相关部门查验。

⑤ 公示应当遵守国家保密相关规定。

根据国税总局第 30 号公告里的《科技人员取得职务科技成果转化现金奖励个人所得税备案表》填写要求,非营利科研机构和高校应将公示信息制作公示文件并标明文号,在本单位公示。

公示是享受税收优惠必须履行的程序要求,在公示期内无异议的,视为合规。如果单位职工对公示信息有异议的,应该允许其提出异议。在异议得到妥善处理后,才能按国税总局第 30 号公告第二条规定向主管税务机关报送《科技人员取得职务科技成果转化现金奖励个人所得税备案表》。

(七)现金奖励的时限要求

国税总局第 30 号公告第一条对此解释为"实际取得科技成果转化收入之日起 36 个月内。非营利性科研机构和高校分次取得科技成果转化收入的,以每次实际取得日期为准"。这可以作以下理解:

首先,非营利科研机构和高校取得科技成果转化收入的,应当及时兑现科技人员现金奖励,不得超过 36 个月。给予科技人员现金奖励超过 36 个月的,该科技人员就不能享受减计 50% 缴纳个人所得税优惠政策。

其次,非营利科研机构和高校向他人转让职务科技成果或许他人实施职务科技成果,很少会一次性取得科技成果转化收入,而往往是里程碑式取得科技成果转化收入,即每达到一个里程碑式阶段性目标,就收取一笔收入。而每收到一笔收入,就应该在每次实际取得日起 36 个月内给予科技人员现金奖励。

三、科技成果转化股权奖励税收政策

(一)基本情况

以科技成果作价入股的税收优惠政策主要涉及以下五个文件:

①《财政部　国家税务总局关于将国家自主创新示范区有关税收试点政策推广到全国范围实施的通知》(财税〔2015〕116 号)。

②《财政部　国家税务总局关于完善股权激励和技术入股有关所得税政策的通知》

(财税〔2016〕101号)。

③《财政部 国家税务总局关于个人非货币性资产投资有关个人所得税政策的通知》(财税〔2015〕41号)。

④《财政部 国家税务总局关于促进科技成果转化有关税收政策的通知》(财税字〔1999〕45号)。

⑤《国家税务总局关于促进科技成果转化有关个人所得税问题的通知》(国税发〔1999〕125号)。

除了上述五个文件,也还有其他相关文件。

(二)股权奖励需缴个税

股权是一种有价证券,个人获得的股权奖励是一种所得,根据《个人所得税法》及其实施条例规定,应当缴纳个人所得税。

股权受奖人将来转让股权时,如果股权增值了,应当就增值部分适用"财产转让所得"缴纳个人所得税,税率为20%;如果贬值了,因没有增值,不必缴纳个人所得税,但亏损部分,不可以抵扣应纳税所得额。因此,科技人员在取得股权奖励时缴纳个人所得税,是存在一定风险的。

(三)递延纳税的含义

财税〔2016〕101号文第一条规定,递延纳税是指"员工在取得股权激励时可暂不纳税,递延至转让该股权时纳税;股权转让时,按照股权转让收入减除股权取得成本以及合理税费后的差额,适用'财产转让所得'项目,按照20%的税率计算缴纳个人所得税"。顾名思义,递延纳税是指对当期取得的收入延后缴纳所得税之意。递延纳税是一种税收优惠政策,符合优惠条件的,按照规定的程序,才可以享受递延纳税优惠。上述规定包含三层含义:

① 递延纳税的含义是指取得股权时暂不纳税,递延至转让股权时纳税。此处的"暂"字可以理解为取得股权与转让股权之间的那段时间。

② 递延纳税所得的计算方式是:应纳税所得=股权转让收入-(股权取得成本+合理税费)。这里的收入和成本不在同一个时点上,税费也可能不在一个时点上,既包括股权取得时的税费,也包括股权转让时的税费,因此要求把股权取得时的成本与税费等凭证保存下来。

③ 适用税目与税率,适用税目是财产转让所得,适用税率是20%。

(四)递延纳税所隐含的优惠政策

从递延纳税的内涵分析,其优惠包括以下三项内容:

① 适用税目由"工资薪金所得"变成"财产转让所得"。适用税率由3%~45%变成20%。如果纳税人获得的股权奖励额较少，适用税率低于20%的，就不存在优惠了，可能要多缴纳一些税款。

② 给予纳税人获得从股权奖励至转让股权这段时间应纳税款的无息贷款。时间越长，则优惠力度越大。

③ 从获得股权奖励至转让股权这段时间内股权价值变动的纳税风险。亏损越大，纳税风险越大，递延纳税的优惠越大。

综合来看，无论股权奖励金额大小，递延纳税的优惠力度都不小。

（五）分期缴税的含义

财税〔2015〕116号文第四条规定："自2016年1月1日起，全国范围内的高新技术企业转化科技成果，给予本企业相关技术人员的股权奖励，个人一次缴纳税款有困难的，可根据实际情况自行制定分期缴税计划。"这里规定的就是分期缴税。

之所以要分期缴税，是因为相关技术人员取得的是股权奖励，必须先将股权折算为现金，再用现金缴税。获得股权奖励的科技人员没有那么多现金就无法进行缴税，于是可以申请分期缴税。

分期缴税也是一种优惠政策，必须符合一定的条件才可以享受。根据财税〔2015〕116号文第四条规定，分期缴税有两项优惠。

第一项是分期缴税相当于国家给予纳税人一定期限和一定额度的无息贷款，以缓解纳税人的缴税压力，使股权奖励得以实施。

第二项是降低因破产清算而产生的纳税负担，即"技术人员在转让奖励的股权之前企业依法宣告破产，技术人员进行相关权益处置后没有取得收益或资产，或取得的收益和资产不足以缴纳其取得股权尚未缴纳的应纳税款的部分，税务机关可不予追征"。

第二项优惠很合理，技术人员无所得，也就无须缴税。如果技术人员取得股权奖励时一次性缴纳了税款，在股权转让之前该企业依法宣告破产，技术人员所获得的股权分文不值，但所缴纳的税款不会予以退还。从这个意义上讲，分期缴税在一定程度上降低了技术人员取得所奖励股权因贬值而发生的缴税风险。

（六）高校院所科技人员获得股权奖励适用政策

高校院所根据《促进科技成果转化法》第四十五条规定，以职务科技成果作价投资的，应从该职务科技成果形成的股份或者出资比例中提取不低于50%的比例，对完成、转化职务科技成果作出重要贡献的人员给予奖励和报酬。科技人员因此获得股权奖励（包括股票和出资比例），应该适用财税〔1999〕45号文和国税发〔1999〕125号文规定，享受递延纳税优惠。

1. 适用条件

根据国税发〔1999〕125号文第一条和第四条规定,享受递延纳税优惠政策应当符合以下两个条件:

① 国家设立的高校和科研机构,即"科研机构是指按中央机构编制委员会和国家科学技术委员会《关于科研事业单位机构设置审批事项的通知》(中编办发〔1997〕14号)的规定设置审批的自然科学研究事业单位机构";"高等学校是指全日制普通高等学校(包括大学、专门学院和高等专科学校)"。

② 科技人员必须是科研机构和高等学校的在编正式职工,不包括非在编职工,即聘用制职工(即实行人事代理的职工)和退休返聘职工。非在编科技人员既不能适用财税〔1999〕45号文和国税发〔1999〕125号文,也不能适用财税〔2016〕101号文和财税〔2015〕116号文。对这个群体的股权奖励存在障碍,只能采取赋予科技成果所有权的办法。

2. 办理程序

按照《国家税务总局关于取消促进科技成果转化暂不征收个人所得税审核权有关问题的通知》(国税函〔2007〕833号)执行。

3. 适用税目与税率

在获奖人获得分红时,适用税目是"利息、股息、红利所得"。获奖人转让股权时,适用税目是"财产转让所得",且财产原值为零。适用税率均为20%。

(七) 企业的科技人员获得科技成果转化股权奖励适用政策

企业的科技人员获得科技成果转化股权奖励应该适用财税〔2016〕101号文。该文第一条第(一)款规定,"非上市公司授予本公司员工的股票期权、股权期权、限制性股票和股权奖励,符合规定条件的,经向主管税务机关备案,可实行递延纳税政策"。企业根据《促进科技成果转化法》第四十四条、第四十五条规定,以职务科技成果作价投资并给予科技人员股权奖励的,获得股权奖励的科技人员可适用财税〔2016〕101号文规定享受递延纳税优惠政策。

财税〔2016〕101号文第一条第(二)款规定的条件是对于一般股权奖励而言的,即股权奖励的标的是本企业的股权。对于股权奖励的标的是科技成果投资入股到其他境内居民企业所取得的股权,应该按照《促进科技成果转化法》的规定执行。即激励对象是完成、转化职务科技成果作出重要贡献的人员,股权激励的方式、数额和时限由企业制定规定,或者与科技人员约定。根据该文件规定,企业制定的规定或者与科技人员约定,需要经企业董事会、股东(大)会审议通过。

对于企业以科技成果作价投资到其他企业所取得的股权对科技人员进行股权奖励,既要符合财税〔2016〕101号文的要求,又要符合《促进科技成果转化法》的规定。根据《促进科技成果转化法》的规定制定股权激励计划,并经董事会、股东(大)会审议通过,激励对象是完成、转化职务科技成果作出重要贡献的人员,股权奖励持有期应满3年等。

如果企业科技人员获得的股权奖励不符合财税〔2016〕101号文规定条件的,可以适用财税〔2015〕116号文规定的分期缴税政策。如果仍然不符合财税〔2015〕116号文规定条件的,则必须一次性缴纳税款。

(八)递延纳税优惠与分期缴税优惠的比较

财税〔2016〕101号文第一条规定的递延纳税政策适用范围比较广,企业以科技成果作价投资并给予科技人员股权奖励的,基本上都可以适用该政策。然而,财税〔2016〕101号文第一条第(二)款对股权奖励设定了比较严格的条件,包括居民企业应制定股权激励计划,且股权激励计划经公司董事会、股东(大)会审议通过,并对激励标的和激励对象、股权奖励的持有期限应符合要求,实施股权奖励的公司及其奖励股权标的公司所属行业均不属于《股权奖励税收优惠政策限制性行业目录》范围。同时符合上述条件的股权奖励,才可以享受递延纳税优惠。

符合财税〔2015〕116号文第四条规定条件的,可以享受分期缴纳个人所得税优惠。具体条件一是适用范围是经认定的高新技术企业;二是激励对象必须是指经公司董事会和股东大会决议批准获得股权奖励的两类人员:① 对企业科技成果研发和产业化作出突出贡献的技术人员;② 对企业发展作出突出贡献的经营管理人员。从某种程度上讲,财税〔2016〕101号文规定的递延纳税优惠,基本上覆盖了财税〔2015〕116号文规定的分期缴税优惠。

对于递延纳税与分期纳税的比较,可从个税的计算公式来看。

1. 递延纳税的计算公式

$$转让股权时的应纳税所得额 = (股权转让收入 - 股权取得成本) \quad (1)$$

$$应纳税款 = (股权转让收入 - 股权取得成本) \times 20\% \quad (2)$$

其中,股权取得成本为0。即

$$应纳税款 = 股权转让收入 \times 20\% \quad (3)$$

2. 分期缴税的计算公式

实行分期缴税或一次性缴税的,取得股权时的应纳税所得额为股权原值,股权取得成本为0,计算应纳税款适用税目是工资薪金,适用税率是3%~45%。在股权转让时,

$$应纳税所得额 = (股权转让收入 - 股权原值) \quad (4)$$

$$应纳税款 = (股权转让收入 - 股权原值) \times 20\%$$

$$= 股权转让收入 \times 20\% - 股权原值 \times 20\% \quad (5)$$

3. 两者比较

对比公式(3)和公式(5)可以发现,当一次性缴税或分期缴税适用的个人所得税税率低于20%时,即适用税率为3%、10%或15%时,利用公式(5)所计算的应纳税款更

低些。

如果奖励股权的企业经营不好,股权以低于原价出让,已经缴纳的个税不会因亏损而退还的。同时,转让股权与取得股权之间有一个时间差,将此期间的利息考虑进去,公式(5)计算出来的应纳税额就不一定合算了。

(九) 个人以技术成果投资入股到境内居民企业适用政策

个人以技术成果投资入股属于个人转让技术成果和投资同时发生。根据个人所得税法规定,对个人转让技术成果的所得,应按照"财产转让所得"项目,以 20% 的税率计算缴纳个人所得税。

财税〔2016〕101 号文第三条第(一)款规定:"个人以技术成果投资入股到境内居民企业,被投资企业支付的对价全部为股票(权)的,个人可选择继续按现行有关税收政策执行,也可选择适用递延纳税优惠政策。"

其中,"现行有关税收政策"是指财税〔2015〕41 号文,即"自发生应税行为之日起不超过 5 个公历年度内(含)分期缴纳个人所得税";"递延纳税优惠政策"是指财税〔2016〕101 号文第三条第(一)款规定的"经向主管税务机关备案,投资入股当期可暂不纳税,允许递延至转让股权时,按股权转让收入减去技术成果原值和合理税费后的差额计算缴纳所得税"。一般来说,选择适用递延纳税优惠政策更好。

个人以技术成果投资入股适用递延纳税优惠政策应当符合以下两个条件:

① 作价入股的技术成果必须是专利技术(含国防专利)、计算机软件著作权、集成电路布图设计专有权、植物新品种权、生物医药新品种,以及科技部、财政部、国家税务总局确定的其他技术成果等"有证"知识产权的一种类型或若干种类型的组合。

② 必须将"有证"知识产权让渡给被投资企业。

如果一项科技成果既包括"有证"知识产权,也包括"无证"知识产权,还包括未授权的专利申请,应该将"有证"知识产权与"无证"知识产权、未授权的专利申请分别进行评估,分别作价投资入股。个人以"有证"知识产权投资入股取得的股权才可以享受递延纳税优惠。

在科技人员获得的股权奖励不可享受递延纳税优惠时,可以采取赋予其科技成果所有权,科技人员以被赋权的科技成果作价投资,根据财税〔2016〕101 号文规定,可享受递延纳税优惠。

(十) 企业以技术成果投资入股到境内居民企业适用政策

企业以技术成果投资入股属于企业转让技术成果和投资同时发生。财税〔2016〕101 号文第三条第(一)款规定,企业以技术成果投资入股到境内居民企业,被投资企业支付的对价全部为股票(权)的,企业可选择继续按现行有关税收政策执行,也可选择适用递延纳税优惠政策。

现行有关税收政策：一是技术转让所得不超过 500 万元的部分,免征企业所得税,超过 500 万元的部分,减半征收企业所得税；二是指《财政部　国家税务总局关于非货币性资产投资企业所得税政策问题的通知》(财税〔2014〕116 号)规定的"居民企业以非货币性资产对外投资确认的非货币性资产转让所得,可在不超过 5 年期限内,分期均匀计入相应年度的应纳税所得额,按规定计算缴纳企业所得税"。

企业可选择现行税收优惠政策。无论是在可免税的情况下,还是在可减半征税情况下,可优先适用现行的税收优惠政策。

以科技成果作价投资形成的股权作为企业或个人的一项收入,政策选择的顺序是能够享受免税优惠的,则享受免税政策；既能享受减半征税优惠又能享受递延纳税优惠的,可优先享受减税优惠；除前述两种情形外,能享受递延纳税优惠的,应享受递延纳税优惠；不能享受前述优惠政策的,争取享受分期缴税优惠；如果不能享受税收优惠,必须缴纳个人所得税的,要充分考虑经营风险,若没有充分的把握,可不接受股权奖励。

四、企业研发费用税前加计扣除政策

(一) 企业研发费用税前加计扣除政策基本情况

2015 年以来,研发费用税前加计扣除政策成为国家对科技企业减税的重要抓手,国家先后出台了多项政策文件。

① 财政部、国家税务总局、科技部于 2015 年 11 月 2 日发布了《关于完善研究开发费用税前加计扣除政策的通知》(财税〔2015〕119 号),扩大了可加计扣除的研发费用范围,实行负面清单管理,并简化加计扣除申报程序。

②《财政部　国家税务总局　科技部关于提高科技型中小企业研究开发费用税前加计扣除比例的通知》(财税〔2017〕34 号)规定,科技型中小企业开展研发活动中实际发生的研发费用,未形成无形资产计入当期损益的,在按规定据实扣除的基础上,在 2017 年 1 月 1 日至 2019 年 12 月 31 日期间,再按照实际发生额的 75% 在税前加计扣除；形成无形资产的,在上述期间按照无形资产成本的 175% 在税前摊销。

③《关于企业委托境外研究开发费用税前加计扣除有关政策问题的通知》(财税〔2018〕64 号)规定,委托境外进行研发活动所发生的费用,按照费用实际发生额的 80% 计入委托方的委托境外研发费用；委托境外进行研发活动应签订技术开发合同,并由委托方到科技行政主管部门进行登记。

④《财政部　税务总局　科技部关于提高研究开发费用税前加计扣除比例的通知》(财税〔2018〕99 号)规定,企业开展研发活动中实际发生的研发费用,未形成无形资产计

入当期损益的,在按规定据实扣除的基础上,在 2018 年 1 月 1 日至 2020 年 12 月 31 日期间,再按照实际发生额的 75% 在税前加计扣除;形成无形资产的,在上述期间按照无形资产成本的 175% 在税前摊销。

⑤《国家税务总局关于企业研究开发费用税前加计扣除政策有关问题的公告》(国家税务总局公告 2015 年第 97 号)。

⑥《国家税务总局关于发布〈企业所得税优惠政策事项办理办法〉的公告》(国家税务总局公告 2015 年第 76 号)。

⑦《国家税务总局关于进一步做好企业研究开发费用税前加计扣除政策贯彻落实工作的通知》(税总函〔2016〕685 号)。

⑧《财政部 税务总局关于进一步完善研发费用税前加计扣除政策的公告》(2021 年第 13 号)提出,"将制造业企业研发费用加计扣除比例由 75% 提高至 100%"税收新政正式落地。

(二) 研发活动的概念与范围

企业研发活动基本上是科技成果转化活动,因此企业研发费用税前加计扣除政策是科技成果转化政策的重要组成部分。财税〔2015〕119 号文第一条规定,"本通知所称研发活动,是指企业为获得科学与技术新知识,创造性运用科学技术新知识,或实质性改进技术、产品(服务)、工艺而持续进行的具有明确目标的系统性活动"。其中,"获得科学与技术新知识"是原创性研发活动,只有规模较大、创新能力较强的大企业才有能力进行这样的研发活动;"创造性运用科学技术新知识"和"实质性改进技术、产品(服务)、工艺",占企业研发活动的绝大多数,都是科技成果转化活动。

财税〔2015〕119 号文给出了正面列举和负面列举。

1. 正向列举

财税〔2015〕119 号文第二条第 4 项规定,企业为获得创新性、创意性、突破性的产品进行创意设计活动,"包括多媒体软件、动漫游戏软件开发,数字动漫、游戏设计制作;房屋建筑工程设计(绿色建筑评价标准为三星)、风景园林工程专项设计;工业设计、多媒体设计、动漫及衍生产品设计、模型设计等",都是企业研发活动,其发生的费用,可以税前加计扣除。

2. 负向列举

财税〔2015〕119 号文第一条第(二)款规定的以下七类活动,不适用税前加计扣除政策:

① 企业产品(服务)的常规性升级。

② 对某项科研成果的直接应用,如直接采用公开的新工艺、材料、装置、产品、服务或知识等。

③ 企业在商品化后为顾客提供的技术支持活动。

④ 对现存产品、服务、技术、材料或工艺流程进行的重复或简单改变。

⑤ 市场调查研究、效率调查或管理研究。

⑥ 作为工业（服务）流程环节或常规的质量控制、测试分析、维修维护。

⑦ 社会科学、艺术或人文学方面的研究。

其中，前四类活动虽是科学技术活动，但不具有创造性或创新性，因而不是研发活动；后三类活动不属于科学技术活动。

3. 研发项目的鉴定

对于创造性或创新性程度，《国家税务总局关于印发〈企业研究开发费用税前扣除管理办法（试行）〉的通知》（国税发〔2008〕116号）第三条第二款给出了判定标准，即对本地区（省、自治区、直辖市或计划单列市）相关行业的技术、工艺领先具有推动作用。财税〔2015〕119号文取消了这一判定标准，而是采用科技行政部门鉴定的办法，即该文第五条第3项规定："税务机关对企业享受加计扣除优惠的研发项目有异议的，可以转请地市级（含）以上科技行政主管部门出具鉴定意见，科技部门应及时回复意见。"地市级（含）以上科技行政主管部门一般采用组织专家鉴定的办法，由专家作出鉴定意见。

科技部门对研发项目的鉴定，主要依据企业提交的项目资料，包括研究开发项目计划书、研究开发项目立项的决议文件、研究开发专门机构或项目组的编制情况和研发人员名单、经科技行政主管部门登记的委托、合作研究开发项目的合同等进行判断。

（三）研究活动与开发活动

《企业会计准则第6号——无形资产》第七条规定，"企业内部研究开发项目的支出，应当区分研究阶段支出与开发阶段支出。研究是指为获取并理解新的科学或技术知识而进行的独创性的有计划调查。开发是指在进行商业性生产或使用前，将研究成果或其他知识应用于某项计划或设计，以生产出新的或具有实质性改进的材料、装置、产品等"。

研究活动是获得新知识或新认识的活动。主要包括为获取某种知识而进行的活动，如研发项目的可行性论证；研究成果的应用研究、评价和选择；材料、设备、产品、工序、系统或服务的选型、替代、设计、评价与选择等。研究活动具有以下特点：一是获得一种知识；二是其目的是解决材料、设备、产品、工序、系统或服务等开发、选择、使用等方面的不确定性；三是没有直接的经济价值，必须经过进一步的开发应用，才具有经济价值。

开发活动是新技术、新工艺、新材料和新产品开发。主要包括生产原型和模型的设计、建造和测试；工具、夹具、模具和冲模的设计；材料、设备、产品、工序、系统或服务的设计、建造等。开发活动具有以下特点：一是它一般是在研究活动基础上进行的；二是应申请并取得知识产权；三是可以带来确定的收益。

企业在研发立项时,应对该项目的类型作出判断。判定是研究项目的,所发生的费用都是研究费用;判定是开发项目的,所发生的费用是开发费用;既包含研究活动又包含开发活动的,应确定研究阶段和开发阶段。研究阶段所发生的费用是研究费用,开发阶段所发生的费用是开发费用。

(四)加计扣除与"四技合同"的关系

技术开发、技术转让、技术咨询、技术服务和技术培训都是科技成果转化活动。

1. 技术开发活动

企业委托高校、科研机构、其他企业或组织开发新技术、新工艺、新材料、新产品等,需签订技术开发合同,所支付的费用,属于财税〔2015〕119号文第二条第1款的"企业委托外部机构或个人进行研发活动所发生的费用",可以根据该款规定享受加计扣除政策。委托研发费用享受加计扣除的,可分为以下四种情形:

① 委托方与受托方无关联关系,双方按照独立交易原则签订技术开发合同,则按照委托方支付给受托方开发费用的实际发生额80%计入委托方研发费用并计算加计扣除。

② 委托方与受托方存在关联关系,则受托方应向委托方提供研发项目费用支出明细情况,按照符合财税〔2015〕119号文第一条第(一)款所列费用明细的研发费用的80%计入委托方研发费用并计算加计扣除。

③ 委托境外机构进行研发活动所发生的费用,根据《关于企业委托境外研究开发费用税前加计扣除有关政策问题的通知》(财税〔2018〕64号)规定,分是否存在关联关系两种情形进行加计扣除。

④ 委托境外个人进行研发活动所发生的费用,不得加计扣除。

对于合作开发合同,由合作各方就自身实际承担的研发费用分别计算加计扣除。

无论是委托开发还是合作开发,都应当办理技术合同认定登记。技术合同登记证明是企业留存备查的证明材料之一。

2. 签订技术转让合同

企业利用受让于高校、科研机构、其他企业或组织的科技成果开发新技术、新工艺、新材料、新产品等,企业所支付的科技成果转让费,应结转为企业的无形资产,该无形资产的摊销费可列入可加计扣除研发费用。

3. 技术咨询、技术服务和技术培训活动

企业在研发活动中,向高校、科研机构、其他企业或组织进行咨询,或者委托其开展技术咨询、技术服务或技术培训活动,属于财税〔2015〕119号文第一条第(二)款第2项规定的"科研成果的直接应用",所支付的技术咨询费、技术服务费、技术培训费可以列支企业的研发费用,但不可以享受研发费用加计扣除政策。

（五）研发费用加计扣除政策落实要点

落实研发费用税前加计扣除政策应注意五个要点。

一是企业的研发活动是否符合财税〔2015〕119号文规定的条件，并没有严格的界定标准；是与否之间有较大的边界或弹性，取决于专家的主观判断。这就要求企业在研发立项时要讲清楚立项依据（包括国内外现状、水平和趋势、开发目的等）、研发内容、技术路线，以及项目预期目标及其创新性、先进性，便于专家作出判断。

二是研发项目的大小及研发周期要合理把握，按照专业领域、研发方式、研发内容等合理确定，不宜过大或过小，研发周期不宜过长。涉及多个专业领域的，建议按专业领域分别立项；采用多种研发方式的，应按研发方式分别进行立项；采用委托研发的，应对委托部分单独立项；委托多个单位的，应按委托单位分别进行立项；开发多个产品或多项工艺的，应对每一项产品开发或每一项工艺开发分别进行立项。

三是研发费用计入当期损益。《企业会计准则第6号——无形资产》第八条规定，企业内部研究开发项目研究阶段的支出，应当于发生时计入当期损益。企业可按照项目立项时对项目是研究还是开发或者研究阶段和开发阶段进行界定，并据此核算研发费用。

四是符合条件的开发费用可确认为无形资产。《企业会计准则第6号——无形资产》第九条规定："企业内部研究开发项目开发阶段的支出，同时满足下列条件的，才能确认为无形资产：① 完成该无形资产以使其能够使用或出售在技术上具有可行性；② 具有完成该无形资产并使用或出售的意图；③ 无形资产产生经济利益的方式，包括能够证明运用该无形资产生产的产品存在市场或无形资产自身存在市场，无形资产将在内部使用的，应当证明其有用性；④ 有足够的技术、财务资源和其他资源支持，以完成该无形资产的开发，并有能力使用或出售该无形资产；⑤ 归属于该无形资产开发阶段的支出能够可靠地计量。"

五是如果企业要申请高新技术企业认定，建议项目立项与研发费用归集应采用一套项目管理体系，一种研发费用归集办法。

五、高新技术企业认定政策

（一）高新技术企业的概念与特征

《高新技术企业认定管理办法》（国科发火〔2016〕32号）第二条规定，"本办法所称的高新技术企业是指：在《国家重点支持的高新技术领域》内，持续进行研究开发与技术成果转化，形成企业核心自主知识产权，并以此为基础开展经营活动，在中国境内（不包括港、澳、台地区)注册的居民企业"。这一定义包含以下四个要点：

①《国家重点支持的高新技术领域》是对"高新技术"范围所作的限定，也是明确政策支持的范围。

②"持续进行研究开发与成果转化"是企业成长为高新技术企业并发展壮大的必由之路。企业的创新能力来源于研究开发，市场竞争力来源于持续进行的技术成果转化。

③ 必须拥有"核心自主知识产权"。知识产权的取得源于研究开发和成果转化，知识产权是高新技术企业开展经营活动的基础。

④ 居民企业是指依照《企业所得税法》缴纳企业所得税的企业。

从高新技术企业定义来看，科技成果转化既是高新技术企业的典型特征，也是一家企业成长为高新技术企业和高新技术企业发展的必经路径。

在高新技术企业认定中，要把握好研发活动、知识产权、科技成果转化和高新技术产品(服务)、科技人员五者之间的关系。

(二) 高新技术企业认定评价指标之间的内在联系

高新技术企业认定条件的评价指标是根据高新技术企业定义的五个要素设定的，而各要素之间的内在逻辑是：企业将人财物投入研发活动，这些投入一部分成为资产，一部分列支为费用，即研发费用；研发的结果是知识产权成果；对知识产权成果进行转化，变成可以在市场上销售的产品(服务)；所取得的收入就是高新技术产品(服务)收入，其中一部分再投入到研发与成果转化活动中。上述活动的组织、人财物的配置和知识产权的管理等，都会影响企业研发、成果转化的效果与效率。高新技术企业认定条件基本上就是按照这个逻辑来设定的。

1. 高新技术

同时符合以下两个条件：一是对企业主要产品(服务)发挥核心支持作用；二是在《国家重点支持的高新技术领域》范围。科技成果转化服务是国家重点支持的高新技术。

2. 科技人员

《高新技术企业认定管理办法》规定，"企业从事研发和相关技术创新活动的科技人员"主要为三类：一是从事研发的科技人员；二是从事相关技术创新活动的科技人员；三是根据《高新技术企业认定管理工作指引》规定，专门从事上述活动的管理和提供直接技术服务的人员。

3. 研发费用

按照《高新技术企业认定管理工作指引》规定的费用归集办法进行核算，包括：研发人员的工资、薪金等费用；研发项目需使用的科研仪器设备的使用费或折旧费，含无形资产的摊销费，以及直接投入的材料费用等；项目研发过程中直接消耗，含能源动力消耗、专家咨询费、差旅费等。

4. 高新技术产品(服务)销售收入

包括知识产权成果、高新技术产品(服务)销售收入。

5. 企业的研发组织管理

由专家从研发的组织管理制度、研发条件、成果转化和科技人员的管理与激励等四个方面进行评价。

上述评价指标之间有较强的相关性,是高新技术企业诸多要素中的主要指标,从不同的侧面反映高新技术企业的特征。

(三) 研发与成果转化的关系

两者之间存在有两层关系。

1. 企业的研发活动基本上属于科技成果转化活动

《高新技术企业认定管理工作指引》规定:"研究开发活动是指,为获得科学与技术(不包括社会科学、艺术或人文学)新知识,创造性运用科学技术新知识,或实质性改进技术、产品(服务)、工艺而持续进行的具有明确目标的活动。不包括企业对产品(服务)的常规性升级或对某项科研成果直接应用等活动(如直接采用新的材料、装置、产品、服务、工艺或知识等)。"这与《促进科技成果转化法》第二条对科技成果转化的定义比较,企业研发活动与成果转化活动有较高的重合度。

2. 企业研发活动与成果转化活动存在先后次序

在高新技术企业认定条件中,研发活动是指将科技知识、科技信息等进入公知领域的成果转化为企业的专利权、软件著作权等知识产权成果,而成果转化活动是将知识产权成果转化为高新技术产品(服务)。研发与转化活动是以知识产权成果为媒介进行的。

企业以项目为单位核算研发费用,以知识产权件数核定成果转化活动。一项研发活动,取得多项知识产权成果,这些知识产权成果得到转化,就成了转化项目,即研发活动与成果转化活动之间存在一对多的关系。

(四) 知识产权是高新技术企业认定的核心要素

根据《高新技术企业认定管理工作指引》的规定,在高新技术企业认定中,要对知识产权进行定量和定性两个方面的评价,在其他评价指标中也要用到知识产权。

1. 总体评价

在定性评价方面,专家就企业的知识产权是否"对其主要产品(服务)在技术上发挥核心支持作用"作出判断。

2. 定量评价

根据该企业知识产权的拥有量分为"技术的先进程度""对主要产品(服务)在技术上

发挥核心支持作用""知识产权数量"和"知识产权获得方式"四个二级指标进行评价,前三个指标的每个指标分为 ABCDE 五档,知识产权获得方式分 AB 两档,均由专家打分评价。

3. 分类评价

将知识产权分Ⅰ类和Ⅱ类两种类型。发明专利(含国防专利)、植物新品种、国家级农作物品种、国家新药、国家一级中药保护品种、集成电路布图设计专有权等按Ⅰ类评价;实用新型专利、外观设计专利、软件著作权等(不含商标)按Ⅱ类评价。Ⅰ类知识产权一般是对产品或服务在技术上发挥核心作用,可以多次使用,而Ⅱ类知识产权在评价周期内使用一次。

4. 基于知识产权进行科技成果转化能力评价

将一件知识产权成果转化为产品、服务、工艺、样品、样机等视为一项科技成果转化项目,评审专家根据科技成果转化项目的数量来评价其转化能力。

5. 基于知识产权进行高新技术产品销售收入评价

高新技术产品的核心技术必须拥有知识产权,不拥有知识产权的产品不能视为高新技术产品,其收入不能计入高新技术产品销售收入。

综上可知,凭知识产权的拥有量及知识产权质量,可判断该企业的研发创新能力和成果转化能力。

(五)高新技术企业可享受的优惠政策

获得高新技术企业认定证书的企业,可以享受以下政策:

① 减按 15% 的税率征收企业所得税。这是高新技术企业可享受的基本政策。

② 在科技企业中唯一一种实行认定制度并取得"高新技术企业"证书的称号。高新技术企业往往是国家税收优惠政策、地方优惠政策的基本条件,包括企业在创业板、新三板上市的必备条件等。

对高新技术企业认定条件、认定程序等有充分的认识,依据其中的内在逻辑加强研发创新和科技成果转化、加强知识产权保护、完善内部制度等,既可以享受政策红利,也可享受管理红利。

第七节 技术要素市场建设政策

一、技术要素市场建设

(一) 基本情况

2020年3月30日,《中共中央 国务院关于构建更加完善的要素市场化配置体制机制的意见》(以下简称《意见》),旨在深化要素市场化配置改革,促进要素自主有序流动,提高要素配置效率,进一步激发全社会的创造力和市场活力,推动经济发展质量变革、效率变革、动力变革。对文件名称的四个关键词可作如下理解:

"构建",是指计划经济向市场经济的发展还不到位,需要构建"要求市场化配置体制机制"。

"更加完善",是指现有的"要素市场"配置体制机制还不完善,需要更加完善。

"市场化配置",是指要素配置方式应是市场化配置,是相对于行政手段配置或计划方式配置而言的。

"体制机制",是指对要素配置进行全局性考虑,既有体制的目标,又有机制的努力方向。

(二) 总体要求

总体要求是"坚持以供给侧结构性改革为主线,坚持新发展理念,坚持深化市场化改革、扩大高水平开放,破除阻碍要素自由流动的体制机制障碍,扩大要素市场化配置范围,健全要素市场体系,推进要素市场制度建设,实现要素价格市场决定、流动自主有序、配置高效公平,为建设高标准市场体系、推动高质量发展、建设现代化经济体系打下坚实的制度基础"。《意见》提出了四个基本原则:

① 市场决定,有序流动。充分发挥市场配置资源的决定性作用,推动要素配置依据市场规则、市场价格、市场竞争实现效益最大化和效率最优化。

② 健全制度,创新监管。更好地发挥政府作用,做到放活与管好有机结合。

③ 问题导向,分类施策。根据不同要素属性、市场化程度差异和经济社会发展需要,分类完善要素市场化配置体制机制。

④ 稳中求进,循序渐进。坚持安全可控,因地制宜稳步推进要素市场化配置改革。

（三）加快发展技术要素市场的措施

为加快发展技术要素市场，《意见》提出了五个方面的措施。

1. 健全职务科技成果产权制度（成果的产生）

一是深化科技成果使用权、处置权和收益权"三权"改革，开展赋予科研人员职务科技成果所有权或长期使用权试点。2020年5月，科技部等9个部门印发了《赋予科研人员职务科技成果所有权或长期使用权试点实施方案》（国科发区〔2020〕128号），提出"分领域选择40家高等院校和科研机构开展试点，探索建立赋予科研人员职务科技成果所有权或长期使用权的机制和模式，形成可复制、可推广的经验和做法"，试点期为3年。2020年10月，科技部发布了《赋予科研人员职务科技成果所有权或长期使用权试点单位名单》。二是强化知识产权保护和运用。2020年，先后修订了《专利法》和《著作权法》，强化了专利权、著作权的保护。

2. 完善科技创新资源配置方式

为此《意见》中提出了以下五项措施：

一是改革科研项目立项和组织实施方式。2018年7月18日，国务院《关于优化科研管理提升科研绩效若干措施的通知》（国发〔2018〕25号），提出"建立完善以信任为前提的科研管理机制，按照能放尽放的要求赋予科研人员更大的人财物自主支配权"，采取简化科研项目申报和过程管理、合并财务验收和技术验收、推行"材料一次报送"制度、赋予科研人员更大技术路线决策权、赋予科研单位科研项目经费管理使用自主权等优化科研项目和经费管理的措施。

二是完善专业机构管理项目机制。2014年12月3日，国务院印发了《关于深化中央财政科技计划（专项、基金等）管理改革方案的通知》（国发〔2014〕64号），提出依托专业机构管理项目，由专业机构通过统一的国家科技管理信息系统受理各方面提出的项目申请，组织项目评审、立项、过程管理和结题验收等，对实现任务目标负责。《意见》提出的"完善专业机构管理项目机制"应是完善国发〔2014〕64号文提出的专业机构管理项目机制。

三是加强科技成果转化中试基地建设。据有关资料显示，经过中试的成果转化项目，转化成功率高达80%以上。可见，要加强科技成果转化，提高科技成果转化成效，就要从加强科技成果转化中试基地建设入手。

四是支持有条件的企业承担国家重大科技项目。根据国发〔2014〕64号文规定，中央各部门管理的科技计划（专项、基金等）整合形成以下五类科技计划（专项、基金等）：

① 国家自然科学基金，资助基础研究和科学前沿探索，支持人才和团队建设，增强源头创新能力。

② 国家科技重大专项，聚焦国家重大战略产品和重大产业化目标，发挥举国体制的

优势,在设定时限内进行集成式协同攻关。

③ 国家重点研发计划,针对事关国计民生的农业、能源资源、生态环境、健康等领域的重大社会公益性研究,以及事关产业核心竞争力、整体自主创新能力和国家安全的战略性、基础性、前瞻性重大科学问题、重大共性关键技术和产品、重大国际科技合作,加强跨部门、跨行业、跨区域研发布局和协同创新。

④ 技术创新引导专项(基金),通过风险补偿、后补助、创投引导等方式发挥财政资金的杠杆作用,运用市场机制引导和支持技术创新活动,促进科技成果转移转化和资本化、产业化。

⑤ 基地和人才专项,支持科技创新基地建设和能力提升,促进科技资源开放共享,支持创新人才和优秀团队的科研工作。

上述五类科技计划中,技术创新引导专项(基金)主要支持企业的创新活动,对于其他四类科技计划,支持有条件的企业承担。

五是建立市场化社会化的科研成果评价制度,包括修订技术合同认定规则及科技成果登记管理办法。《中共中央办公厅　国务院办公厅关于深化项目评审、人才评价、机构评估改革的意见》(中办发〔2018〕37号)提出:"应用技术开发和成果转化评价突出企业主体、市场导向,以用户评价、第三方评价和市场绩效为主。"科技部、教育部、发改委、财政部、人社部和中科院印发的《关于扩大高校和科研院所科研相关自主权的若干意见》(国科发政〔2019〕260号)提出"改革科技成果管理制度"。现行的《技术合同认定登记管理办法》(国科发政字〔2000〕063号)、《技术合同认定规则》(国科发政字〔2000〕253号)和《科技成果登记办法》(国科发计字〔2000〕542号)均是20年前出台的,而近20年来,《民法典》取代了《合同法》,《促进科技成果转化法》进行了修订。上述三个文件已不适应贯彻落实《民法典》和《促进科技成果转化法》的需要,需要进行修订。

六是建立健全科技成果常态化路演和科技创新咨询制度。

3. 培育发展技术转移机构和技术经理人(技术成果的流通与职业应用)

为此《意见》中提出了以下五项措施:

一是加强国家技术转移区域中心建设。《科技部关于印发技术市场"十二五"发展规划的通知》(国科发高〔2013〕110号)中提出"建设国家技术转移集聚区和区域技术转移核心区",为落实这一规划并在全国构建"2+N"技术转移体系。"2"是指在中关村建设国家技术转移集聚区、在深圳市建设国家技术转移南方中心;"N"是指在中部(武汉)、东部(上海)、西北(西安)、西南(成都)、东北(长春)等地建设大区域技术转移中心,亚太、欧盟、东盟、海峡等国际技术转移中心以及部分行业性技术转移中心。在《"十三五"技术市场发展专项规划》(国科发火〔2017〕157号)中提出"持续推进国家技术转移区域中心建设"。

二是支持科技企业与高校、科研机构合作建立技术研发中心、产业研究院、中试基地等新型研发机构。2019年9月12日,科技部印发了《关于促进新型研发机构发展的指导意见》(国科发政〔2019〕313号),将新型研发机构界定为"聚焦科技创新需求,主要从事科学研究、技术创新和研发服务,投资主体多元化、管理制度现代化、运行机制市场化、用人机制灵活的独立法人机构",可依法注册为科技类民办非企业单位(社会服务机构)、事业单位和企业。新型研发机构一般应符合以下五项条件:

① 具有独立法人资格,内控制度健全完善。

② 主要开展基础研究、应用基础研究,产业共性关键技术研发、科技成果转移转化,以及研发服务等。

③ 拥有开展研发、试验、服务等所必需的条件和设施。

④ 具有结构相对合理稳定、研发能力较强的人才团队。

⑤ 具有相对稳定的收入来源,主要包括出资方投入,技术开发、技术转让、技术服务、技术咨询收入,政府购买服务收入以及承接科研项目获得的经费等。根据不同的组织类型,提出相应的支持政策。

三是积极推进科研院所分类改革,加快推进应用技术类科研院所市场化、企业化发展。2012年9月23日,中共中央、国务院印发的《关于深化科技体制改革加快国家创新体系建设的意见》(中发〔2012〕6号)提出"技术开发类科研机构要坚持企业化转制方向,完善现代企业制度,建立市场导向的技术创新机制"。《中共中央办公厅、国务院办公厅关于深化项目评审、人才评价、机构评估改革的意见》(中办发〔2018〕37号)提出科研机构"实行章程管理",由章程"规定单位的宗旨目标、功能定位、业务范围、领导体制、运行管理机制等,确保机构运行各项事务有章可循"。

四是支持高校、科研机构和科技企业设立技术转移部门。为落实这一规定,2020年5月13日,科技部、教育部印发了《关于进一步推进高等学校专业化技术转移机构建设发展的实施意见》(国科发区〔2020〕133号)提出在"'十四五'期间,全国创新能力强、科技成果多的高校普遍建立技术转移机构"的目标,并提出"在不增加本校编制的前提下,高校可设立技术转移办公室、技术转移中心等内设机构,或者联合地方、企业设立的从事技术开发、技术转移、中试熟化的独立机构,以及设立高校全资拥有的技术转移公司、知识产权管理公司等方式建立技术转移机构"。

五是建立国家技术转移人才培养体系,提高技术转移专业服务能力。国科发区〔2020〕133号文还提出"技术转移机构要建立高水平、专业化的人员队伍"。2020年3月12日,科技部火炬中心印发了《国家技术转移专业人员能力等级培训大纲》(试行),提出"加快构建'基地、大纲、教材、师资'四位一体的国家技术转移人才培养体系"。

4. 促进技术要素与资本要素融合发展

为此《意见》提出了以下两项措施:

一是积极探索通过天使投资、创业投资、知识产权证券化、科技保险等方式推动科技成果资本化。科技成果资本化实质上是以科技成果作价投资,转化为可以增值的资本,科技成果持有人享有资本增值的利润,进而实现技术要素与资本要素的融合,而天使投资、创业投资、知识产权证券化、科技保险等都是融合的方式,其中天使投资、创业投资是资金的来源,知识产权证券化是科技成果资本化的实现形式,科技保险是促进科技成果转化的重要措施。

二是鼓励商业银行采用知识产权质押、预期收益质押等融资方式,为促进技术转移转化提供更多金融产品服务。知识产权质押是将知识产权作为质押品向商业银行融资,是一项金融服务产品。

5. 支持国际科技创新合作

为此《意见》提出了以下措施:

一是深化基础研究国际合作,组织实施国际科技创新合作重点专项。

二是加大抗病毒药物及疫苗研发国际合作力度。

三是开展创新要素跨境便利流动试点,发展离岸创新创业。

四是发展技术贸易,促进技术进口来源多元化,扩大技术出口。

2021年4月7日,国家发展改革委、科技部印发的《关于深入推进全面创新改革工作的通知》(发改高技〔2021〕484号)提出的一项改革任务是"促进技术要素市场体系建设",主要内容包括:"赋予科研人员职务科技成果所有权和长期使用权,制定科技成果转化尽职免责负面清单和容错机制,推进技术要素市场配置改革,建设专业化市场化技术转移机构和技术经理人队伍,开展科技成果转化贷款风险补偿试点,探索低碳技术交易体系和规则建设,促进创新资源跨主体跨区域合理有序流动机制等。"

《国务院办公厅关于提升大众创业万众创新示范基地带动作用进一步促改革稳就业强动能的实施意见》(国办发〔2020〕26号)提出"构筑产学研融通创新创业体系"和"鼓励企业示范基地牵头构建以市场为导向、产学研深度融合的创新联合体"。

二、推进技术转移机构建设

2020年5月13日,科技部、教育部印发的《关于进一步推进高等学校专业化技术转移机构建设发展的实施意见》(国科发区〔2020〕133号)提出的总体思路是"以技术转移机构建设发展为突破口,进一步完善高校科技成果转化体系,强化高校科技成果转移转化能力建设,促进科技成果高水平创造和高效率转化",主要目标是在"十四五"期间"培育建设100家左右示范性、专业化国家技术转移中心",并提出了六项重点任务。

1. 建立技术转移机构

国科发区〔2020〕133号文提出,"高校可设立技术转移办公室、技术转移中心等内设机构,或者联合地方、企业设立的从事技术开发、技术转移、中试熟化的独立机构,以及设立高校全资拥有的技术转移公司、知识产权管理公司等"。

2. 明确成果转化职能

国科发区〔2020〕133号文提出,高校可"授权技术转移机构代表高校和科研人员与需求方进行科技成果转移转化谈判"。

3. 建立专业人员队伍

国科发区〔2020〕133号文提出,"接受过专业化教育培训的技术经理人、技术经纪人比例不低于70%"。

4. 完善机构运行机制

国科发区〔2020〕133号文提出,技术转移机构要"建立技术转移全流程的管理标准和内部风险防控制度","建立技术转移从业人员评价激励机制,畅通职务晋升和职称评审通道"。

5. 提升专业服务能力

国科发区〔2020〕133号文提出,"技术转移机构应具备政策法规运用、前沿技术判断、知识产权管理、科技成果评价、市场调研分析、法律协议谈判等基本能力,逐步形成概念验证、科技金融、企业管理、中试熟化等服务能力"。

6. 加强管理监督

国科发区〔2020〕133号文提出,"高校要加强对科技成果转移转化、知识产权管理等工作的统一领导"。

科技部印发的《关于科技创新支撑复工复产和经济平稳运行的若干措施》(国科发区〔2020〕67号)将推进科技成果转移转化列为多项措施的内容,并将加快国家技术转移体系建设列为18项措施之一。

科技部办公厅、财政部办公厅、教育部办公厅、中科院办公厅、工程院办公厅、自然科学基金委办公室印发的《新形势下加强基础研究若干重点举措》(国科办基〔2020〕38号)提出:"推动产学研协作融通,形成基础研究、应用研究和技术创新贯通发展的科技创新生态。"

三、科技成果转化载体建设

(一)国家高新区高质量发展

《国务院关于促进国家高新技术产业开发区高质量发展的若干意见》(国发〔2020〕7号)要求国家高新区"加强关键共性技术、前沿引领技术、现代工程技术、颠覆性技术联合攻关和产业化应用,推动技术创新、标准化、知识产权和产业化深度融合",同时支持"重大创新成果在园区落地转化并实现产品化、产业化"和"在国家高新区内建设科技成果中试工程化服务平台,并探索风险分担机制",提出"探索职务科技成果所有权改革。加强专业化技术转移机构和技术成果交易平台建设,培育科技咨询师、技术经纪人等专业人才"。

(二)国家级新区高质量发展

《国务院办公厅关于支持国家级新区深化改革创新加快推动高质量发展的指导意见》(国办发〔2019〕58号)在"完善创新激励和成果保护机制"中提出,"健全科技成果转化激励机制和运行机制,支持新区科研机构开展赋予科研人员职务科技成果所有权或长期使用权试点,落实以增加知识价值为导向的分配政策";在"积极吸纳和集聚创新要素"中提出,"允许高校、科研院所和国有企业的科技人才按规定在新区兼职兼薪、按劳取酬"。

《国务院关于深化北京市新一轮服务业扩大开放综合试点建设国家服务业扩大开放综合示范区工作方案的批复》(国函〔2020〕123号)支持未来科学城、国际合作产业园区、北京高端制造业基地、北京创新产业集群示范区等载体建设。《国务院办公厅关于提升大众创业万众创新示范基地带动作用进一步促改革稳就业强动能的实施意见》(国办发〔2020〕26号)提出"建设专业化的科技成果转化服务平台,增强中试服务和产业孵化能力"。

(三)国家技术创新中心

科技部、财政部印发的《关于推进国家技术创新中心建设的总体方案(暂行)》(国科发区〔2020〕93号)提出,推进国家技术创新中心建设的目的是"健全以企业为主体、产学研深度融合的技术创新体系,完善促进科技成果转化与产业化的体制机制,为现代化经济体系建设提供强有力的支撑和保障","国家技术创新中心定位于实现从科学到技术的转化,促进重大基础研究成果产业化","既要靠近创新源头,充分依托高校、科研院所的优势学科和科研资源,加强科技成果辐射供给和源头支撑;又要靠近市场需求,紧密对接企业和产业,提供全方位、多元化的技术创新服务和系统化解决方案,切实解决企业和产业的实际技术难题",因而是科技成果转化的重要平台。

2021年2月10日,科技部、财政部联合制定的《国家技术创新中心建设运行管理办法(暂行)》(国科发区〔2021〕17号)明确提出,国家技术创新中心定位于实现从科学到技术的转化,促进重大基础研究成果产业化,为区域和产业发展提供源头技术供给,为科技型中小企业孵化、培育和发展提供创新服务,为支撑产业向中高端迈进、实现高质量发展发挥战略引领作用。主要分为综合类和领域类:综合类创新中心围绕落实国家重大区域发展战略和推动重点区域创新发展,开展跨区域、跨领域、跨学科协同创新与开放合作，成为国家技术创新体系的战略节点、高质量发展重大动力源；领域类创新中心围绕落实国家科技创新重大战略任务部署，开展关键技术攻关，为行业内企业特别是科技型中小企业提供技术创新与成果转化服务。

（四）国家科技成果转移转化示范区

《科技部办公厅关于加快推动国家科技成果转移转化示范区建设发展的通知》（国科办区〔2020〕50号）为充分发挥国家科技成果转移转化示范区的带动作用，以科技成果转化引领示范区高质量发展，提出了加快示范区建设发展的七项措施：一是以服务科技型企业为重点，发挥支撑复工复产示范带动作用；二是以创新促进科技成果转化机制模式为重点，进一步加大先行先试力度；三是以强化科技成果转化全链条服务为重点，提高成果转化专业化服务能力；四是以示范区主导产业为重点，加快推进重大科技成果转化应用；五是以集聚创新资源为重点，促进技术要素的市场化配置；六是以完善工作推进体系为重点，提升示范区治理水平；七是以优化布局和绩效评价为重点，加快推进示范区高质量发展。

（五）新型研发机构

《科技部印发〈关于促进新型研发机构发展的指导意见〉的通知》（国科发政〔2019〕313号）规定，新型研发机构"聚焦科技创新需求，主要从事科学研究、技术创新和研发服务"，其发展目标之一是"促进科技成果转移转化"，而且"主要开展基础研究、应用基础研究，产业共性关键技术研发、科技成果转移转化，以及研发服务等"是其认定条件之一，可见新型研发机构是科技成果转化的重要载体。该意见提出了支持新型研发机构发展的政策措施。

（六）大学科技园

科技部、教育部印发的《国家大学科技园管理办法》（国科发区〔2019〕117号）第二条规定："国家大学科技园是指以具有科研优势特色的大学为依托，将高校科教智力资源与市场优势创新资源紧密结合，推动创新资源集成、科技成果转化、科技创业孵化、创新人才培养和开放协同发展，促进科技、教育、经济融通和军民融合的重要平台和科技服务机构。"可见，大学科技园是科技成果转化的重要平台和科技服务机构。国科发区〔2019〕117号第六条还规定："国家大学科技园要发挥科技成果转化功能，通过完善技术转移服务体系和市场化机制，推动科技成果信息供需对接，促进科技成果工程化和成熟化，提升高校科技成果转移转化水平。"国家大学科技园实行认定管理和动态管理与分类评价。

第八节　安徽省科技成果转化政策

一、专项政策支持

(一) 提升安徽创新馆运营水平

安徽省科技厅与合肥市人民政府就提升安徽创新馆运营水平签署合作备忘录。

首先,支持安徽创新馆在科技成果转化工作中开展先行先试。在各类科技计划项目申报、政策资金奖励兑现、省科技奖提名等方面,支持安徽创新馆作为归口管理部门行使相应职能。

其次,支持安徽创新馆建设全省技术经理人培训基地。一是支持在安徽创新馆设立安徽高层次科技人才项目创业基地;二是支持高层次科技人才携带创新创业项目在安徽省创新馆创业孵化,符合条件的给予相应的政策支持;三是支持安徽创新馆试点开展高成长性企业示范孵化工作。

(二) 对入驻安徽创新馆的科技资源主体给予奖补

《安徽省关于加大政策调节力度促进经济持续健康发展的意见》(皖发〔2020〕4号)提出,从创新型省份资金中,对入驻安徽创新馆的科技服务资源主体给予绩效奖补,最高可奖补100万元。

(三) 支持科技服务机构入驻安徽创新馆

《2020年合肥市培育新动能促进产业转型升级推动经济高质量发展若干政策实施细则》(合政办〔2020〕6号)提出以下政策措施:

① 鼓励发展新型科技服务机构。对入驻安徽创新馆的科技服务机构开展技术成果交易服务并成功在合肥转移转化的,按技术交易合同实际成交额的1‰进行奖补,单个项目不超过10万元,每年每家机构最高补助不超过100万元。

② 对入驻安徽创新馆一年以上,从事技术转移转化、知识产权运营、产业孵化投资等服务的科技服务机构,当年服务性收入超过200万元的,给予50万元一次性奖补。

③ 对符合条件的国际知名科技服务机构,可提请市政府采取"一事一议"的方式进行支持。

二、安徽省级普惠政策

（一）支持高校院所政策

《支持与国内外重点科研院所高校合作若干政策》（皖政〔2018〕50号）提出以下扶持政策：

① 支持大院大所及其领军人物在安徽省设立研发机构，安徽省在落户市支持的基础上，按落户市支持额度的10%给予补助，最高可达1亿元。

② 支持大院大所依托在安徽省设立的研发机构争创各类科技创新基地。对成功争创国家级科技创新基地的研发机构，一次性给予100万～300万元奖励。对成功争创省级科技创新基地的研发机构，一次性给予50万元奖励。

③ 支持大院大所科技成果在安徽省落地转化和产业化。安徽省在科技成果落户转化市支持基础上，按市资金支持额度的10%给予一次性奖励，最高可达500万元。奖励资金的50%用于奖励有突出贡献的相关人员。

④ 支持大院大所在安徽省发起、组织高水平学术交流、科技成果交易转化等活动，省在市支持的基础上，按市支持资金额度的20%给予奖励，最高可达200万元。

⑤ 对促成大院大所及其领军人物在安徽省设立研发机构、转移转化科技成果的省内外各类社会机构组织，省在市支持的基础上，按市支持资金额度的20%给予奖励，最高可达100万元。奖励资金的50%用于奖励有突出贡献的相关人员。

（二）支持科技创新政策

《支持科技创新若干政策》（皖政〔2017〕52号）提出以下支持政策：

① 支持科技人才团队创新创业。每年审核选择一批科技团队，在市（县）先行投入支持的基础上，省分别给予1000万元、600万元、300万元支持。对在国内外有重大影响力、拥有颠覆性技术的科技团队，可采取"一事一议"方式给予支持，不受名额限制。

② 高校院所与企业联合成立的股份制科技型企业，高校院所以技术入股且股权占比不低于30%的，按其绩效情况，省一次性给予最高可达50万元的奖励。

③ 对省内高校院所在皖实施转移转化、产业化的科技成果，按其技术合同成交并实际到账额，省给予10%的补助，单项成果最高可达100万元。

④ 对在皖企业购买省外先进技术成果并在皖转化、产业化的，按其技术合同成交并实际支付额，省给予10%的补助，单个企业最高可达100万元。

⑤ 对国家级、省级科技企业孵化器或众创空间，按照绩效情况，市（县）先行奖补，省分别给予100万元、50万元奖励。对于省级技术转移服务机构，依据绩效情况，省给予

20~50万元奖励。

三、合肥市级普惠政策

《合肥市培育新动能促进产业转型升级推动经济高质量发展若干政策实施细则》（合政办〔2020〕6号）提出以下扶持政策。

（一）支持产学研合作政策

支持企事业单位与长江经济带、"一带一路"沿线及欧美等国家和地区的高校、科研院所、技术领先企业开展产学研合作，提升创新能力，对科技合作研发项目，择优给予资金支持，每个项目不超过100万元。

（二）技术合同奖补政策

合肥市对技术交易实行了以下扶持政策：

① 企业购买高校、科研院所科技成果在肥转移转化的，按其技术合同成交并实际支付额给予奖补，对单项成果实际支付200万元以上的给予10%的奖补，单个企业最高不超过50万元。

② 鼓励企业吸纳先进技术并完成技术合同登记工作，依据年度安徽省技术合同认定登记系统中的累计交易并实际支付额，按不同比例分别给予最高50万元奖补。

（三）支持科技成果转化载体政策

合肥市采取了以下政策支持科技成果转化载体建设：

① 大力建设国际科技合作基地、国际科技企业孵化器，对新认定的国家级国际合作基地给予50万元一次性奖补。对新认定的长三角G60科创走廊科技成果转移转化示范基地，给予每个基地50万元一次性奖补。

② 对年度考核优秀的市级以上（含）科技企业孵化器、众创空间，分别给予50万元、20万元奖补。市级以上（含）科技企业孵化器每孵化一户国家级高新技术企业，给予10万元奖励。

第五章　技术经纪实务

技术经纪是通过特殊的技术经纪服务推动技术成果的转移和扩散,促进技术成果的商品化、产业化,创造出相应的经济效益和社会效益。因而,技术经纪实质上是技术商品和产品之间的纽带和桥梁。随着技术进步与经济发展,科技创新活动日益频繁,技术交易过程变得越来越复杂,需要参与技术交易的各方共同努力,才能完成技术成果向现实生产力的转化,其中技术经纪作为促成技术交易的中介所扮演的角色越来越重要。同时技术经纪的技术来源、技术经纪途径等诸方面都呈现出日益丰富和多元化发展的趋势,这对技术经纪人也提出了更高的要求。因此,深入地了解技术经纪的内涵及其运作方法,不仅是提高经纪实务操作水平、积极促进技术交易的现实要求,也是技术市场深入发展、加快技术成果产业化的源动力。

本章主要介绍技术经纪活动各环节的基本要求,包括技术商品概述、技术经纪的前期策划、技术经纪的过程策划等内容。

第一节　技术商品概述

技术作为用来交换的商品,有着不同于一般商品的特征和分类标准。同时,技术商品的使用价值和价值亦有其自身的特殊性。

技术是人类智力劳动的产物,它凝结着物化劳动和活劳动,这些劳动都是人体器官的活动消耗,可以抽象为人类的一般劳动,因而技术具有价值。技术作为一个有价值的实体,可以满足人们的生产和生活需要。但技术作为商品步入商品家族,却是商品经济发展到一定阶段的产物,并与技术的社会化相互联系、相互制约。随着生产力的发展、科学技术的进步以及市场经济的逐步成熟及社会分工的扩大,知识的价值得到社会承认,特别是许可证(License)制度、专利(Patent)制度、著作权(Copy Right)制度和商业秘密(Trade Secret)的制度建立起来以后,技术的界定便更为明确,并可以逐渐脱离物化产品而成为独立的商品。

一、技术商品的形成条件

市场经济发展的初期发生的交易主要局限在物质产品以及人的体力劳动,对知识的价值虽然也有认识,但是并没有大规模进入市场。马克思虽然曾经提到"科学技术是第一生产力"的思想,但在其产品价值的来源里还找不到智力劳动的价值。随着生产力的发展,人们不仅看到了知识和智力劳动的价值,还有了单独购买这类知识产品的愿望:先是对品牌等所谓"无形资产"的价值有了认识,然后技术也作为一种无形的资产,得到社会的承认。

市场经济的形态在不断地演进,逐渐形成了一系列使这类交易得以实现的制度,主要是专利、商标、著作权等知识产权法律制度,使技术商品获得的知识产权受到法律保护,技术交易有了法律的依据。后来,技术秘密和商业秘密的法律保护也逐渐成熟,能够包容多种知识产权内容的许可协议成为技术交易的主要形式。随着经济全球化的发展,技术交易也日益国际化,从而出现了知识产权的国际保护,伴随着一切的含有无形资产价值评估制度的产生。这样,技术商品形成的国际国内法治环境也成熟起来,技术全面成为可自由交易的商品。

社会分工随着科学技术的发展和生产中的分工日益细化,在物质生产过程中技术日益复杂,一些技术性较强的工作逐渐从其中分离出来,一些知识水平较高的人专门从事工艺的改进和产品水平的提高。以美国贝尔实验室为代表的工业研究机构脱颖而出,开始独立于生产部门,甚至独立于公司,其产出的成果主要不是自己实施使用,而是供出售在市场上流通的,所以名副其实地成为"技术工厂"。

以上是技术商品成型的一般条件。在我国的具体情况下,技术要成为商品只有在社会主义市场经济下才真正有可能。在新中国成立初期,我们提倡的是"技术协作",尽管从国外引进技术一般是通过购买的方式,有时甚至要花大价钱,但是在国内,却是要求不计代价,无私交流。甚至在改革开放初期,还有报纸上对某个企业拿国家的钱引进外国技术不肯让"兄弟单位"分享提出批评。在理论上,计划经济体制下企业不热心改善经营管理,不愿按照有偿的原则获取技术,技术只能成为无偿转让的产品,而不能成为独立的商品。因此,只有在市场经济下双方都是有独立经济利益的商品生产者,它们才把技术作为商品,技术拥有者不会无偿转让,而技术需求者愿意花钱去得到想使用的技术。

二、技术商品的内涵

由上所述,技术商品涵义可以表述为:技术商品是用来交换的技术。具体来讲,它是通过在生产和服务中应用,能为使用者创造直接或间接经济利益的、具有独占性的、用于交换的技术。

技术成果的商品属性是技术成果商品化的理论依据,也是建立技术市场的理论依据。商品是用来交换的、能满足人们某种需要的劳动产品,它具有价值和使用价值两种属性。技术作为知识形态的商品,它同样具有价值和使用价值两种属性。其价值是科技人员在生产技术商品过程中所耗费的劳动,它表现为人类劳动的凝结,同时也表现为潜在使用者对该技术所能够带来经济效益的预期,这两个方面构成了其交换的价值。其使用价值表现为,它具有实施以后的效用,如促进企业提高劳动生产率,为国家建设解决技术难题,为国民经济带来巨大的经济效益,等等,它的价值和使用价值是通过交换而实现的。因此,技术成果完全具备商品的属性。

但是并不是所有科学技术成果都可以转化为商品,技术商品还有其特定的范围。这里我们采取排除法对技术商品的范围进行界定。

① 纯粹基础研究成果不能纳入技术商品的范围。因为,基础研究的对象是科学而不是技术。基础研究的任务是揭示自然规律,是回答"为什么",而不是回答"怎么做"。世界上公认的"游戏规则"是:基础研究的结果基本上应该对全人类公开的。因此,绝大多数基础研究成果不能进入商品交易。当然有些基础研究成果后来也有研究者注册申请了专利,这部分成果实际上进入了应用研究的范畴。

② 对整个社会产生公共效益的技术成果一般也不应纳入商品范围之内。例如,关于计划生育、环境保护、生态平衡、国防安全、医疗卫生等方面的研究成果,应该称为"公共品(Public Goods)",一般不应通过技术市场推广应用,而应由国家代表社会来补偿科研耗费,或者通过政府购买的形式进行有组织有计划的推广。但是某些情况下公共品和商品是难以区分的,甚至同一类技术可以有两种不同的属性。例如,治疗艾滋病的药物一般属于含有技术的商品,但是当非洲某些国家艾滋病横行对国家公共卫生安全造成极大危害时,国际社会就迫使制药企业将其生产许可作为公共品低价卖给有关国家政府免费向患者散发。

③ 不成熟的技术成果一般也不能成为商品。因为它不能立即为买主创造财富,特别是未经鉴定的伪劣技术甚至可能会损害消费者的利益。因此,为了保证技术商品的质量,维护生产厂家和消费者的利益,对技术商品要求做好鉴定工作。但是处于"中间状态"的技术商品也可以进入交易,例如,有许多专利只是设计某个部件的某一方面,即使这个部件生产出来也不会有市场价值,但只要买家认为它对自己未来产品或服务会有好处,就会购买。在这里,其价值是通过购买者预期来体现的,技术领域的风险资本就经常寻找处在萌芽期的技术商品,如果成功的话可以带来巨大的经济利益,即使扣除其他失败投资的损失,也是高额盈利的。

④ 技术应由独占性。一般物质商品可以批量生产,而技术商品除极少数"买断"外,只能有限转让使用权。技术的市场价值是以其一定范围内的独占性为前提的,众所周

知的技术,或任何人都可轻易取得的技术,一般就没有交易价值。例如,已经广为传播的技术等。但是技术的独占性并不是绝对的,属于商业秘密名下的技术商品,就不同于专利技术,它可以由几个用户同时占有,只要不为社会所周知,可以为占有者带来经济利益,就有市场交易价值。

当然在市场经济下,什么样的技术可以交易,最终取决于交易双方。只要购买方认为购买所花费的代价小于自己开发或寻找的代价,它就愿意购买,其购买决定来自其价值预期,所以不需要拿一些条条框框来"认定"什么是技术商品,什么不是技术商品。

三、技术商品与一般商品的区别

1. 生产过程不同

技术商品生产所需要的主要"原材料",是人类在长期的实践活动中从自然界以及生产过程中所积累起来的各种知识和经验;而普通商品的原材料则主要是各种天然资源。技术商品的生产过程,实际上是以经验为主的各种信息在人脑中的加工过程,它以脑力劳动为主,生产相对比较独立和灵活;不像普通商品的生产过程那样,对场地和劳动资料(劳动工具、生产设备、厂房)的依赖性强,劳动者和生产资料不可分割。技术商品的生产不像普通商品生产那样具有明确的工艺和操作规程,也没有控制标准,更不可能按某种工序执行即可产生合格产品,生产的结果具有更多的不确定性,因而其风险成本更大。技术商品的生产不像普通商品生产那样消耗物质资源,而且原有的知识性资源不仅无消耗,反而会在技术商品的生产和开发过程中不断地被创造和积累。普通商品消费过程中的损耗和折旧不同,消费过程中技术商品的"原材料"——知识并没有被消耗掉,消耗的只是技术商品的载体。

2. 产品的生命周期不同

普通商品的生命周期通常分为导入期、成长期、成熟期和衰退期四个阶段,其成长曲线基本上符合"正态分布"且自然寿命与其商业寿命几乎相当。技术商品因其技术含量而生命周期多呈"自主替代"状态,其成长曲线多呈"S"曲线形。少数技术商品在市场上"昙花一现",或不存在自主替代,而是在成熟期后经技术改造迎来了第二个成熟期。另外,技术商品的自然寿命都比商业寿命长。

3. 价值确定不同

技术商品的所有者可以将其同时转让给多个使用者,也就是说,在市场上技术商品可以多次出售,从而所有者可以多次获利。同一技术商品的所有权和使用权可以被多人同时拥有。对于技术商品,由于上述的特殊性,其价值量的形成和计量则要复杂得多。首先,社会必要劳动时间难以确定;其次,生产过程中的物质消耗难以确定;最后,复杂劳动与简单劳动的转化难以确定。因而,在实际的市场运作中,技术商品价值量的确定是一个很复杂的问题。

普通商品的价值由商品组合而成,商品组合中每一因素均可构成独立的价值在市场上流通,但其物理特性仍是所有构成要素的基础。技术商品的商品组合几乎就是商品的"核心",而它的商品核心就是由"软件"——技术本体与"硬件"——技术载体构成,即它的市场价值构成。技术本体和技术载体可分离,各自独立地进入流通,达成贸易。普通商品的价值由社会必要劳动时间确定,而技术商品的生产往往是个别生产的,因而其价值不能用统一的社会必要劳动时间去衡量。但是技术商品必须被应用于生产实践,与其他生产要素相结合,才能转化为现实的生产力。因此,技术商品的价值由个别劳动时间确定,又必须考虑实际需要。

4. 交易形式和交易后权限不同

一般商品的交易形式较少,一般只有三种:批发、零售、服务。而技术商品的交易形式有很多种,比较常见的有:技术开发、技术转让、技术服务、技术咨询、技术承包、技术引进、技术招标、技术攻关、技术交流、技术出口等。交易形式的不同决定了选择营销渠道的不同。

一般商品是实物商品,交换后即发生所有权的转移,买方既获得了商品的使用权,同时也获得了商品的所有权。因而,普通商品可以买断,没有后续性。而技术商品是无形商品,交易后技术商品的所有权仍留在技术商品的转让者手中,受让方只获得了技术的使用权,且运用这种权利还有时间和地点的限制。

5. 售后服务不同

一般商品交易后,因为所有权的转让,售货方一般只提供较短期的售后服务,且售后服务的性质多是帮助顾客处理问题。而技术商品的交易是一种长期交易,不仅洽谈交易需要较长时间,而且履行合同往往还涉及知识和经验的传授和消化吸收及技术培训和咨询服务等问题,因而,每笔交易的有效期较长,交易中的服务期较长。技术商品必须在买方完全掌握其技术性能后才能发挥其使用价值,因此技术商品的售后服务期也较长。

第二节 技术经纪的前期策划

技术经纪是一项为技术交易的洽谈、签约、履约等提供全程服务的活动。由于技术交易的特殊性和不确定性,既使技术经纪活动需要知识、经验、信息和技巧的支撑,又使技术经纪工作显得极其复杂。因此,要完成技术经纪的过程,实现技术交易的目的,必须十分注重技术经纪的前期策划。

技术经纪的前期策划,包括技术经纪的来由与策划要求,技术与市场的关系,技术信息的获取与辨识,技术交易方式的选择和技术项目的可行性分析等。

一、技术经纪的来由与策划要求

(一) 技术经纪的来由

技术经纪的来由是指具体技术经纪工作产生的缘由。

一般来说,技术经纪的来由有三种。

1. 供方之求

供方之求,即拥有技术商品的一方,为了收回技术商品研发成本并获得一定利益,或者为了维持其技术商品的持续开发以实现技术商品的升级优化,要求技术经纪人就寻找技术商品买方提供技术经纪服务。

2. 需方之求

这种要求主要来自企业。即企业为了产品结构或者产业结构的调整和优化,提升企业产品竞争力和企业核心竞争力,获取最大或者满意利润,要求技术经纪人就选择技术商品卖方提供技术经纪服务。

3. 事业发展之求

这种情况,既不是缘起供方之求,也不是缘起需方之求,而是技术经纪人为了自身事业的发展,在精心选择技术商品的同时,选择买、卖双方的技术经纪行为。

(二) 技术经纪的来由与策划

针对不同技术经纪的来由,技术经纪的前期策划的内容要求也不完全相同。

1. 供方之求的前期策划内容

(1) 对供方的技术商品进行评价分析

对供方的技术商品的评价分析包括:技术商品权益归属的合法性,技术商品的先进性、成熟性、适用性、经济效益和社会效益、市场风险,以及技术商品定价的合理性和市场需求预测等。

(2) 对技术商品需方的选择评价

某一技术商品的需方,有时往往不是一家。此时,技术经纪人应对多个需方进行比较分析,从中选择一家合适的需方。技术经纪人对需方选择评价的主要内容有:需方的经营管理水平、技术开发能力、商业信誉、工程化能力、经济效益与支付能力,以及需方现有的产品结构与所处的行业领域等。

2. 需方之求的前期策划内容

(1) 可供或可替代的技术商品的比较分析

在市场上,具有相似或者可替代的技术商品是经常存在的。因此,技术经纪人应对相似或者可替代的技术商品进行比较分析,为需方寻找最适用的技术商品。比较分析的主要要求是:技术商品的时效性、先进性、成熟程度、适用性、经济性、市场风险,以及技术商品的价格和技术商品内涵技术同需要方技术系统的相容性等。

(2) 技术商品可供方的选择评价

由于有可替代技术商品的存在,因此市场上技术商品的供方是多元的,技术经纪人必须对众多的可供方进行比较分析,为需方寻找合适的卖家。比较分析的主要要求是:卖家对技术商品权益拥有的合法性,可供方的商业信誉、技术服务的质量和水平、研究开发能力,以及可供方的新一代相似技术商品的研发情况等。

(3) 对需方技术发展路径和策略的咨询

技术发展路径是企业的技术(包括产品和生产技术)的升级与优化的轨迹。技术发展策略是企业实现技术升级与优化的政策与措施,它们是企业核心竞争力长盛不衰的根本。因此,技术经纪人在为需方寻找合适技术商品和供方的同时,还应关注需方的技术发展路径和策略,不仅要对引进技术与需方技术系统的相容性提供咨询意见,而且要为需方如何实现技术的长期积累和在一定条件下实现技术跃迁提供咨询意见。为此,技术经纪人应做好咨询的基础性工作,主要是技术研发能力(或技术创新能力)的提升策略、科学技术的各技术领域的发展动态的收集和整理,以及产业发展趋势和产业技术发展动态的信息的收集和整理。

3. 事业发展之求的前期策划的内容

(1) 经济和科技发展趋势

预测和评价技术经纪人必须十分关注当代经济和科技发展的趋势,即注意伴随经济全球化而出现的科技全球化;注意因科技迅猛发展而出现的基础研究、应用研究和开发研究的界线渐趋模糊和技术寿命周期的缩短,注意世界产业结构转移而引发的国家产业结构的优化调整和产业结构重心的转移;注意跨国公司的新的发展动向而出现的知识产权保护的强化和技术商品主体多元化的形成,技术经纪人只有充分重视和了解这些变化,才能真正达到理性地发展自己事业的目标。

(2) 熟悉和了解产业政策和科技发展规划

技术经纪人必须熟悉和了解国家和地区的产业政策,以及国家和地区的中长期科技发展规划。其中,产业政策是国家和地区产业结构调整、优化和升级的战略性规划,也是国家和地区的产业发展的政策体系。技术经纪人只有熟悉和了解产业政策和科技发展规划,才能从众多的技术商品中筛选出比较适用的、可进行技术交易的技术商品。技术经纪人在比较、筛选技术商品时,要特别关注承担中长期科技发展规划确定的重点项目实施的国家级科研机构和国家实验室的科技创新成果。

（3）对市场上可供技术商品的选择、评价

对市场上可供技术商品的选择与评价的出发点和归宿是这些技术商品是否符合产业政策和科技发展规划的要求。同时，在这个基础上，进行技术商品的先进性、成熟性、市场风险和经济性，以及经济效益和社会效益等的评价分析。

（4）技术商品的需方的选择、评价

在缘起事业发展之求的前期策划内容中，同样要进行类似缘起供方之求的技术商品需方的选择评价。如果要说有什么差异，则是在作选择、评价时，它更注重相容性的分析。

根据以上阐述，可以发现，尽管由于技术经纪的来由不同，技术经纪的前期策划的内容和要求有所不同，但是它们还是内含着一些共同的内容和要求。这些共同的策划内容和要求是：技术商品的经纪必须建立在充分掌握相关信息的基础上；技术商品经纪的全过程完成或者技术交易的成功，必须进行技术交易方式的策划；技术经纪前期必须对技术项目进行可行性分析。

二、技术信息的获取和识别

当今时代，是信息社会化和社会信息化交互发展的时代。在当今时代，信息已成为基础性的生产要素，是重要的资源。技术经纪人在技术经纪活动中，不仅要善于获取信息，特别是技术商品的信息，而且要善于识别信息。只有这样，才能为技术经纪全过程的实现，奠定扎实的基础。

（一）技术对市场的作用

技术对市场具有先导、垄断和繁荣作用，技术经纪人只有充分认识这些作用，才能自觉地、积极地做好技术信息的收集与识别工作。

1. 技术对市场的先导作用

先进技术建立在现代科学的基础上，它对发展生产力，促进社会文明，增强综合实力起着先导作用。随着市场需求的增大，企业、大学、科研单位纷纷把目光投入到先进技术的研发上，通过掌握先进技术，从而在市场竞争中掌握主动权。技术对市场的先导性作用表现在两个方面：

一是技术必须是引领其他生产要素在市场中运动、起第一生产力作用的要素。技术要素不仅仅是消极地反映市场需求，它对其他要素也具有开拓性，即其他生产要素都必须靠技术来更新、优化和升级。知识经济发展的一个重要特点通常是一种新技术的问世，引起了社会的需要，生产发展的需要又推动着这种技术的进一步开发与扩散，这种开发和扩散又活跃着资本、劳力、信息等要素市场。因此,技术的发展要适度超前于其他生产要素的发展,这样才能更好地发挥技术对市场的先导作用,并为其他生产要素的发展提供技术支持。

二是技术要素的整个运动过程,需要融入其他生产要素的参与和互动。这种众多市场要素的参与和互动,是一种良性的、符合市场经济规律和科学技术发展规律的互动。譬如,资本要为先进技术的转移和物化提供足够的支撑,包括风险资本的进入;劳动力要素要为技术的转移和物化提供智力资源保障,包括高素质人才的供应;即使像土地这种不可再生的资源,也同样要为技术成果的转化提供相应的保障。因此,任何生产要素都需要为技术的运动提供保障和支撑。反过来说,其他生产要素离开了技术,也不可能大有作为。可见,技术与其他生产要素呈现相辅相成的关系。

2. 技术对市场的垄断作用

当前,随着经济全球化的不断深化,市场竞争越来越激烈,而这种竞争的实质是技术的竞争。因此企业都在最大限度地保持着技术的垄断。所谓技术垄断,是技术所有者对自己所拥有的专利技术或专有技术采取封锁、垄断政策,以实现独家生产与经营,从而获取高额利润。美国战略管理专家波特认为,技术垄断主要是以技术优势作为抑制同业竞争的武器和阻止潜在竞争者进入行业的障碍。例如,跨国公司的技术转让战略是:母公司研究开发技术成功后,首先在自己内部使用,然后向子公司转让,最后再向外部企业转让。目前,跨国公司在华技术转让中,都保留着"核心技术"和"关键技术",这样做的主要目的是保持技术垄断以获取高额利润。

技术的垄断作用表现为以下特点:

① 技术垄断具有开放性。技术垄断会导致一种"创造性破坏"(或技术创新)的行为。熊彼特认为,与技术创新相伴而生的是旧产品不断遭到淘汰和原有企业资产的损失。因此,在技术垄断情形下,潜在竞争者会开发出比现有市场先导者更先进的技术和产品。

② 技术垄断具有积极主动性。技术垄断是建立在不断打破旧的壁垒、开拓新产品、新产业基础上的。

③ 技术垄断具有动态性质。技术进步的目标是动态的,技术创新、技术进步将呈现一个永无止境的、不断发展的趋势。

当代发达国家最为突出的一个特征是技术垄断代替了资本垄断,其在当代发达国家经济中发挥至关重要的作用。技术垄断的作用是双面的,一方面,技术垄断作为当代企业竞争的一个有力武器,可以保证企业在市场中占据有利地位,给企业带来巨大的经济效益。而且争取技术垄断、谋求高额利润,也是企业不断地进行技术创新、追求技术领先地位的一个重要驱动力。另一方面,技术垄断带来的巨额利润会引发更加激烈的竞争,给企业造成很多隐患。而且科学技术日新月异,如果固守已有的技术优势不思进取,企业必将陷入技术落后、竞争被动的地步。另外,从整个经济社会发展看,正是技术广泛扩散、观念相互启发激荡才能促进创新不断涌现,层出不穷。如何避免技术垄断的消极作用已经成为企业决策者在制定技术创新战略,选择技术竞争策略时必须认真考虑的问题。而在国家创新系统层面,处理好技术垄断与技术扩散之间的关系,使之既形成有效的创新激励机制,又能推进先进技术在国民经济中的广泛采用,是国家创新体系的体制设计中需要解决的重要问题。

3. 技术对市场的繁荣作用

"科学技术是第一生产力","经济建设必须依靠科学技术,科学技术必须面向经济建设"。随着人们对科学技术的认识,越来越多的企业把技术要素摆到第一需要的位置。技术已成为企业巩固市场、提升竞争力的有力武器,因而技术需求无论从数量还是品质来看,都以前所未有的速度在发展。同时,科技本身更新速度加快,技术创新活动、技术贸易活动越来越频繁,技术供给市场异常丰富,包括各种专利技术和非专利技术,涵盖从传统农业到现代高科技,从海洋技术到航空航天技术,一应俱有。

巨大的技术需求和丰富多样的供给,促进了技术交易市场的空前繁荣。技术转让、技术入股、技术投资等多种交易方式层出不穷,随着技术控制权或所有权的易手,带动了科技资源、人才资源的流动,科技型人才市场日益红火;随着金融资本市场的发展,金融工具、资本开始与技术结合,不但吸引了大量社会资本投向高新技术领域,孵化高新技术企业、促进技术商品的产业化进程,而且技术反过来又实现资本成倍的增值,二者相互促进,相互融合,形成技术垄断与资本垄断的双垄断,如一些大型跨国公司。技术交易的发展,也能促进产业结构调整升级,促进社会资源的优化配置,增加劳动就业,推动社会经济蓬勃发展。技术对市场的繁荣作用主要表现为:

① 技术要素是推动经济发展的主要动力。在知识经济时代,技术成为生产要素,其具有可共享、可重复使用、可低成本复制、可发展等特点,对其使用和改进越多,则创造的价值越大。技术作为生产要素投入,通过与其他要素的有机配比和使用,提高了投入要素的边际效用,最终导致效益递增。据统计,发达国家技术进步对国民经济增长的贡献率在 20 世纪初为 5%～20%,20 世纪中叶上升到 50%,目前已高达 60%～80%。技术的研究开发和不断创新已构成知识经济的重要基础。

② 技术要素是社会和谐发展的重要保障。实现经济发展和人口、资源、环境相协调,是现代社会发展的重要目标。加快科技进步,提高技术要素在经济增长中的含量,实现经济增长方式由粗放型向集约型的转变,是唯一的选择。实现经济增长方式转变涉及的因素很多,但其中起决定性的因素是技术要素。

(二) 技术信息的获取

市场上,各种技术供求信息繁多,没有哪项技术能够满足所有消费者的全部需求,也没有哪个消费者对全部信息均有需求。必须根据技术经纪的具体情况，对技术信息进行搜集、筛选，将潜在的技术项目挑选出来，使技术经纪活动"有的放矢"，从而提高技术经纪的效率和质量。技术经纪人可以根据自己的专业背景、业务渠道等充分收集技术信息及有关政策法规信息。

信息是资源，是技术经纪人最重要的资本要素。掌握信息来源，了解第一手资料，不仅有利于了解市场环境、技术供求信息，而且还有利于对信息的使用价值作出正确的判断，保证信息的准确性和时效性。获取信息的途径有很多，而网络技术的诞生，更使获取信息的渠道变得越来越宽广。一般而言，技术经纪人可以从不同途径获取相关的技术市场信息。

1. 从信息的源头获取信息

高等院校、科研院所是我国科研力量最集中的地方，他们具有较强的科研实力，也了解世界科技发展的趋势，承担了大量国家重大科研项目，每年都有大量的科技成果产生。因此，高校、科研院所是技术市场中最重要的信息源。

企业在技术市场中以技术买方和技术卖方双重身份出现。一方面，随着全球经济一体化的发展，企业为了进一步提高核心竞争能力而进行产品结构调整、产业能级提升等，大大提高了对技术的需求。特别是中小企业，对技术的需求更为强烈。因此，技术需求主要来自企业。另一方面，随着国家创新体系建设的推进，企业逐步成为技术创新的主体，企业的研发、创新能力迅速提高，一些企业已经具备了自主知识产权和核心竞争能力，企业与企业之间的技术贸易、技术合作也越来越多，尤其是高新技术企业的技术创新与技术交易非常活跃。因此，企业也是科技成果产生的重要源头，并且拥有大量的技术信息（含供需两方面信息），是重要的信息源。

国防科研和国防工业多把替代下来的、具有较高可靠性的军用技术通过市场转为民用，或者利用他们的科研力量从事民用产品的研究。这也是重要的技术信息源之一。

个人的专利技术和科研成果，多属于小型实用的产品，这类成果的信息是市场关注的重点。

2. 通过科技活动获取信息

各级政府、行业协会、中介机构等组织为加强科技合作与交流，推进科技事业发展，每年都会举办各种类型的科技活动，如举办科技周、国际国内的科技展览会、技术交流会、技术交易会、科技成果发布会、技术难题招标会、技术洽谈会、科技招商会、技术对接会等，汇集的信息涉及各个行业及领域，具有广泛性和综合性，通过这些活动可获取各方面的信息。例如，2005年由江苏科技厅举办的"民营企业苏北行活动"和2006年由浙江科技厅举办的"大院名校浙江行活动"，两者都是政府搭台，在广泛征集企业技术需求的基础上，由长三角中介机构积极参与，利用有效需求信息，组织大学、科研单位的专家与相关的企业进行项目对接的大型活动。这些活动活跃了技术市场，促进了区域科技与经济的联动发展,也是技术经纪人获取技术信息的良好途径。

3. 通过新闻传媒获取信息

由于媒体具有信息传递量大、速度快、内容丰富、受众面广的特点,已成为传播技术市场信息的主要手段之一。因此,通过报纸杂志、广播电视、专业期刊、互联网等都可获取所需要的各种信息。目前,大量的科技与经济发展信息、市场对技术的需求信息、科技资源、科技成果信息、相关的政策法规信息等等都可以从这些媒体上获得。如北方技术网(www.ntem.com.cn)、上海研发公共服务平台(www.sgst.cn)、江苏省技术产权交易市场(www.jstec.com.cn)、中国浙江网上技术市场(www.51jishu.com)、安徽省网上技术市场(www.ahsjssc.com)等,这些媒体整合了各种科技资源,因此,通过媒体获取信息是最快捷、经济、方便和有效的手段。

4. 从科技信息机构获取信息

信息在社会科技与经济的发展中起到越来越重要的作用。作为新产业,近年来得到快速发展,如专门化的信息咨询机构、专业性的网站、情报机构等,他们收集、整理信息,使信息如同商品一样可以进行交易。技术经纪人可根据需要,通过商业途径从这些机构购买信息。作为供技术保护服务的政府机构,专利局或知识产权局虽然不是技术商品生产的源头,但由于法律所赋予其的职责及制度上的要求,使其成为技术商品信息管理最正规、最权威的部门,同时也是全部公开信息最集中的地方。专利是在有关技术信息全部公开的前提下才被授予专利权。因此,专利管理部门的专利文献检索收集技术信息,是最具可信性的技术市场信息获取渠道。专利信息不仅包含大量的技术信息,还含有丰富的商业信息,以及技术发展趋势的信息,可以为技术经纪人提供比较全面而综合的信息资料。

5. 从各类技术转移机构获取信息

为了加快科技成果产业化,各级政府、大学、研究所组建了各类技术转移机构,如成立于大学和研究所的国家级技术转移中心、技术交易所均是从事技术信息服务的专业机构,不仅汇集了许多现成的技术成果,还能供需求者发布技术需求信息,吸引众多技术拥有者主动提供相关的信息;专业协会、风险投资行业协会、科技创业孵化器、科技园区等都集聚了大量海外和海归高科技人才,国际技术交流畅通,技术创新与制度创新更加活跃。特别是在科技园区,国外许多大公司在那里落户,设立了研究发展机构,使科研与国际水平接轨,生产和科研逐步面向全球,技术成果、需求信息相对比较集中,能够给技术市场提供大量有益的信息,技术经纪人可以根据需要获得各类信息。

6. 从社会活动中获取信息

除了上述各种渠道外,技术经纪人还可有目的地参与社交活动,通过与不同领域、行业的人士的交往获取相应的信息。因为每个人都有一定的社会交往活动,其中携带的信息资源非常丰富。通过这种活动不仅可以获取很多直接的信息,而且结识众多人士还可能建立许多稳定的信息来源渠道。如很多科技中介机构、行业协会、学会组织都会定期举办各种类型的沙龙活动、学术会议、研讨会等，目的就是扩大社会交往促成信息的交流与传播。因此，社会活动是产生信息的源泉之一，蕴藏着大量有价值的信息，参与各类活动越活跃，所获取的信息量就越大。当然，在参与活动前，必须做好充分的准备，对每次活动的主题、参与人士都应有充分的了解，这样才能"知己知彼，百战不殆"，每次活动都能取得预期的信息。

（三）技术信息的识别

通过市场所获取的各种信息，涉及面广、信息量大且杂。如果不能按照一定的标准进行信息加工，就很难满足交易的需求，会降低经纪的效率。技术经纪人可以通过科学的方法对信息进行分类、筛选和整理，从中获取有价值的部分，使之成为可用资源，为开展经纪工作奠定良好的基础。

(1) 技术信息的实用性和针对性

技术经纪人收集、筛选和传递的信息的目的性应十分明确，即为技术交易提供有价值的中介服务。不同的对象对技术市场信息的需求不同，技术经纪人应该从自己掌握的专业知识出发，根据需求有针对性地收集信息。在收集到的大量信息的基础上，要对信息进行比较与分析，衡量信息是否实用、有无使用价值，以及使用价值的大小。通过不断比较，去除无用的信息，最终锁定信息可选择的范围。

在技术经纪活动中，提高技术信息的实用性和针对性是保证工作质量的一个重要组成部分。因此，技术经纪人应根据需求，有目的、有方向地收集信息，有利于有效地开展技术经纪活动。

(2) 技术信息的真实性和有效性

信息的真实性是开展技术经纪活动的基础要求。由于技术市场信息来源可以有很多渠道，如有技术商品交换过程中人与人之间传递的社会信息，通过互联网传播的各类信息等，信息通过不同的渠道传递难免会带上一些人为的因素，盲目地使用信息是造成技术经纪效率不高的主要原因之一。因此，技术经纪人应对错综复杂的信息进行筛选、整理，对信息来源必须有清楚的了解，必要时应对部分信息进行核实，实事求是地把握信息的真实性，防止信息在处理中人为地变异。只有确保信息的真实性和有效性，才可能使技术经纪人对技术经纪活动作出正确的判断和正确的决策。

(3) 技术信息的时效性和经济性

随着科学技术的发展和经济活动的节奏不断加快，技术信息具有很强的时效性，它会随市场的变化而变化。有些领域里技术更新换代很快，有的技术因人事变动而无法实施，有的技术因成本变化或市场饱和而不再可行。由于种种原因，这些过时的技术还保留在一些信息管理机构的信息库里，依然在被传播。为了避免做无效的劳动，技术经纪人在收集信息时要关注成果产生的日期、项目登录的时间,并加以分析。另外,使用信息时要考虑使用信息的运作成本,即获得信息的成本、处理信息的成本和传递信息的成本。通过综合分析,进一步识别信息的使用价值,这将有利于技术经纪人及时有效地利用这些有使用价值的信息。

(4) 技术信息的专业性和系统性

技术信息的专业性是指技术经纪人在收集、选择信息时,要有目标和侧重的方向,根据自己的专业背景,结合市场需求,逐步形成适合自己的专业经纪范围;系统性则是要广泛收集、积累该专业领域内技术供给、技术需求、相关经济、政策等一系列信息。对收集的信息采取一定的方式整理,将信息浓缩、优化,通过对信息资料的比较和分析,找出它们之间的区别和规律性,确定有无使用价值或价值大小,及时配对、撮合,使经过处理的信息及时地获得运用。

技术经纪机构收集有关专业领域的信息,也可以与国内外有关信息机构联系,迅速选择所需要的信息。根据所收集的信息,经过筛选、整理后,形成自己的特色,建立信息库,组织技术经纪人开展经纪活动。

三、技术交易方式策划

技术交易又称技术贸易,是技术转移的商业形式。技术交易的方式多种多样,目前我国纳入技术合同登记范围的技术交易方式主要有技术开发、技术转让、技术咨询、技术服务。技术经纪人应根据技术商品的特点、买卖双方的具体条件和社会经济发展的新趋势等选择合适的交易方式。

(一) 技术交易方式与技术经纪

对于不同的技术交易方式,技术经纪工作的重点和应注意的问题各不相同、各有侧重。

1. 技术开发

在全国成交的各类技术合同中,技术开发合同一直占有较大的比例,仅次于技术服务合同,居第二位,这说明技术开发经纪在我国技术经纪业务活动中占有相当重要的地位。

(1) 技术开发经纪工作的重点

① 认真考虑技术开发项目的可行性。技术经纪人及其机构,在受理技术开发项目的经纪业务时,就必须认真考虑技术开发项目的可行性。其目的主要是为委托者或合作双方着想,以避免技术开发的盲目性和重复开发,造成不必要的经济损失。

② 重视技术开发项目的咨询与论证。咨询和论证应在技术开发项目可行性分析的

基础上进行。其目的是减少技术开发决策失误。如果技术开发项目未曾进行过咨询与论证,可建议委托方进行这方面的工作,或者接受委托方委托,为其技术开发项目进行咨询或论证,然后再为其寻找合作伙伴。

③ 为委托方选择适宜的合作伙伴。无论是委托开发还是合作开发,都要根据技术开发项目的情况,来为委托方慎重选择适当的合作伙伴。如果选择不当,不仅会影响技术开发项目的完成,也难免为委托方造成不应有的经济损失,更会影响到技术经纪人及其机构的威信。

(2) 技术经纪人及其机构,在促成技术开发合同订立及其履行合同过程中,应当特别注意协助合同双方处理好以下几个问题:

① 明确开发成果的创新程度。相应的技术进步特征和技术创新的内容,均可以作为技术开发合同的标的。因此,对技术开发合同中研究开发成果的技术创新程度,既要作具体分析,又要有较准确的技术要求,以便进行考核。

② 明确技术成果的归属和分享。技术成果的归属和分享,是技术开发合同所要解决的重要问题,应按《专利法》和《合同法》的规定处理。

③ 明确承担研究开发风险的主体。研究开发风险,也是技术开发所面临的特殊问题。在履行技术开发合同的过程中,因出现无法克服的技术困难,导致研究开发失败或部分失败的,其风险责任由合同当事人在合同中约定。合同没有约定的,风险责任由当事人合理分担。当事人一方发现可能导致研究开发失败或部分失败的情况时,需及时通知另一方并采取适当措施;致使损失扩大的,应就扩大的损失承担责任。技术经纪人及其机构,在促成技术开发合同成交时,就应及时提请当事人就上述几个问题,在合同中加以约定;合同中如未约定,也应在事后达成协议,或者按合同争议进行调解。

2. 技术转让

当前,在市场竞争日趋激烈、市场需求的结构性矛盾突出的情形下,技术已经成为各企业抢占市场、赢得竞争的制胜法宝。技术转让已成为技术最有效的获取方式和科技知识传播、扩散、推广应用的一种有效方法。

(1) 技术转让经纪工作的重点

① 弄清和核实转让技术的权属。无论是技术让与方或者技术受让方委托为其出卖或者购买技术,技术经纪人及其机构都必须首先弄清楚和落实好转让技术的权属,才能为其提供技术经纪服务。特别要分清是职务专利及技术成果,还是非职务专利及技术成果,避免造成有关单位和个人不必要的权属纠纷。

② 重视转让技术的市场调查。无论是何种技术转让,技术经纪人及其机构,都应当重视该项技术实施后的市场前景及其经济效益。如果该项技术未曾进行过市场调查,也可先接受委托为其进行市场调查,然后再为其提供技术经纪服务。

③ 慎重选择技术的买方或卖方。要把技术受让方是否具有消化吸收该项技术的能

力,作为购买技术和受让技术的首要条件来考虑,这样才能较好地促进技术转让,从而产生较好的经济效益,并从中逐步树立起自己的良好声誉。

④ 为非专利技术转让严守技术秘密。非专利技术一旦失密,也就丧失了其转让的价值。由于技术经纪人及其机构,在接受委托从事技术转让经纪业务中,必然不同程度地了解到非专利技术成果的秘密。因此,也就有责任为这些技术严格保密。

⑤ 注意技术转让的地区差价。根据近几年国内技术项目流动情况的统计分析,技术转让地区差价的幅度较大。一般情况下,就地转让技术价格最低,外购技术价格适中,向外地转让技术价格最高,其差价幅度均在一倍或几倍上。技术经纪人及其机构在为技术转让各方协调价格时,应特别注意技术转让地区的差价。

(2) 技术转让经纪中应特别注意关于后续改进的处置问题

后续改进,就是指在技术转让合同有效期内,一方或双方对作为合同标的专利或非专利技术成果所作的革新和改良。这种革新和改良的提供和分享是技术转让合同中一个特别重要的问题,处置时应当注意掌握以下原则:

① 后续改进的技术成果属于完成该项后续改进一方。除了合同有约定外,任何一方无权要求分享另一方所作的后续改进成果。

② 提倡当事人双方按照互利互惠原则和权利与义务相一致的原则,约定后续改进技术成果的分享。

③ 分享后续改进的技术成果,应当是自愿的、相互的和有偿的。

④ 互惠使用后续改进技术成果,应当另行订立技术合同。因为使用后续改进技术成果,实质上是一项新的技术转让。

技术经纪人及其机构,应当按照以上原则,主动帮助合同双方处理好后续改进技术成果的分享问题,才能善始善终地做好技术转让经纪服务工作。

(3) 随着科技与经济全球一体化发展,技术转让的方式也呈现了许多新的形式

① 通过企业并购,实现技术转让。企业通过并购可以提高企业的市场地位,实现多元化经营战略目标,增强企业竞争力,保证企业的持久发展。企业并购是企业争夺先进技术的重要手段,在市场竞争激烈的环境下,通过贸易获得技术的成本很高,而且有的企业为了维持超额利润,往往不愿转让尖端技术。因此,通过兼并取得企业所有权,不失为获取目标企业先进技术的一条重要途径。通过并购,并购方可以充分利用原有企业已形成的生产力,减少投资,缩短投入产出时间差,有效地绕开进入新行业、新市场的障碍。并购不仅获得了技术,也获得了市场。目前,企业并购,包括发生在同一行业内、生产销售同类产品的企业间的横/纵向并购,以及分属两个不同的行业但存在直接的投入产出关系或产销关系的企业间的混合并购。如2000年通用汽车公司并购韩国大宇,就是通过企业并购实现技术转让的典型实例。在2000年韩国急于将大宇汽车出售,此时大宇汽车的价值已经"一落千丈"。在双方协商时,通用派出30多人对大宇在韩国国内和国外的重点企业进行精细调查,并提出了令韩国方面难以接受的苛刻并购条件:仅

并购通用选中的几个企业,其他问题一概不管。这些选购的对象资产价值 7 亿美元,其中通用仅仅出现金 4 亿美元,其余的以发行债券和债权团分摊的办法解决。除上述条件外,韩国的债权团和金融机构还要向新设立的通用-大宇汽车公司提供 20 亿美元的长期低息融资支援,同时韩国政府对通用-大宇还要提供一些优惠税收政策待遇。另外,通用并购大宇汽车还拉着铃木汽车和上汽集团两家公司一起"下水":铃木出资 8900 万美元,购买将新设立的通用-大宇公司 14.9% 的股份;上海通用出资 6100 万美元,购买通用-大宇 10% 的股份。中、日、韩三国的汽车市场目前基本上都是小型轿车唱主角,铃木、大宇、上海通用的汽车生产也基本上以小型轿车为主体。而现在,通用已将大宇开发的有市场前景的小型轿车的主要部件都转移到上海通用汽车生产厂生产。可见,通用汽车通过并购韩国大宇,不仅获得了韩国的市场份额,更重要的是通过精心选择并购的对象获得了大宇的小轿车生产技术,有利于通用汽车的亚洲发展战略。

② 通过技术入股方式实现技术转让。技术入股是指技术所有人(或者技术出资人)将技术成果的价值进行评估,并作为无形资产出资入股公司的行为。技术成果入股后,技术出资方取得股东地位,相应的技术成果财产权转归公司享有。技术入股有两种形式:一种是卖方以其智力和研究、开发项目作为股份向企业进行技术投资,联合研制、开发新产品,共同承担风险,分享效益,这种技术入股称为研究开发中的技术入股;另一种是卖方自己掌握的现成的技术成果折合成股份,向企业进行技术投资,然后分享效益,这种形式称为技术转让中的技术入股。技术入股有利于提高技术出资人的积极性,并能够有效调动技术出资人积极实现成果的转化。因此,以技术入股方式实现科技成果转化速度较快,易于成功。

这种方式主要对于拥有企业关键技术、核心技术以及高新技术的人才,由于其希望通过技术入股的方式享受技术进步带来的长期利益,因而能够在一定的范围内将技术折价,从而从技术所有者转变为公司股东与技术专家的双重身份,将其自身利益与企业紧紧联系在一起,从而促使其为实现技术的迅速产业化以及技术的长期发展而积极努力。对于企业而言,在引进资本的技术的同时也引进了技术专家,可谓一举两得,保证了企业在技术方面的垄断地位。例如,上海交大信息学院 3 名教授领衔开发了某系列数字监控器,2018 年以价值 400 万元的技术入股方式,投向某科技股份有限公司,并移交全部文档资料和 6 个系列的技术成果。双方紧密合作,待产品正式上市后,3 名教授还将获得股权收益。

③ 通过合资合作等形式实现技术转让。这种技术转让方式主要表现为由一个机构或多个机构将资金、技术、经营管理知识等组成的综合体向另一个产业部门实现转移。这种方式风险比较小,产生效益较快,有利于促进技术进步,提高企业的经营管理水平。对于不同的企业,其所拥有的资源禀赋各不相同,有些企业拥有较多货币资金,另外一些企业则拥有较强的技术研发能力,还有些企业或个人则擅长经营管理,这些具有不同优势的企业或个人进行组合,取长补短,优势互补,能够实现技术转让效益的最大化。如

2003年,北汽福田公司与德国奔驰汽车公司的合资,成功地引进了重卡汽车的生产技术。合资公司由北京汽车控股公司控股。该项目的成功运作每年为北京带来20亿元的税收。

3. 技术服务

(1) 技术服务的主要内容

① 技术改造服务:为提高产品质量、减低能耗、降低成本、保护环境等而进行的产品结构、工艺流程等方面的设计、改进和技术指导。

② 测试分析与调试服务:新产品、新材料以及有特殊要求的技术成果的测试分析;先进仪器设备、成套装置、生产线等关键性技术调试。

③ 技术需求服务:企业技术诊断、解决生产技术难题、对产品或成果的技术鉴定服务;科技信息的收集、检索、整理和服务。

④ 技术培训服务:技术培训是指拥有技术知识的一方接受委托,为另一方提供培训特定的专业技能或管理技能的服务。包括具有这方面职能的经营机构运用其组织能力,通过培训方式传播专业技术和管理技能的活动。

⑤ 技术中介服务:技术中介是指为技术交易牵线搭桥,起到重要的媒介作用。广义的技术中介可以涵盖活跃于技术市场的代理、居间、行纪、资产评估、法律咨询等多项内容。

技术经纪是技术中介的重要组成部分,主要是利用自己的知识和掌握的信息为促进企业之间、企业与高等院校和科研院所之间的知识流动和转移提供服务,为中小企业技术创新提供服务。随着社会科技与经济的发展,技术经纪服务的领域越来越广阔。

(2) 在技术服务经纪过程中应注意的问题

① 在接受企业委托时,技术经纪人及其机构要在众多的技术服务方中,为企业物色能够胜任的技术服务方,以确保技术服务的良好成效。

② 技术经纪人及其机构要不断地为技术服务方拓宽服务领域和开拓新的技术服务项目。

③ 技术服务量大面广,非常容易和经济合同相混淆。因此,技术经纪人及其机构一定要划清技术服务合同与经济合同的界限,不要把建设工程的勘察、设计、施工、安装合同和加工承揽合同与技术服务合同混同起来。

4. 技术咨询

技术咨询,作为我国软科学研究的一个重要组成部分,发展比较缓慢,还未能引起各级各类决策者应有的重视。因此,技术经纪人及其机构在开展技术经纪业务服务中,就应当高度重视技术咨询经纪业务的开拓与发展,注意和处理好以下几个问题:

① 把技术咨询作为促进技术经纪业务开展的重要手段。技术经纪人及其机构,都需要把技术咨询作为先导,把技术咨询作为重要手段,以促使技术开发、技术转让、技术

服务、技术入股等技术交易各方的决策都能够建立在科学的基础之上,并以此来促进技术经纪业务的开展,不断提高技术经纪的成功率。

② 从大力促进各级领导的科学决策需求入手,促进技术咨询经纪业务的开展。技术经纪人及其机构,要善于运用典型事例来宣传技术咨询的重要性,以不断强化各级领导的软科学研究意识和科学决策观念及其需求,促进技术咨询经纪业务的发展,努力为技术咨询社会化和产业化作出贡献。

③ 特别注意顾问方一般不对委托方的决策结果负责。决策结果主要应由委托方即决策者负责,这也是技术咨询中一个较为特殊的问题。

(二) 技术交易方式的策划

每一种技术交易方式都有自己的特点和优势。在具体实施技术交易之前,技术交易的供方、需方或技术经纪人自身都应根据技术交易的目的,选择最佳的技术交易方式,使技术交易各方都能通过技术交易达到各自的预期目标。在选择技术交易方式时,我们应主要考虑技术交易标的的特殊性、技术市场格局的特点和技术持有人的要求。如技术进口,跨国公司在国际技术贸易中占据主要地位,技术持有人往往主导着技术交易方式的选择。因此,技术经纪人和技术交易双方都应从技术持有人的角度,研究和掌握影响技术交易方式选择的主要因素。这些因素包括:

① 根据技术交易目的策划交易方式。交易目的是指供方和需方通过技术交易所需达到的目标。一般来说技术需方的目的主要是开发新产品、解决技术难题、填补技术空白、进入国内国际市场。技术供方的目的是通过技术交易,获得经济效益,利用技术作为非股权控制手段,通过技术转让转移过时技术使自己的技术和产品得到更新。在技术交易时,应根据技术需方和技术供方的条件和目的,比较技术交易所带来的各种经济效果,策划技术交易方式。

② 根据技术合同标的策划交易方式。技术交易涉及的技术范围十分广泛,包括专利技术、专有技术、计算机软件著作权、技术咨询和技术服务。这些内容与形式有很大不同,适用于某一技术的技术交易方式不一定适用于另一种技术。例如,专利技术与商标或专有技术与商标等可以使用许可贸易的方式,但单纯的商标许可使用比较多的方式应该是特许经营方式。所以,我们应该根据不同技术的特点来选择合适的交易方式。

③ 根据企业的条件策划交易方式。进行技术交易的企业自身的条件有很大差别,在选择技术交易方式时应结合供需双方的条件来进行。如技术水平、经营状况与经营环境等。企业的这些条件决定企业选择许可贸易、技术咨询、技术服务、技术投资、合资合作等的技术交易方式中的某一种或某几种交易方式的结合。

④ 根据技术附加值策划技术交易方式。技术交易方式不同,其技术附加值也不尽相同,技术交易应根据利益最大化的原则策划技术交易方式。一般技术转让的净利润

来自技术这种特殊商品的附加值,这种附加价值由五部分构成:研究与开发的附加价值、加工过程中的附加价值、装配过程中的附加价值、市场分配的附加价值和销售过程中的附加价值。其中,研究与开发的附加价值的增值在技术交易中最大,而其余四个环节的增值在技术交易中不明显。如企业一般可以通过技术投资方式,将研究与开发的技术成果以投资方式转移,异地设厂、加工、装配并建立销售渠道,从而获得其他四个环节附加价值增值的最大化。

⑤ 根据交易方式的特点策划贸易方式。不同交易方式的业务程序不同,对有关当事人,特别是技术持有人带来不同的风险。如许可贸易方式有比较大的泄密风险,对技术持有人的长期技术垄断地位有一定影响,所以在一定时期内,比如技术的开发期和成长期内,技术持有人往往选择对外直接投资的技术贸易方式。如技术扩散风险很小或者放弃技术控制的成本很低时,可选择许可贸易方式进行技术转让。在策划选择技术贸易方式时应当比较不同方式的优点与缺点,权衡利弊。这些利弊表现在技术转让方法、技术保密程度、技术价格的确定、技术使用费的支付、技术转让法律的运用、争端处理等方面,这些方面的变化体现在技术贸易双方当事人利益的转移,一般应从利润最大化原则出发策划技术贸易方式。

四、技术项目可行性研究

技术项目的可行性分析是对技术的先进性和适用性、经济上的合理性、实施的可能性进行综合分析和全面的科学论证,以判断其在技术上是否合理(适用或先进)、经济上是否可行,进而为技术交易提供判断与鉴别依据。因此,技术项目的可行性研究是技术经纪中的主要工作。不仅是评价技术交易客体的需要,也是经纪质量的重要保证。

(一)市场分析

1. 技术因素分析

对技术因素的评价存在着一套非常成熟的标准体系。它由技术的真实性、可用性、经济性、先进性和可推广性等指标构成。要了解和掌握项目的技术水平,一般可以通过项目的技术参数(指标)与国内外同类技术比较来加以把握。通过比较分析,达到判断该项技术是国际或国内首创、领先水平、先进水平还是适用技术的目的。如果技术是领先的,则要了解技术领先时间;如果技术具有创新性,则要了解该项技术是否为独占技术,是否容易模仿和可替代;如果是先进技术,则要了解该技术的领先时限;如果是适用技术,则要了解技术发展的动态。

(1)技术的真实性

真实性是一切评价的基础,没有真实性就没有一切。这种真实性有两种情况,一种是因为技术的特定类型使得技术具有不确定性。例如,化学反应可能因温度、压力或添加剂等多种外在因素而导致失误,这并非科研工作者本身主观意图造成的。另一种情况是伪科学。提交技术成果的人为追求功名利禄而放弃科学原则,技术内容就可能不真实,对此必须作出准确的甄别,否则便会给技术受让人带来巨大的损失。

(2) 技术的可用性

技术的可用性是指技术能够转化为特定工业产品,具有使用价值,并能够投入实际应用,能够达到一定的工作目标,满足某一个方面的需要。例如,一位发明人通过长期研究,把汽车下面的一捆电线变成两根线:一根电源线、一根信号线(负极线搭铁)。这个项目的实施使汽车电路更安全、线路更简单,使用成本更低、电器与开关更不容易损坏,性能大大提高,从而具有可用性。有的技术成果则可能不一定具备可用性。因此,技术经纪人必须善于对技术的可用性及可用程度进行分析判断,确保该项技术在转让后能够成功实施产业化。

(3) 技术的经济性

通常情况下,技术成果转化为生产力也存在着成本—收益的问题,即一项技术实施产业化后所产生的经济效益必须大于取得该项技术所支付的成本。技术的经济性是技术成果能够得到成功转让的保障。因此,技术经纪人必须对技术项目进行经济可行性论证,根据相关的经济效益指标和技术商品价格比较判断该技术是否具有经济性。

技术价格比较是指对项目的技术交易价格能否被技术交易双方所能接受的衡量与判断。技术价格的比较与技术的内涵有关:使用该项技术后产品对市场的垄断程度,如技术独占许可价格则比普通许可高;技术的成熟程度,如通过中试的技术价格比小试高;解决技术的难易程度,解决产业发展瓶颈的技术价格比解决普通技术高等。技术价格可以比较的相关因素有很多,如先进性、实用性、新颖性等。

(4) 技术的先进性

技术的先进性是一个非常实际且非常重要的标准。技术项目先进性比较是指对技术的使用、竞争能力和市场未来发展趋势的判断。所谓先进技术、普通技术、高新技术,都是具有时间性的。由于科学技术发展速度很快,有些技术项目因时间的推移失去其先进性,因此先进性在不同时期有着不同的内容和划分标准,而且是不断变化的。技术项目先进性比较是把项目的主要性能指标,如产品功能、技术性能、技术指标、主要原材料与单耗等与国内、国际同类产品进行比较,了解技术项目处于哪一种水平。如果技术项目有创新,主要了解技术上的创新点,其创新程度和创新点对产品的主要技术性能的意义,具体技术数据也要与国际、国内同类产品比较是否具有真正意义上的技术创新。

(5) 技术的成熟性

技术项目成熟性分析是指对技术的可靠性、安全性、稳定性进行全面的分析,以反映技术转化为生产力的可能性和风险大小的程度。若该项目技术的形式是新产品,要比较产品达到的成熟状态,包括进行小批量、小规模试生产条件下的成熟状态和在规模化生产条件下的成熟状态。具体是对产品的技术检测、分析化验的数据进行比较,检查产品质量的稳定性状态。若该项目技术的形式是新技术,要了解该技术在实际使用条件下的可靠性、安全性等情况,研究技术目前的主要缺陷和障碍以及克服这些缺陷和障碍的可能性和所需时间。

(6) 技术的适用性

技术的适用性比较是指对项目的技术成果能否满足使用者生产和市场需要、能否适应使用者的生产技术条件与环境等方面的比较,并具有一定的前瞻性。有些具有科学价值的技术不一定具有市场开发价值,也就是说这些技术成果经过生产过程,物化为一定社会产品后不一定为市场所接受。有些技术成果虽有一定开发价值,但投资过高收益过低,企业开发后无直接经济效益。因此,既要考虑社会经济发展的需要,同时要从整个产业发展的角度和社会资源利用的角度出发选择适用技术。

2. 市场需求分析

(1) 市场需求调查与分析的问题提出

当前,一方面是科技成果的大量供给,另一方面是企业对科技成果的大量需求。但是,由于技术交易的复杂性等多方面原因,使技术交易的成效不佳。造成成效不佳的原因主要有以下两个:

① 信息不对称性。现实生活中,往往会出现企业不了解在什么地方、有什么技术商品,可以解决企业生产经营中的技术难题和管理难题;大学和科研院所不知道企业需要什么样的技术商品,或自身已拥有的技术成果哪些企业需要等问题。这种信息不对称的情况导致想买技术的买不到适合的技术,想卖技术的又找不到合适的买家。所以,尽管技术市场的供求双方都很活跃,但真正能够成交的占极少数。信息不对称的另一表现为,企业需要的技术大多属于应用型技术,而大学科研院所里出来的技术则多属理论型或尚未进入试生产的技术,供给与需求难以对接,导致实际的需求无法得到满足。

若出现供求双方信息不对称、无法了解对方的情况,技术经纪人应该进行积极主动的调查与分析,需要时可以组织专家对企业进行咨询诊断,找出阻碍企业发展的主要原因,提出解决对策,确定技术交易项目,提高经纪成效。

② 技术需求层次的研究乏力。不同的目标市场和不同的技术消费群体对技术有不同的要求。如发达国家和发展中国家、发达地区和落后地区对技术需要的层次往往有很大差异。发达国家和发达地区由于拥有强大的经济后盾,一般乐于引进具有高风险、高效益的高新技术;而发展中国家或欠发达地区则主要希望引进成熟的适用技术。如我国沿海地区的经济比较发达,其技术需求层次较中西部地区有所不同。一般来说,技术是按梯度转移的方式移动,发达国家和发达地区是技术的主要输出方,发展中国家和欠发达地区是技术的主要引进方。当然,也不排除发展中国家和欠发达地区的优势技术向发达国家和发达地区渗透。总之,应当研究不同层次和不同目标市场对技术的不

同需求,减少技术经纪的盲目性,提高成交率。

(2) 市场需求分析的一般要求

市场需求分析是技术产业化是否成功的前提,是技术价值的决定基础,也是技术经纪前期策划的重要内容。对市场需求的分析,可以利用市场问卷开展市场调研方式,也可以在利用商业数据库的基础上再进行补充调研的方式完成。

市场需求分析主要摸清以下三个方面的情况:

① 需求现状及发展趋势。通过调查,全面了解当前市场上同类型产品的需求量、产品的丰富程度、市场的发展动态、国内现有生产能力等,预测技术项目产业化后产品的市场容量;根据产品的生命周期,预测市场变化趋势;根据市场的价格、技术进步分析,预测产品的社会效益和经济效益。通过全面系统的收集、分析研究,了解该产品的现实市场和潜在市场,并得出有无市场和市场大小的结论,预测出技术项目实施产业化后进入市场的发展前景。

② 竞争结构。通过调查了解市场所处的竞争类型,是属于垄断市场、完全竞争市场,还是属于垄断竞争或寡头垄断市场。不同的市场结构给技术产业化后施加的竞争压力存在较大差异。技术经纪人必须非常清楚地了解市场的类型,方能向潜在的受让者提出合理的建议。此外,还必须了解相似或可替代技术商品的主要供给者及其竞争能力、供给总量、供给分布等,通过产品竞争能力、市场竞争对手的数量和竞争能力的情况分析,结合技术本身的特点预测产品的市场占有率,从而确定技术转让后的市场占有率水平。

③ 确定市场需求规模。根据产品市场现状及其发展前景,以及本技术实施后可能的市场份额确定本技术的需求规模,并据此来确定技术项目的经济效益水平。

(3) 技术经纪中市场需求分析的特殊要求

双向调查与分析是技术经纪中市场需求分析的特殊要求。在技术交易中,不仅买方要选择卖方,卖方也要选择买方,这是技术交易的一个特点,是实现技术交易的必要前提。由于技术商品使用价值具有间接性,将技术商品转化为生产力的过程存在一定的风险,因此技术交易一般不能转手买卖,而是由买卖双方直接见面。技术交易是买卖双方互动的过程。在技术交易中,除了对技术商品进行选择外,还要对交易伙伴进行选择。为技术的卖方寻找和选择合适的技术购买单位,为技术的买方寻找和选择合适的技术成果,是技术经纪人的基本素质。

技术经纪人接受卖方的委托,为其寻找和选择合适的买方时,应对买方进行调研:了解买方的购买动机;买方对技术商品的接纳能力,包括消化吸收能力、购买技术商品的资金来源、现有的生产条件和规模、企业的生产和经营管理水平、管理团队等方面的情况,以及买方的市场风险承受能力、生产的布局和市场容量等方面的信息。

技术经纪人接受买方的委托,为其寻找和选择合适的卖方时,应根据自己掌握的知识和信息,向买方提供相关的技术成果的性能及水平、技术发展趋势预测等方面的信息资料,帮助买方正确选择技术,并分析买方自身的技术吸收消化能力和技术应用与生产后的经济效益。由于同一类技术可能有不同的技术源,因此,技术经纪人首先要了解卖方的技术水平和综合科技实力,并结合技术性能、技术发展趋势、经济效益、技术消化吸收能力、拟生产产品的特点、投资费用、生产成本、经济效益等多种因素,权衡利弊,为技术买方选择最恰当的技术引进方式及其相应的技术卖方。

3. 市场因素分析

市场因素分析主要是指资源供给的分析,如资金、材料、人力、时间、技术、信息、交通等对市场需求的影响。此外,还包括政策因素对市场需求的影响,如宏观经济调控、产业政策导向等方面。通过大量数据采集与分析,以及国家、地方政策法规的收集与研究,分析技术项目交易和产业化过程中可能会受到何种因素的制约及影响程度、谈判的主动权策略,判断项目实施的可能性。

市场因素分析的目的是判断该技术产业化的配套环境。一项技术的市场前景无论如何好,如果缺乏相应的配套环境,则其产业化的困难将非常大。因此,在进行市场需求分析的同时,也应对相应的产业环境、政策因素等予以清楚地了解,并将其对技术交易后的影响范围、影响程度进行充分分析,为可行性研究提供重要的信息。

(二)生产技术研究分析

生产技术研究分析主要是对项目实现产业化后,对生产过程可能会产生影响的因素进行事先分析。

1. 生产技术与人员培训

项目的生产技术必须经过小批量、中批量的试生产,通过测试与分析掌握试生产中的一些关键技术数据,为规模化大生产提供技术依据。在核心技术方面要加强人员培训,把握生产过程的关键环节,保证产品质量的稳定性和可靠性。

2. 工艺流程与设备

(1) 工艺流程设计

工艺流程包括对一个系列或多个系列的工艺顺序进行合理布局。生产工艺必须能充分利用国内资源,有效地利用投入的生产要素。工艺流程设计原则包括:

① 最佳工艺流程的选择。对可供选择的不同工艺方案要从工艺类型和工艺水平、产品质量、能耗物耗、"三废"治理、基建投资、产品成本、市场需求、经济效益等多方面进行综合分析比较,选出最佳方案。必要时,还需要根据外部条件的变化采用不确定性分析方法进行工艺流程的比选。

② 最佳工艺方案的分析论证。分析论证时,要描述技术项目的最佳工艺方案,并绘制工艺线路图,注明关键参数。对最佳方案进行论证的主要内容应包含:有关市场的需求状况、市场潜力和市场发展趋势的预测和论证;围绕项目的投资、费用和收益情况,对

各种投资因素的估算和论证;关于项目的先进性、适用性和可靠性分析的技术因素论证。

(2) 设备选择

设备选择要充分考虑其通用性、先进性,易于操作和维修保养,要求配套设备尽可能投资少、效率高,能耗低,并满足技术交易项目预期生产规模要求。设备选择一般遵循以下原则:

① 设备选择必须能满足工艺技术条件和生产能力的要求,即所选择的设备在功能效率和尺寸精度方面能够满足产品质量和各项工艺技术标准的要求,能够完成规定的生产定额任务。

② 采用适用高效率的先进设备,即要结合项目的具体条件和要求,本着技术先进、安全可靠、经济合理的原则,选择相应的设备。

③ 设备选择要考虑项目厂址的环境和动力、运输、资源等条件,以避免整个企业生产不均衡,设备能力不能充分发挥作用,直接影响整个企业的效益。

3. 环境与能源

技术项目的实施是为了实现某个特定的目标,如改进工艺、节约能源、开发新产品能等。有些项目能给本部门带来较高的经济效益,但可能也给社会带来负面影响,如环境污染、破坏生态平衡等。因此,技术项目要考虑环境保护的因素。项目实施以后对环境有影响的,在生产技术方面要有治理"三废"、保护环境的方案和措施。

4. 物资与供应

对生产所需的原材料、半成品、配套件、辅助材料的品质是否好、来源是否方便、价格是否合理和能够供应的资源是否充足的情况,以及其他公用设施等的使用等要有综合考虑,尽可能地多选几个方案。否则,技术再好,物资供应链出现问题都会导致项目达不到目标而失败。

(三) 经济效果研究分析

经济效果研究分析是技术项目可行性研究和项目投资决策的关键内容。经济效果分析,主要是对各种经济要素(投资、成本、销售量、销售价格等)进行研究,分析与预测经济效益和社会效益,评价技术项目产业化后的效果。

1. 投资估算与资金筹集

(1) 固定资产投资估算

固定资产投资总额由固定资产投资、相关税费和建设期利息构成。固定资产投资包括工程直接费用、工程间接费用(主要是指建设单位管理费、土地费、勘察设计费、培训费、保险费、办公及生活用品购置费等)和预备费(也称不可预见费)。

(2) 流动资金估算

流动资金包括保证正常生产所需的储备资金、生产过程中生产产品占用的生产资金、成品入库至销售前成品占用的成品资金,还包括应收应付账款、现金等。

(3) 无形资产投资估算

无形资产包括知识产权,主要是专利;公共特许经营权,主要是广告经营权。无形资产投资就是项目所需购买上述无形资产需要投入的资金。

(4) 资金筹措

项目所需资金除自有资金外,还可以从许多渠道获得。可行性研究中应对每一种可能的筹措方式逐一分析论证,从中选择最优惠的资金。同时,需要编制资金使用计划和借款偿还计划。

2. 经济效益与社会效益评价

(1) 经济效益

经济效益是技术买方所追求的首要目标。当技术用于生产经营所产生的收益超过为获取技术所支付的成本时,表明该项技术为技术买方产生了经济效益。经济效益可以从两个方面来衡量:直接经济效益和间接经济效益。

直接经济效益分析的对象主要包括项目的投资成本、项目投产的生产成本、销售成本、销售收入和新增利润,以及投资回收期等。主要的评价指标有盈亏平衡点、收益率、产值、利税总额、投资利润率等。

间接经济效益是指由于新技术的采用而给企业带来的各种非货币利益,包括无形资产。如技术优势、商业信誉和产品市场竞争能力的影响等方面。间接经济效益虽然不能以货币金额表示,未构成明显的净收益,但其在推动技术进步、提高企业商业信誉等方面具有非常大的作用。

经济效益分析的内容有:

① 项目生产成本与销售收入。生产总成本是指项目建成后一定时期内为生产和销售所有产品而花费的全部费用。包括购买原材料及辅料、工资及福利基金、折旧及摊销、大修基金、流动资金利息、销售及其他资金等,有的还需要进行单位成本分析。销售收入估算根据预测的产品价格和设计生产能力,逐年计算产品销售收入,当有多种产品时,应分别计算年收入,然后汇总成年总收入。

② 财务效益评价。根据国家现行财务税收制度以及价格,分析测算拟建项目未来的效益费用,考察项目建成后的获利能力、债务偿还能力及外汇平衡能力等财务状况,以判断建设项目在财务上的可行性。主要指标有财务内部收益率、投资回收期、贷款偿还期等。有的项目还应该计算财务净现值、投资利润率等指标,为项目决策提供依据。

③ 国民经济评价。国民经济评价是从本地区甚至全国的角度,考察项目对国民经济的贡献和需要国民经济付出的代价。它是项目经济评价的核心内容,是决策者考虑项目投资与否的重要依据。一般采用费用-效益分析法,运用影子价格、影子汇率、影子工资和社会折现率等经济参数,计算出项目对国民经济的净贡献,涉及出口创汇或替代

进口节汇的项目,还要计算经济外汇净现值、经济换汇成本或经济节汇成本,从而评价项目在经济上的合理性。

④ 不确定性分析。由于在进行项目评价时,所采用的数据多数是预测和估算值,资料和信息来源有限且准确性可能不高,未来的实际情况同预期可能有较大出入,因此评价结果必然具有不确定性。不确定性会给项目投资决策带来风险,为减少可能出现的风险,就需要对不确定性因素进行分析,以确定项目在经济上的可靠性。不确定性分析可分为盈亏平衡分析、敏感性分析和概率分析。

(2) 社会效益

作为法人实体,企业的生存、发展和盈利离不开整个社会,与政府、供应商、劳动者、消费者、周围居民等息息相关。因此,企业在运用新技术追求利益目标时,不能以损害社会效益为代价。相反,由于企业享受着整个社会所拥有或创造的财富,必须为整个社会作出应有贡献。一般而言,社会效益预测的主要内容为:在社会的可持续发展方面,能源、资源、材料和资金等的节约、合理利用自然资源情况;对促进自主创新和科技进步方面的作用;对产业结构调整的影响;改善地区经济结构、提高地区经济发展水平;对劳动者工作条件和薪酬状况的改善;增加就业机会、减少待业人口带来的社会稳定的效益;对环境的保护和美化;对国民经济发展和人民生活水平提高的影响;与地区科技文化、基础设施发展水平的相互适应性以及其他相关因素的影响进行全面评价。

在市场经济条件下,社会效益和经济效益都是通过市场得以实现的,要正确处理好二者之间的关系。从根本上说,社会效益与经济效益是一致的,应该同步增长。坚持社会效益为第一位,以提高社会效益来提高经济效益;通过提高经济效益,增进经济实力,扩大再生产和发展科学技术,进一步提高社会效益。

(3) 基本评价方法

对技术项目评价时使用的指标分为两类。一类是考虑资金时间价值的指标,又称"贴现指标"。主要包括净现值、现值指数、内含报酬率、动态投资回收期等。另一类是不考虑资金时间价值的指标,也称"非贴现指标"。主要包括静态投资回收期、平均会计收益率等。根据分析评价指标的类别,技术项目评价分析的方法也可分为贴现的分析方法和非贴现的分析方法两种。

贴现的分析评价方法主要是以下四种:

① 净现值法。这是一种最广泛使用的项目评估方法。净现值是指一项投资的未来全部净现金流入量的现值与投资成本现值之间的差额。它是测度一项投资的价值增值部分的指标。按照这种方法,所有未来现金流入和流出都要按预定贴现率折算为现值,然后再计算它们的差额。当净现值为正时,即贴现后现金流入大于贴现后现金流出,该项目在收回投资成本后存在剩余收益,说明项目的报酬率大于预定的贴现率,项目具有经济效益。

② 现值指数法。这种方法使用现值指数作为评价方案的指标。所谓现值指数,是

未来现金流入量现值与现金流出量现值的比率,或者看作为每1元的原始投资可望获得的现值净收益。如果现值指数大于1,说明其未来收益超过成本,项目的报酬率高于预定的贴现率水平;如果现值指数小于1,说明其未来收益不足以完全弥补投资成本,项目的经济效益较差。

③ 内含报酬率法。内含报酬率是当项目未来的现金流入量现值正好等于现金流出量现值时的贴现率,或者说项目的净现值为零的贴现率。它是项目本身的收益能力,揭示项目本身可以达到的具体投资回报率水平,反映其内在的获利水平。当内含报酬率高于资金成本时,项目能够带来较高的盈利水平,在经济上可行;当内含报酬率低于资金成本时,则项目的获利水平低于资金成本,在经济上不可接受。

④ 动态投资回收期法。回收期是指投资引起的现金流入量累计到与投资额相等所需要的时间,它代表收回投资所需要的年限。动态投资回收期是指项目未来产生的现金流量的现值与初始投资的现值相等时的时间长度。时间单位通常为1年。通常而言,动态回收期小于预定的回收期,则项目比较有利,而且回收期越短,项目的优势越明显。

非贴现的分析评价方法主要是以下两种:

① 简单投资回收期法。简单投资回收期是在不考虑资金时间价值的情况下,使未来现金流入量简单累计到正好等于历年原始投资额之和时的时间长度。如果回收期短于预定的标准时间,则项目有利。回收期法易于理解,便于计算,但其未考虑回收期以后的收益,运用这种评估方法时,如果优先考虑短期回收期,可能导致放弃一些具有战略意义的长期投资项目。简单投资回收期法是过去评价项目方案最常用的方法,目前作为辅助方法使用,主要用来测定方案的流动性而非盈利性。

② 平均会计收益率法。平均会计收益率是指项目的平均盈利指标与项目投资的平均价值之间的比值。其中,平均盈利指标根据需要可以使用平均税后利润、税前利润或销售利润总额。在实践中,较常用的是平均税后净利。投资的平均值则使用项目所占用的固定资产净值及净营运资本的平均值。

运用平均会计收益率方法,通常需要事先设定项目预期的平均会计收益率水平,并以此与项目的平均会计报酬率指标进行比较。如果项目的平均会计报酬率超过了预期指标,项目就可行;如果有若干平均会计报酬率超过预期指标的方案可供选择,则应选择该指标最高的项目方案。

第三节　技术经纪的过程策划

技术经纪直接承担着科技成果转化和产业化的基础性服务工作,是技术商品和产品之间的桥梁和纽带,是一项集理论、实践和智慧于一体的工作。技术经纪过程的完成,除了应做好技术经纪的前期策划以外,还必须突出技术经纪的过程策划。技术经纪的过程策划,包括技术交易的组织策划、技术交易合同的签订、技术交易合同的履行等。

一、技术交易的组织策划

组织谈判是技术交易组织策划的主要内容,是技术交易能否取得成功的关键。组织谈判具体应突出谈判技术的分析、谈判环境分析、技术使用分析和技术价格分析等工作。

(一)谈判技术分析

由于技术交易实现的周期较长,而且从技术项目的洽谈到签约,牵涉到技术、经济、知识产权、法律等多种因素,因此,谈判是一个重要的环节,需要技术交易的当事双方反复磋商才能达成一致意见。了解谈判的要点和策略,有助于提高谈判能力。其中,技术经纪人在谈判中的作用是:疏通障碍、协调分歧、提供各种促进交易的方便;通过技术经纪人的指导和沟通,使交易双方明白他们之间的利益依赖关系,互相依赖,互相尊重。在双方约定条件、讨价还价的竞争中,技术经纪人应保持冷静的头脑和谨慎的态度,为双方做好解释工作,促进交易。

1. 谈判心理准备

谈判前要有足够的心理准备,要有遇到强硬对手的心理准备。在设计谈判策略时,尽量往坏处想,做好谈判破裂的思想准备,制定好撤退方案。谈判是关系到供需双方共同的要求和愿望的事,是为了和对方在某一共同问题上取得一致的观点和态度。在谈判中要遵循互惠互利的原则,双方在谈判中可以畅所欲言,都具有否决权,谈判的结果应该是双方都获得自己所需要的、达成利益均衡的协议。由于谈判各方拥有的实力和谈判技巧不同,谈判的结果必定是"互惠的"然而是"不平等的",一方全赢、一方皆输的谈判是不存在的。要取得谈判成功,没有信任和合作的诚意是不可能实现的。

任何谈判均含有一定程度的矛盾冲突,这是正常现象。如何在矛盾冲突中求合作?这就必须具有平等的地位和相仿的条件,如果冲突一方已处于完全劣势,谈判也无法进行,只有双方的共同利益存在,也就是说既注意了自己的利益,又使对方从谈判中获得了某种满足,双方才有可能产生谈判的愿望和要求,谈判才会继续进行。因此,在谈判中,必须将对方视为平等的主体,既不能低估对手,以免轻敌;也不能高估对手,妄自菲薄,无形中给自己施加了巨大的压力,使自己处于不利地位。

谈判是一项极其艰苦的工作,是智力与体力、策略与技巧等多方面的博弈。谈判的过程并不会是一帆风顺,往往都会经历无数曲折,但每一次的曲折都会为下次的谈判积累最宝贵的经验,从而有可能使双方的意见更加接近。坚持就是胜利,保持精神饱满、精力旺盛,利用好谈判的技巧,对对方有充分的了解,必定能有较大的收获。

一个良好的谈判心理的建立应满足以下两个条件:

① 谈判信心的确立。谈判信心来自对自己实力以及优势的了解,也来自谈判准备工作是否做得充分。

② 自我需要的认定。满足自我需要是谈判的目的,清楚自我需要的各方面情况,才能制定出切实可行的谈判目标和谈判策略。谈判者应该认定以下几个问题:

一是希望借助谈判满足己方哪些需要。比如,作为谈判中的买方,应该仔细分析自己到底需要什么样的产品和服务,需要数量、要求达到的质量标准、价格、购买时间、供方必须满足买方的条件等;作为谈判中的卖方,应该仔细分析自己愿意向对方出售的产品种类、卖出价格最低限以及买方的支付方式和时间等。

二是各种需要的满足程度。己方的需要是多种多样的,各种需要重要程度并不一样。要搞清楚哪些需要必须得到全部满足,哪些需要可以降低要求,哪些需要在必要情况下可以不考虑,这样才能抓住谈判中的主要矛盾,保护己方的根本利益。

三是需要满足的可替代性。如果需要满足的可替代性大,谈判中己方的回旋余地就大;如果需要满足的可替代性很小,那么谈判中己方讨价还价的余地就很小,当然很难得到预期的结果。

四是满足对方需要的能力鉴定。谈判者不仅要了解自己要从对方得到哪些需要的满足,还必须了解自己能满足对方的哪些需要,满足对方需要的能力有多大,在众多的提供同样需要满足的竞争对手中,自己具有哪些优势,占据什么样的竞争地位。

满足自身的需要是参加谈判的目的,满足他人需要的能力是谈判者参与谈判、与对方合作交易的资本。谈判者应该分析自己的实力,认清自己到底能满足对方哪些需要,如出售商品的数量、期限、技术服务等。如果谈判者具有其他企业所没有的满足需要的能力,或是谈判者能够比其他企业更好地满足某种需要,那么谈判者就拥有更多的与对方讨价还价的优势。

2. 谈判方案组织

(1) 做好谈判前的准备工作

对谈判的内容作充分准备、估计和设想,要拟订谈判方案,包括总的原则、拟达到的目的、谈判的策略,以及谈判中可能提出的问题、可能发生的分歧和解决的对策。对于合同条款中哪些是要争取的,哪些是可以让步的,让到什么程度都需要在谈判方案中仔细研究和考虑。

(2) 拟定好谈判的程序

这是对有关谈判的议题和工作计划的预先编制,包括谈判计划、谈判日程、谈判议题等。这是决定谈判效率高低的重要环节,要做到统筹兼顾、通盘考虑,同时要考虑互利性。在谈判的准备阶段中,应根据情况,争取主动、率先提出谈判议程,并努力得到对方的认可。谈判前,己方率先拟订谈判议程的作用在于:谈判起来轻车熟路,谈判心理上占有优势,便于己方提前安排工作,如计划出席人员,做好后勤服务等;同时也可以为己方在谈判准备阶段中的假设预习提供依据。

谈判的议程安排要依据己方的具体情况,在程序上能避己所短、扬己所长。在谈判的程序安排上,保证己方的优势能得到充分的发挥。例如,当己方对某种信息尚未获取或某种话题尚不宜触及以及某种情势尚无定局时,可以安排在最后或必要的时间洽谈,以避免使己方陷于被动。另外,还应回避那些可能使对方难堪,因而导致谈判失败的话题。这一切在拟订谈判议程时,理当有所安排。

议程的安排和布局,要为自己出其不意地运用谈判手段埋下契机。谈判是一个技术性很强的工作,为了使谈判在不损害他人利益的基础上,达成对己方更为有利的协议,可以随时卓有成效地运用谈判技巧,但又不为人觉察。拟订谈判议程时,要为手段的运用创造有利的条件,而又不弄巧成拙。另外,谈判议程的内容要能够体现己方谈判的总体方案。要能够引导或控制谈判的速度和方向以及让步的限度和步骤,等等。一个好的谈判议程,应该能够驾驭谈判。但是应当指出,无论谈判的议程编制得多么好,都不会是一劳永逸的事,也不可能使谈判的每一步都不失利。所以,谈判者决不应放弃在实际谈判中步步为营的努力,尽管有时己方可能在局部失利,但如果己方能够争取编制出一个好的谈判议程,也能牢牢地把握主动权。

要做好组织准备工作。一般要建立一个精明强干的谈判班子,这些人员要求素质高、技术性强(如项目负责人、技术人员、法律人员、财会人员等),参加人员要相对稳定,保证项目谈判的连贯性。

3. 谈判策略运用

在谈判中,应善于掌握谈判的主动权、善于运用谈判的调和以及善于把握谈判中休息的时间权。

(1) 掌握谈判的主动权

谈判应抓住重点开展,不纠缠枝节问题。控制谈判的节奏,对重要的条款、原则问题不轻易让步,力争达到预期的目标;对次要条款和枝节问题,可采用灵活的态度,有进有退,必要时作出适当让步,以此换取对方在其他方面的让步,推动谈判的进行。

(2) 运用谈判的调和权

在谈判中要仔细听取对方发言,弄清对方的真实意图和根本利益,并发现可退让的限度;要不断提出建议,善于折中和妥协,你让一步,我让一步,找到解决问题的办法和条件。

(3) 把握谈判中休息的时间权

有时谈判遇到难以解决的问题,可以拖延和推迟谈判的时间,使对方陷入时间的压力中。有的谈判者时间观念很强,急于求成,这时拖延时间越长,费用越大,对方越容易出现焦躁不冷静的情况,可以利用这种心理。有时谈判陷入僵局,不妨借机会暂停,给双方一些时间重新考虑自己的立场和各自商量解决的办法。

(二)谈判环境分析

好的谈判环境有利于提高谈判的成功率。谈判环境不但是指时间、地点,还包括气氛和情绪。一般来说,在舒适明亮的房间,双方友好亲切、情绪饱满、心平气和、思维清晰、便于倾听和理解对方的意愿和要求,谈判容易成功。如果环境不好、气氛紧张、情绪恶劣,人就会烦躁不安、思想分散、缺少明辨是非的能力。因此,创造一个良好的谈判环境,有利于谈判取得成功。

1. 选择谈判地点

谈判地点是影响谈判的一个不可忽视的因素,主要涉及两个方面问题:谈判地点的选择,具体谈判场所的选择与布置。

(1)谈判地点选择

谈判中可供选择的谈判地点有三种类型:己方所在地、对方所在地和第三方所在地。选择不同的谈判地点会对谈判产生不同的影响。

① 己方所在地。在己方所在地谈判对己方谈判者有很多优势:第一,谈判者在自己熟悉的环境里没有心理障碍,容易在心理上形成一种安全感和优越感;第二,在通信、联络、信息等方面占据优势,谈判人员可以随时与高层领导联络,可以方便地获取各种资料,因此能够在谈判中保持灵活的态度;第三,由东道主身份所带来的谈判空间环境的主动权,会使谈判者在处理各种谈判事务时比较主动。

② 对方所在地。当谈判者在谈判中处于逆境或准备不足时,在对方所在地谈判可能更为主动,主要原因是退出方便。

③ 第三方所在地。第三方所在地作为谈判地点的优势主要表现为其不存在偏向,双方均无东道主优势,策略运用的条件相当。

己方所在地、对方所在地和第三方所在地是谈判地点的三种基本选择,它们各有利弊。在实际谈判中,还可根据实际需要变换谈判地点,如谈判在双方所在地交叉进行。

(2)具体谈判场所的选择与布置

当谈判双方经过协调,选择其中一方所在地为谈判地点时,按照惯例,所在地一方即谈判的东道主,应负责谈判场所的选择与布置。

谈判场所选择与布置的目的是营造一种有利于达成协议的环境和氛围,应注意以下几点:

① 谈判场所所在地交通方便,便于有关人员来往。

② 谈判场所所在地内外环境宽敞、优雅、舒适,能使人以轻松、愉快的心情参加谈判。

③ 正式的谈判室附近应有多种休息场所,以便谈判人员在谈判间隙时休息或举行场外会谈。

④ 选择适宜的场景色彩。谈判场景的总体色调应以暗色、暖色为主。

⑤ 妥善安排谈判座次。座次安排是谈判场所布置中一个比较重要的问题,也是影响谈判氛围的重要因素之一。通常应考虑两个方面,分别是谈判桌的形状和大小以及双方人员的排列。

2. 选择谈判时间

与地点选择一样,谈判时间的选择也是谈判组织中的一个重要环节。选择谈判时间就是确定谈判的开始时间以及谈判结束的最后期限。

(1) 谈判开始时间的选择

选择谈判开始时间,要以谈判者准确地把握有利于己方的时机为基准。在谈判过程中,从谈判双方的任何一方看,都可能出现谈判对手具有强烈的合作需求,或者谈判对手面临的谈判压力大于己方,故而谈判需要更为迫切的有利时机。选择有利时机开始谈判,则可以利用对方需求的迫切性,获取谈判的主动权和控制权,从而形成对己方较为有利的谈判局势。

(2) 谈判期限的选择

随着时间的推移,谈判双方所处的内外环境在不断变化,双方面临的商业机会的价值也会发生变化。因此,选择谈判时间还需要给出谈判期限,要求谈判者在某一期限前完成与对方的谈判。谈判期限的确定要合理:谈判期限过长,一方面会造成某些商业机会的错失,另一方面也会带来一定的人力、物力和财力损失;谈判期限过短,则不能给予谈判者留有充分的时间,反而会影响和限制谈判。

3. 营造谈判开局气氛

气氛影响人们的情绪和行为方式。同样的谈判议题,在不同的谈判气氛中,谈判的结果可能不同。谈判开局气氛是出现于谈判开局阶段的气象或情势,是由参与谈判的所有谈判者的情绪、态度与行为共同制造的,对整个谈判过程起着相当重要的影响和制约作用。根据出现的气氛或情势的高低,谈判开局气氛通常可分为三种情形:高调气氛、低调气氛与自然气氛。

(1) 营造高调气氛

高调气氛是指谈判情势比较热烈,谈判双方情绪积极、态度主动,愉快因素成为谈判情势主导因素的谈判开局气氛。通常,当己方占有较大优势或希望与对方达成协议时,谈判一方应努力营造高调的谈判开局气氛。

(2) 营造低调气氛

低调气氛是指谈判气氛十分严肃、低落,谈判的一方情绪消极、态度冷淡,不快因素构成谈判情势的主导因素,影响谈判开局气氛。通常,当己方有讨价还价的砝码,但并不占有绝对优势时,谈判一方应努力营造低调的谈判开局气氛。

(3) 营造自然气氛

自然气氛是指谈判双方情绪平稳,谈判气氛既不热烈也不消沉的谈判开局气氛。自然气氛无需刻意地去营造,许多谈判都是在这种气氛中开始的。当谈判一方对谈判对手的情况了解甚少以及对手的谈判态度不甚明朗时,谋求在平缓的自然气氛中开始谈判是比较有利的。

(三) 技术使用分析

在谈判前和谈判中要对技术使用者需要技术的目标、使用技术的目的持续进行分析。选择合适的技术是能否实现技术交易的关键,也是谈判能否取得成效的关键。技术使用者对技术的使用主要有三种情况。

1. 技术产品直接实施

各类生产企业,尤其是中小型企业,由于其自身的研发能力相对较弱,希望从市场上通过技术贸易的方式获得技术,以解决企业发展中的问题。如提高产品的能级、调整产业结构、解决节能问题、提高生产管理水平等。

一些集团型企业希望通过技术贸易的方式获得技术。这类企业一般资金比较充足,以获得先进技术和高新技术为主要目标,或为了实现企业的多元化经营。

2. 技术产品间接使用

一些技术经营机构,希望通过买进单项技术,进行技术配套,然后再出售。如买进市场前景好,但尚未成熟的技术,通过技术配套,进行批量实验使技术趋于成熟,然后再出售。这类机构对科技产品的需求一般挑选性很强。

一些风险机构希望通过技术贸易的方式获得高新技术,利用资本运作使技术增值,再通过技术贸易的方式,实现利润最大化。

3. 特殊方式使用

一些高科技项目或大型科技项目,它涉及的资金量比较大,切实投产后,一般必须形成一定规模才能取得效益。因此,这些项目一般由政府购买,然后向工农业部门推广。

因此,从技术商品供方的角度,必须清晰技术商品需方对技术商品使用的目的及其迫切性,才能使自己作出提供什么样的技术商品、以什么样的价格提供技术商品的判断,使自己处于谈判的有利位置;从技术商品需方的角度来看,既要阐明自己需要什么样的技术商品,又要稳定情绪、保持理智,并做好有可替代的技术商品的准备。

(四) 技术价格分析

技术商品价格是技术交易的核心因素之一,决定着买卖双方经济利益的分配。由于技术商品是科学研究的成果，其内在的价值很难用一定的价格准确地表达出来，很多因素都是影响价格的直接原因。因此，正确把握技术及价格、技术定价和价格确定是技术经纪工作的重要内容，也是技术交易谈判能否取得成功的最为敏感的内容。技术商品的价格确定，需要考虑多方面情况。

1. 技术商品成本价格

技术商品的研发是一项复杂性劳动，研发所投入的成本由两部分组成：直接成本是人力、物力、财力成本；间接投入的成本有管理成本、市场推广成本等。这些成本构成技术商品的基本价格。但往往在技术交易中，技术商品的价格主要是以社会承认的实际价值，即进入市场后带来的经济效益所决定的，其实际价格可能远远高于或低于其成本。

由于技术商品在交易中，技术商品的先进性、独特性、新颖性、实用性及市场对该产品的需求强度等都成为影响其价格的直接因素。因此，技术商品价格具有随机性。

2. 技术商品的经济效益

技术商品的经济效益主要体现在技术商品应用后对提高劳动生产效率、降低生产成本、提高企业管理水平与改善经营等的作用大小，以及技术应用后所开发的新产品或改进产品的目标市场容量大小和产品本身生命周期的长短等方面。产品生命周期长短，直接决定着买方的经济效益，因而就影响了技术商品的买卖价格。此外，技术应用后增强市场竞争力的贡献大小、技术应用后为技术受让方所创造的利税多少也是考量技术商品价格的重要指标。

市场环境和技术买卖双方在支撑条件上的差异，也影响着对技术定价的高低。一般来说，技术商品经济效益和社会效益好的，卖方有权要求买方适当增加分享数额或提高分成比例；对经济效益不好的，买方有权要求卖方降低提成比例。

3. 技术交易形式

技术商品是一种知识产权，在技术转让时一般只转让使用权。由于转让使用权的方式有普通许可、独占许可、排他许可等几种不同的类型，不同的转移方式决定了技术的使用者对该技术的市场垄断强度大小，因此，所付出的技术使用费，即技术价格就会存在较大的差别。技术转移的形式是确定技术价格时应予以考虑的重要因素。

4. 技术商品的成熟程度

技术商品的成熟程度是指该项技术是否通过小试、中试、工业化实验或商业化投产，目前已达到的那个环节。这些环节是否完备，不仅反映了技术商品的开发研究成本的高低、技术本身的可信程度，同时也反映了技术应用风险程度的大小。如果买方买进的技术能直接用于生产，那么该技术商品的工业化开发程度高，相对来说技术应用风险就小，价格相对就高。

5. 专利期限

《专利法》对专利的有效期有明确规定。因此，在涉及专利转让、实施许可等技术交易中,必须注意专利有效期离终止时间的长短。专利有效期离其终止时间越短,该专利的有效价值越低,专利技术的使用费就越低。

6. 根据当事双方对价格的态度调节价格

技术交易既给卖方带来利益,也给买方带来利益,技术买卖双方都通过技术交易享受自己应得的利润。价格主要反映了卖方的利益,技术价格是否合理,很大程度上反映了买卖双方利益分配是否合理。经纪人必须事先了解买卖双方对价格的态度,根据当事双方的态度并综合考虑各种市场要素来协调解决。

7. 利益分配支付方式对价格的影响

技术价格和报酬支付的方式是把技术买卖双方的利益、责任和风险直接关联在一起。一次性支付、分期付款、按产品批量提成、利润分成等因支付时间不同,责任和风险也不同,价格也随之发生变化。如一次性支付,订立合同后即一次性付清,经济风险全部由买方来承担,卖方应适当降低卖价;又如分期付款,根据支付时间不同,责任和经济风险也不同,卖方可适当考虑提高技术商品的价格。

技术价格分析的目的是在谈判过程中便于谈判双方的议价。虽然技术商品的价格可以委托专业评估机构进行充分、客观地评估,但是谈判双方(包括经纪人)也需要事先确定出讨价还价的上下限(顶价与底价),为议价做到心中有数,为技术交易公平成交奠定基础。

一般来说,卖方确定技术商品价格时,应考虑:

① 顶价不超过预期得到的新增利润。超过了这个界限,意味着卖方剥夺了买方引进技术的全部收益。

② 顶价不超过竞争对手所报价格。

③ 顶价一般不超过买方自行开发的成本。

④ 底价应为收回全部或部分重置成本净值。

而买方在确定技术商品价格时,应考虑:

① 引进技术带来的预期净收益大于零。

② 引进技术的总成本低于自行开发的总成本。

③ 存在多项可替代技术时,选用效益价格比大的技术。

④ 买方的底价应为卖方交易成本(转让成本)的估计值。

二、技术交易合同的签订

技术交易种类很多,且远比其他交易复杂,订立技术合同时应根据技术交易类别来确定合同类型。技术合同是当事双方为实现技术交易某一特定目的而规定双方权利义务的法律文件,合同条款比其他合同相对烦琐。由于交易各方的立场不同、所处的特定环境不同以及权利义务的不同,可能对合同条款产生不同的理解,在签订技术合同时,一个首要的任务就是要准确地对其条款进行严格的文字定义。签订一份比较和相对完整的技术合同,是技术经纪人的一项必备的基本技能,也是技术经纪人在技术经纪业务活动中的重要环节。

(一) 明确交易内容

技术合同的核心内容是合同标的和双方的权利义务。技术经纪人应站在公平公正的立场上,以维护技术交易双方当事人的合法权益,实事求是地协助双方明确交易内容,签订交易合同。

1. 技术内容

技术合同标的内容、目的、技术指标、范围、要求和最终所表现的成果形式的描述应当全面、具体、尽可能地量化。任何抽象、笼统、模糊的文字,或者有意无意地疏漏,都可能给合同的履行带来隐患。如技术转让合同,它应当是技术持有方已掌握的技术成果,包括专利技术和非专利技术,可以是成熟的技术成果,也可以是阶段性成果、技术构思或技术方案,它具有完整的技术内容,必须在合同标的中以文字、数据详细地说明。在使用技术的方式(如独占许可还是非独占许可)、地域(可以生产和销售产品的地区)、期限及其他相关条件方面要明确。

除技术合同正文以外,还可以有若干附件。附件主要是用以说明合同正文中不便详细罗列的内容,如有关的技术资料、技术标准、图纸、图表等。附件具有同正文一样的法律约束力。因此,有必要在合同中加以明确:"本合同的附件系合同不可分割的一部分,与合同正文同样有效。"

2. 成果归属

在技术转让和技术服务实施过程中都有可能产生新的技术成果。有些成果可能是一项重大的突破性科技成就,也有可能只是技术细节上有实质意义的改良。因此,在签订合同时,应当重视成果归属与分享问题。成果归属,除双方当事人另有约定外,都应按《合同法》的规定确定。

3. 支付条款

技术交易中的技术使用费有多种支付方法:一次性总付、分期支付、技术提成费、技术入门费等。多数技术合同履行的周期比较长,采用分期支付方式比较多。而技术转让合同在支付条款方面除了采用分期付款方式以外,常常结合技术提成费、入门费等支付方式作为支付条款。

合同分期付款,一般是根据合同阶段性目标确定分几期支付,以及支付的时间和支付金额。通常情况下,合同生效后一定时间内支付第一期费用或定金,当合同履行后期,即项目验收前后,支付合同的大部分钱款,留有部分作为尾款,在项目验收后一定期限内支付。技术入门费和技术提成比较多地用于技术转让合同。入门费是指合同生效后一定时期内,支付一笔类似定金性质的费用,等许可使用的技术在生产产品并销售后,按一定方法支付技术提成费。

技术合同必须明确写明技术价款的金额、支付方式,每次支付的数量、日期。不按时付款视为违约,责任方应支付违约金。合同中应当载明违约金的数量和时间。

4. 验收标准

在技术合同中,对于验收标准、方式、程序、费用、时间、地点,以及验收不合格的措施等,要有明确的约定。在技术合同标的中,应当把技术商品的技术指标、经济指标等一切要素,尽可能地用数据和参照标准表述清楚。特别是技术指标的验收标准要客观、全面、科学、合理。一项新工艺、新技术初次应用于生产,所谓合格、成功也是相对的,肯定还有不少调试、改进等后续工作,有关的后续的改进工作也应该在验收条款中加以考虑。表述明确的验收条款,有助于顺利地完成验收工作。

验收工作是对一项技术商品交易过程的全面评价,是履行技术合同的重要环节。要重视验收方法和验收标准的制定。如有的合同技术验收标准定得太高,有的合同未定技术的后续改进工作,有的合同忽视验收标准,往往都会引起合同纠纷。

(二) 协助起草合同

技术合同的起草是技术交易的当事人为某一交易对象(技术商品),经协商达成一致意见的过程和结果。协助起草合同是技术经纪工作的内容之一。

技术经纪人在从事技术合同起草工作中,应遵循以下原则:

① 技术合同的内容、形式和程序都必须合法。任何违反国家法律、法规和政策,以及损害国家利益和社会利益的合同都不受国家保护。

② 技术合同主体之间订立的合同,必须自觉自愿,进行技术商品交易必须互为补偿,不得无偿占有他人的技术成果。

③ 技术合同当事人应当善意地行使权力,履行义务,不得采取欺诈,胁迫手段损害他人利益和社会公共利益。

④ 技术合同内容涉及国家安全或者重大利益需要保密的,应当符合国家规定要求。

⑤ 订立技术合同应有利于科学技术的进步和发展,应有利于科技成果的推广和应用。

(三) 明确特殊条款

在技术合同中,对特殊条款要求最多且必须极其明确的是技术转让合同。这是因为,技术转让合同是就转让现有的专利权、专利申请权、专利实施权、非专利技术的使用权和转让权等所订立的合同,它涉及专利的性质与内容、许可权力范围和许可方式、侵权,以及保证转让有效性等要求。

1. 专利条款

专利条款应就以下方面加以说明:

① 许可使用的专利权。应该说明可以使用的专利权是什么。其中主要包括专利名称、专利号、发明创造的名称、专利申请人、专利权人、专利申请日、申请号以及专利权的有效地域和期限。技术受让方可以要求技术让与方提供专利申请案中的说明书、权利请求书,或者照片、图片以及专利证书的复印件,以确定上述内容。

② 许可技术。这是指技术让与方许可受让方使用、制造产品的专利技术。此项应该说明许可使用的技术是什么。

③ 许可产品。这是指技术让与方许可受让方生产制造、销售的产品。此项应该说明许可的产品是什么。

④ 技术内容。技术内容主要包括技术的名称、种类、型号,以及技术的各项指标。此项应该详细说明产品名称、产品指标、技术性能指标、产能、能耗、废品率、环境保护安全等内容。合同中有关技术内容的各项规定是检验和验收的依据。因此,技术内容应全面、完整、准确。

2. 授权条款

授权条款应就以下方面加以说明或约定:

① 许可权力范围。这里的许可权即许可实施权,包括使用权、制造权和销售权。从法律意义上说这三种权力可以独立存在,可以许可其中一种,也可许可全部。但是,大多数许可方式以销售产品获利为目的,所以许可合同通常是三种权力同时许可。

② 许可方式。这是指技术让与方授权受让方使用技术的方式,即在合同规定的时间和地域,受让方享有独占许可还是享有非独占许可权。许可方式直接关系到技术让与方和受让方的经济利益,并影响合同中技术价格等有关条款。独占许可一般对受让方有利,受让方在合同规定的地域和时间内对技术、产品和市场享有垄断权,因而可以获得较高的利润。

3. 保证条款

保证条款应就以下方面加以说明和保证:

① 保证并维持专利的有效性。按照法律规定,专利权人只有按期缴纳年费,才能维护专利的有效性。因此,合同中的专利条款应该规定,技术让与方必须按期向有关专利机构缴纳年费,以维护专利的法律有效性。法律还规定,若因让与方未按期缴纳年费致使合同专利失效,让与方应负全部责任。

② 保证专利技术的可实施性。受让方要求技术让与方作出专利技术可实施的保证,目的是保证专利技术可以用于专利产品的制造,或者将专利方法用于工业实践中。因此,在合同中应规定,让与方保证专利技术的可实施性。如无法实施,受让方有权提出

终止合同,并要求退还已经支付的款项,或要求赔偿经济损失。

③ 保证让与方是专利技术和专利资料的合法持有人,并有权进行技术转让。专利技术的合法持有人和有权转让是两个不同的概念。因为,专利有共有专利和单独所有专利、基本专利和从属专利之分。共有专利需要经过全体共有人同意,才能进行许可转让;基本专利和从属专利,从法律上来讲,两者都是独立专利,但从技术上讲,后者是以前者为基础产生的,从属专利所有人授予第三方许可权时应得到基本专利权人的同意,否则可能会受到基本专利权人的侵权指控,影响该专利技术的事实。

4. 侵权责任条款

侵权是指未经专利权人许可,第三方即实施专利,或者专利权人(或受让方)被第三方指控侵犯了第三方的专利权时所产生的违法行为。如未经专利让与方的同意,将许可技术转让给第三方实施,这就构成了侵权;受让方在利用专利进行生产和销售时也可能会受到第三方的指控,引起侵权纠纷。也就是说,在专利许可使用的过程中,被许可方可能会面临两种情况:

① 自己的合法权益受到第三方侵权。这就需要受让方单独或与让与方一起共同交涉。

② 被许可的专利受到第三方的侵权指控。这应由让与方负责交涉并承担法律责任。这种情况对受让方影响很大。

所以,专利许可合同中应明确专利权人对合同专利享有的合法性,并且应规定,受让方在合同有效期内因使用专利技术、制造、销售产品,受到任何第三方关于合同专利侵权的指控时,其经济、法律责任均有让与方承担。

(四)处置无效技术合同

技术经纪人协助起草技术合同,必须十分注意,避免形成"无效技术合同"。一旦造成"无效技术合同"的问题,技术经纪人应当协助当事人妥善加以处置。具体处置可以按以下程序和方法:

① 当事人或者利害人可请求工商管理机关或者诉请人民法院宣布合同无效。

② 涉及非法垄断技术,妨碍技术进步,侵犯他人合法权益的,要在委托当地科学技术行政管理部门作出结论后,再行处理。

③ 技术合同确定无效后,除返还技术资料外,还应对当事人的财产、技术资料和技术权益作出妥善处理。对合同无效负有责任的一方应当赔偿因合同无效给另一方所造成的损失;当事人双方对合同无效均负有责任的,应各自承担相应的责任。

(五)技术合同文本填写示范

目前,在技术市场上签订的技术合同,合同文本大多采用2001年科技部发布的《技术合同认定规则》中提供的《技术合同示范文本》,这对规范技术合同交易活动、提高技术交易质量、依法保护技术合同当事人的合法权益起到了规范与统一的作用。采用其他书面形式订立的合同应当符合《民法典》对技术合同的有关要求。

三、技术交易合同的履行

技术交易的内容复杂、周期长、风险性和不确定性很大,要把一个合同顺利地履行到底,达到预期目标很不容易,往往由于设备条件、人员素质及相关的社会与环境因素的影响,其结果可能是大相径庭的。因此,技术经纪人在合同履约过程中应积极发挥协调作用。

（一）履约的风险分析

技术合同履约的风险产生的主要原因是:

① 履行合同时间长、环节多。由于科学技术发展迅速,合同履行期过长,市场供需都将发生变化,会对项目的预期效益产生影响。况且合同履行包括技术准备、技术移交、技术培训、技术指导、生产试车、生产试运行、技术完善、鉴定验收等环节,每个环节都可能出现意外情况,延误时间进度或造成合同履行失败。

② 影响技术合同实施的因素多、变化大。技术合同实施是一个系统工程,涉及的要素包括：资金、人力、基础设施、设备、原材料、技术管理、生产管理、财务管理、后勤供应、市场营销,以及市场需求反馈、法律政策环境等。这些要素变化很大,一些要素不能按照预定的计划及时到位,就会对技术合同履约产生一定影响。

③ 技术合同履行的环境复杂多变。技术合同实施过程中存在大量的不可预知的因素。如经济环境风险,含国家和地区的经济制度、经济发展战略、经济改革方针等变化；政策法规风险,含国家、地区和行业的政策、法律、法规的变化；还有自然风险、利率风险、购买力风险、政治风险等,很难预测其发生的概率和影响的程度。

（二）技术合同履行的主要内容

1. 技术合同履行的主体

技术合同这类根据特定当事人的能力而建立的合同关系,要求以当事人本身作为履行主体。因为,在订立技术合同过程中,技术合同当事人的技术水平、信誉以及资金设备等因素往往是双方当事人发出要约或作出承诺的前提条件。技术合同中提供技术和转让技术、受委托从事技术开发的当事人在履行技术合同中所承担的义务,大多具有与当事人自身不可分离的特性。反之,受让技术、承受技术服务及技术开发的委托方的技术水平、信誉以及资金设备等因素,也会影响其实施技术的经济效益,同时也将影响对方的经济效益。技术合同主体的这种特定性和信赖性,对技术合同履行的主体提出了更严格的要求。

2. 技术合同履行的标的

技术合同的标的是指当事人不仅应当向另一方当事人提供合同约定的标的,而且在标的的质量、标准、型号、数量、酬金等方面,均以合同所确定的要求履行。例如,在技术开发合同中,研究开发方应向委托方交付合同约定的研究成果,并提供有关的技术资料和必要的技术设备等。如果当事人对标的的具体指标等约定不明确或没有约定,可以协议补充,不能达成补充协议的,按照合同有关条款或交易习惯确定。若此时仍不能确定,如对质量要求不明确的,按国家标准、行业标准履行,没有国家标准、行业标准的按照通常标准或者符合合同目的的特定标准履行;如价款或报酬不明确的,按照订立合同时履行地的市场价格履行,依法应当执行政府定价或者政府指导价的,按照规定履行。

3. 技术合同履行的期限

技术合同当事人应当按照合同约定的期限履行义务。对合同中有明确约定的技术合同,应当在规定的期限内持续地或一次性地履行。例如,技术开发合同的研究开发方应当按合同约定的进度进行研究开发工作,并在合同约定的期限内完成研究开发课题,提交研究开发成果和有关技术资料;委托方则应当按照合同的约定支付研究开发经费,接受研究开发成果,支付约定的报酬。同样,技术咨询和技术服务合同中,受托方应当按照合同约定的时间进行并完成咨询、服务工作,交付工作成果;而委托方也应当按照合同约定,按时做好协作事项,提供工作条件,接受工作成果并给付报酬。

4. 技术合同履行的地点

技术合同的履行地点是指进行研究开发的地点,交付技术资料、进行技术指导的地点,提供咨询和服务的地点及支付费用和报酬的地点。

对于在订立时没有明确履行地点的技术合同,当事人可以通过协商加以明确,若协商不成且根据交易习惯等仍不能确定的,就应适用我国《合同法》第62条第(三)项:履行地点不明确,给付货币的,在接受货币一方所在地履行;交付不动产的,在不动产所在地履行;其他标的,在履行义务一方所在地履行。

5. 技术合同履行的方式

合同履行的方式因合同内容而异。所谓按适当方式履行,即按合同所确定的方式履行。履行方式不明确的,按照有利于实现合同目的的方式履行。在合同履行的方式上仍要贯彻诚实信用的原则。合同要求约定一次履行完毕的,就不应分多次履行,不能在履行过程中临时提出附加条件增加对方当事人的费用。

6. 技术合同履行中的成果分享

技术合同中对所完成的成果归谁所有、如何分配的问题,是技术合同法中需要解决的一个重要问题,也是履行技术合同中的一个重要问题。对于这一问题,要遵循两条基本原则:一是精神权利不可侵犯的原则;二是经济权利合理分享的原则。精神权利是指科学技术成果完成者对发现、发明、科技成果等归属拥有的权利。经济权利是指使用、转让技术成果取得经济利益的财产权利。对于技术成果申请权、实施专利权、使用和转让非专利技术成果权等,可以由当事人根据互利有偿的原则通过协商合理的分享。

(三)技术合同的变更与解除

由于当事人一方或双方的情况发生变化,在符合法律规定的前提下,允许变更和解除合同。所谓变更就是指合同未尽事宜,或在合同履行过程中产生新问题,经双方协商达成一致意见,增加、减少或修改合同条款。所谓解除合同是在合同有效的情况下,经双方协商达成提前终止合同的协议。

1. 解除合同

当发生下列情况之一,致使技术合同履行成为不必要或不可能,当事人一方有权通知另一方解除合同:

① 另一方违反合同。
② 发生不可抗力。
③ 作为技术开发合同标的已经有他人公开。

2. 合同变更或撤销

当发生下列情况之一的,当事人一方有权请求法院或仲裁机构予以变更或者撤销技术合同:

① 当事人对合同标的或者技术成果权属有重大误解。
② 价款、报酬或使用费显失公平。
③ 有重大缺陷的合同。

技术合同的变更、解除,不影响当事人赔偿损失的权利。经有关机关批准的合同,其变更或者解除应当征得原批准机关的同意,并在原登记机关备案。

技术经纪人考试模拟题

一、不定项选择

1. 根据《国家创新驱动发展战略纲要》的"三步走"战略目标,我国2020年的目标包括(A、C)。
   A. 进入创新型国家行列
   B. 建成世界科技创新强国
   C. 基本建成中国特色国家创新体系
   D. 发展驱动力实现根本转换

2. 部署实施创新驱动发展战略要推动发展动力系统的转变,除了发展方式从以规模扩张为主导的粗放式增长向以质量效益为主导的可持续发展转变和发展要素从传统要素主导发展向创新要素主导发展转变外,还有(A、B、C、D)。
   A. 创新能力从"跟踪"为主向"并行""领跑"为主转变
   B. 资源配置从以研发环节为主向产业链、创新链、资金链统筹配置转变
   C. 创新群体从以科技人员的小众为主向小众与大众创新创业互动转变
   D. 产业分工从价值链中低端向价值链中高端转变

3. 各国的创新体系具有(A、B、C、D)等共同特征。
   A. 适应性
   B. 灵活性
   C. 合作性
   D. 联系性

4.《国务院关于加快科技服务业发展的若干意见》(国发〔2014〕49号)指出,鼓励技术转移机构创新服务模式,为企业提供(B、C、D)的技术转移集成服务,促进科技成果加速转移转化。
   A. 全链条
   B. 跨领域
   C. 跨区域
   D. 全过程

5. 2016年7月28日,国务院印发《"十三五"国家科技创新规划》,指出要建立统一开放的技术交易市场体系,引导技术交易机构向(A、C、D)方向发展。
   A. 专业化
   B. 高端化
   C. 市场化
   D. 国际化

6. 科技中介服务机构的主要形式包括(A、B、C、D)。

   A. 科技企业孵化器　　　　　　　　B. 科技咨询和评估机构
   C. 技术交易机构　　　　　　　　　D. 创业投资服务机构

7. 成果转移服务是中介服务机构直接介入科技成果转化的实施过程,为科技资源的有效流动和合理配置提供服务,属于这一类型的科技中介服务机构包括(B)。

   A. 技术信息咨询服务中心　　　　　B. 技术交易所
   C. 科技风险投资咨询公司　　　　　D. 知识产权评估中心

8. 按技术商品的性质,可将技术市场分为(A、B、D)。

   A. 软件技术市场　　　　　　　　　B. 硬件技术市场
   C. 各专业技术市场　　　　　　　　D. 技术劳务市场

9. 网上技术市场与传统的技术交易方式有很大不同,表现为(A、B、C、D)。

   A. 交易过程电子化　　　　　　　　B. 交易市场虚拟化
   C. 交易对象特定化　　　　　　　　D. 交易高效化

10. 技术经纪人的义务包括(A、B、C、D)。

    A. 在核准登记的技术经纪范围内从事技术经纪活动
    B. 不得进行技术垄断和妨碍技术进步的非法活动
    C. 不得以自己的名义向外转让他人技术
    D. 对服务对象忠实守信,保守其技术秘密

11. 技术经纪人的业务范围横跨科技、经济两大领域诸多学科,因此应了解和掌握(A、B、C、D)。

    A. 科学工程知识　　　　　　　　　B. 经济知识
    C. 市场知识　　　　　　　　　　　D. 法律知识

12. 优秀的技术经纪人必须具有科学家的头脑、企业家的胆识、社会活动家的能力和超乎常人的勤奋和毅力,在实际工作中,应具备(A、B、C、D)等基本能力。

    A. 经营能力　　　　　　　　　　　B. 组织能力
    C. 协调能力　　　　　　　　　　　D. 解决问题的综合能力

13. 技术经纪人的权利,是指法律赋予其能够作出或者不能作出一定行为,以及要求他人相应作出或不能作出一定行为的责任,包括(A、B、C、D)。

    A. 对委托者和他们的当事人进行选择
    B. 收取技术经纪服务的活动经费和合理的技术经纪服务报酬
    C. 要求对风险责任作出合理的规定
    D. 享有其他经纪人所应享有的一般权利

14. 专业技术经纪机构具有的典型特点包括(C)。

    A. 非营利目的,其技术经纪作用不具有市场经济体制的规律特点
    B. 更多地代表了技术持有人的利益和态度

C. 具有企事业法人资格,或者具有社团法人资格

D. 较多地代表企业和当地的利益

15. 专业技术经纪机构的主要职能主要有(A、B、C、D)。

A. 组织技术成果的二次开发(商品化、产业化)

B. 提供法律顾问、市场调查等咨询服务

C. 监督协调技术合同的全面履行,调解技术合同纠纷

D. 组织各种技术交易活动

16. 我国现行的主要知识产权法律法规包括(A、B、C、D)。

A. 《专利法》　　　　　　　　　　B. 《商标法》

C. 《著作权法》　　　　　　　　　D. 《反不正当竞争法》

17. 根据我国《专利法》的规定,发明专利权人享有的专利权内容包括(A、B、C、D)。

A. 制造权　　　　　　　　　　　B. 使用权

C. 许诺销售权　　　　　　　　　D. 销售权

18. 下面关于注册商标专用权的说法,正确的是(A、B、D)。

A. 注册商标不得连续三年停止使用

B. 使用注册商标可以标明©或注等注册标记

C. 经过核准注册后,注册商标可以永远享有专用权,不需履行任何手续

D. 在中国核准注册的商标,只在中国受商标法的保护

19. 我国《著作权法》中,著作权与(C)系同一概念。

A. 作者权　　　　　　　　　　　B. 出版权

C. 版权　　　　　　　　　　　　D. 专有权

20. 李某于2005年9月调动工作,2006年7月完成了其原单位分配的发明任务。该发明属于(A)。

A. 职务发明　　　　　　　　　　B. 非职务发明

C. 委托发明　　　　　　　　　　D. 共同发明

21. 两个以上的发明创造完成人分别就同样的发明创造在中国申请专利的,专利权授予(A)。

A. 最先提出申请的人　　　　　　B. 最先完成发明的人

C. 所有的申请人　　　　　　　　D. 所有的发明人

22. 根据我国《著作权法》规定,下列客体中不适用《著作权法》的是(B、C、D)。

A. 口述故事　　　　　　　　　　B. 法律、法规

C. 政府文件　　　　　　　　　　D. 时事新闻

23. 根据我国《专利法》规定,授予专利权的发明应当具有(A、B、C)。

A. 实用性　　　　　　　　　　　B. 新颖性

C. 创造性　　　　　　　　　　　D. 美观性

24. 可以作为注册商标申请人的有(A、B、C、D)。
    A. 中国公民   B. 中国法人(如宝钢)
    C. 外国公民   D. 外国法人(如美国雅虎公司)

25. 张某经过努力完成一篇科研学术论文,依我国《著作权法》的规定(B)。
    A. 张某只有在其论文发表后才能享有著作权
    B. 张某的论文不论是否发表都能享有著作权
    C. 张某的论文须经登记后才能享有著作权
    D. 张某的论文须加注版权标记后才能享有著作权

26. 我国《专利法》明确规定,对实用新型和外观设计专利申请进行(B)。
    A. 实质审查   B. 形式审查
    C. 形式审查和实质审查   D. 形式审查或实质审查

27. 甲委托乙开发一种新产品,未明确约定该产品的专利申请权的归属。当该产品被开发完成后,在我国其专利申请权应当归属于(C)。
    A. 甲   B. 甲和乙共有
    C. 乙   D. 国家

28. 下列各项中,我国《专利法》规定不授予专利权的有(A、B、C、D)。
    A. 动物和植物新品种   B. 智力活动的规则和方法
    C. 疾病的诊断和治疗方法   D. 科学发现

29. 甲公司指派其研究人员乙和丙共同研究开发一项技术,该技术开发完成后,甲公司决定就该项技术申请专利。在填写专利申请文件时,"发明人"一栏应当填写(D)。
    A. 甲公司的名称   B. 乙或者丙的姓名
    C. 甲公司的名称和乙与丙的姓名   D. 乙和丙的姓名

30. 下列关于驰名商标的说法,正确的是(C)。
    A. 只能由人民法院认定   B. 只能由商标局认定
    C. 人民法院或商标局都可以认定   D. 必须由人民法院和商标局联合认定

31. 技术合同中,违反(A)时不可以单方面解除该技术合同。
    A. 合同实施中有一方违反了合同内容   B. 合同进行中发生不可抗力
    C. 合同中报价有失公平   D. 合同标的已经被他人公开

32. 甲单位接受乙单位的委托,完成了一项"PM2.5快速检测仪"的研究开发工作。在签订委托开发合同无约定的情况下,对完成的该开发成果的专利申请权问题应该如何确定?(C)
    A. 专利申请权应属于两单位共同拥有
    B. 专利申请权应属于乙单位
    C. 专利申请权应属于甲单位
    D. 专利申请权归两单位先提出专利申请者

33. 技术合同发生争议时,当事人可以通过(A、B、C)或诉讼办法解决。
A. 和解
B. 调解
C. 仲裁
D. 协商

34. 在专利实施许可合同中,被许可方有权在合同约定的时间和地域范围内按合同约定的使用方式实施该专利,与此同时作为许可方的专利权人不仅自己可以实施该专利,而且可以再许可第三人实施。该实施许可的方式是(B)。
A. 独占许可
B. 普通许可
C. 排他许可
D. 分许可

35. 技术秘密是指不为公众知悉,能为权利人带来(D),具有实用性并经权利人采取保密措施的技术信息。
A. 社会效益
B. 权利义务
C. 法律责任
D. 经济利益

36. 甲公司与乙公司订立一份书面合同,甲公司签字盖章后邮寄给乙公司签字盖章,该合同的成立时间为(D)。
A. 甲公司与乙公司口头协商一致时
B. 甲公司签字盖章时
C. 甲公司签字盖章后交付邮寄时
D. 乙公司签字盖章时

37. 甲、乙、丙三方合作开发一项发明创造,合同中未约定权属问题。完成后,甲、乙要求申请专利,但丙不同意,则(A)。
A. 甲、乙不能去申请专利
B. 甲、乙可以去申请专利,被授予专利权后,归甲、乙共有
C. 甲、乙可以去申请专利,被授予专利权后,归甲、乙、丙共有
D. 丙应当把专利申请权转让给甲、乙

38. 某电力企业与某研究所订立了一份节能灯具技术转让合同,合同未约定后续技术成果的分享办法。1年后,该研究所对原有技术进行改造,研制出高效节能灯具。对于该项技术,某工厂(D)。
A. 可以有偿使用该项技术
B. 可以无偿使用该项技术
C. 对该项技术有优先受让权
D. 对该项技术无任何权利

39. 甲公司是一家专门从事手机生产的企业,为了提升公司的管理水平,计划采用电子化管理模式,于是委托乙计算机软件公司为其设计一套财务管理体系软件,双方就有关具体事宜达成了一致。甲公司与乙公司签订的合同是(B)。
A. 技术转让合同
B. 技术开发合同

C. 技术咨询合同　　　　　　　　D. 技术服务合同

40. 下列选项中,属于有效的技术合同是(D)。

A. 非法垄断技术的合同　　　　　B. 妨碍技术进步的合同
C. 侵害他人技术成果的合同　　　D. 促进生产力发展的合同

41. 下列主体可以成为技术合同的主体的是(A、B、C、D)。

A. 自然人　　　　　　　　　　　B. 事业单位法人
C. 外国企业　　　　　　　　　　D. 其他组织

42. 合作技术开发合同的成果归属原则是,有约定的按约定,没有约定的应归属于(C)。

A. 委托方　　　　　　　　　　　B. 研究方
C. 委托方和研究方　　　　　　　D. 都不属于

43. 下列选项中,属于技术服务合同的是(B、D)。

A. 技术咨询合同　　　　　　　　B. 技术中介合同
C. 技术委托开发合同　　　　　　D. 技术培训合同

44. 某高新企业与某高校,订立了技术开发合同,合同约定,开发经费为10万元整,乙方违约金为开发经费的10%。合同开始履行过程中,高新企业因故违约,给高校造成了1.5万元的实际损失,问高新企业应支付给高校(C)元损失费。

A. 10万　　　　　　　　　　　　B. 11.5万
C. 1.5万　　　　　　　　　　　 D. 2.5万

45. 合同的附件是合同的组成部分,具有(C)法律效力。

A. 较低的　　　　　　　　　　　B. 更高的
C. 同等的　　　　　　　　　　　D. 优先的

46. 不是技术商品与一般商品的区别表现的是(C)。

A. 生产过程不同　　　　　　　　B. 价值确定不同
C. 可使用性不同　　　　　　　　D. 售后服务不同

47. 不是技术商品消费特征的是(D)。

A. 使用价值具有延伸性　　　　　B. 使用价值具有间接性
C. 使用价值具有不确定性　　　　D. 使用价值的无形性

48. 技术经纪人提供的服务不包括(B)。

A. 为购买的新技术的使用方案提供咨询
B. 为技术商品的变革提供服务
C. 为新产品和改进产品的营销提供服务
D. 为技术商品消费过程中的有关事务提供服务

49. 商品的消费就是实现商品的(B)。

A. 价值　　　　　　　　　　　　B. 使用价值

C. 功能　　　　　　　　　　　　D. 成本

50. 全程技术经纪活动的首要环节是(B)。
A. 签订技术商品合同　　　　　　B. 技术商品开发
C. 确定技术经纪人　　　　　　　D. 确定技术营销战略

51. 技术转让的直接费用是(A)。
A. 技术供方在转让前、转让中需垫付的费用　B. 转让技术的研发费用
C. 技术使用费　　　　　　　　　D. 营销费用

52. 技术商品出让方的形象战略不包括(C)。
A. 确立市场地位　　　　　　　　B. 确立公司地位
C. 确定产品的成本　　　　　　　D. 确立产品地位

53. 技术商品范畴不包括(C)。
A. 知识产权(专利权、商标、计算机软件等)
B. 专有技术(指可以转让、可以传授的,公众不易得到且未获专利的技术)
C. 技术商品研发
D. 技术性服务

54. 技术商品出让方的促销策略和手段不包括(C)。
A. 公共关系　　　　　　　　　　B. 人员促销
C. 建立分销渠道　　　　　　　　D. 营业推广和宣传

55. 商品生产和消费之间的中间环节是(D)。
A. 经纪　　　　　　　　　　　　B. 促销
C. 分销　　　　　　　　　　　　D. 流通

56. 技术商品的价格高低很大程度上取决于(B)。
A. 技术商品使用价值　　　　　　B. 技术的预期获利能力
C. 技术商品的研发成本　　　　　D. 技术商品的价值

57. 浮动定价策略的目的是(A)。
A. 防止了供方漫天要价,也消除了受方的后顾之忧
B. 实现技术的预期获利能力
C. 实现技术商品的成本
D. 实现技术商品的价值

58. 技术商品使用价值的特殊性主要表现在(A、B、C、D)。
A. 复杂性　　　　　　　　　　　B. 增值性
C. 扩张性　　　　　　　　　　　D. 共享性

59. 影响技术商品定价的因素主要有(A、B、D)。
A. 技术因素　　　　　　　　　　B. 环境因素
C. 人员因素　　　　　　　　　　D. 税收政策

60. 在技术商品营销中可以采取的定价策略有(B、C、D)。

    A. 成本效益定价策略　　　　　　　　B. 协商定价策略

    C. 分期定价策略　　　　　　　　　　D. 浮动定价策略

61. 我国技术商品营销存在的问题包括(A、B、C、D)。

    A. 营销观念创新不够

    B. 对市场环境的不确定性把握不够

    C. 自有营销网络不健全,渠道过长

    D. 市场营销部门组织结构不理想,营销人员的专业营销素质欠缺

62. 技术营销的特殊性表现在(A、B、C、D)。

    A. 技术营销具有相对保密性

    B. 技术商品在交易过程中经常涉及技术的权益

    C. 技术商品的交易具有多样性的特点

    D. 技术商品的交易具有风险性

63. 技术商品流通中的技术经纪职能包括(A、B、D)。

    A. 以信息作为促进流通的主要手段

    B. 对同一成果的多次转让作合理的安排

    C. 为技术商品的研发和促销提供咨询服务

    D. 以双向交易和形式保持市场主体的地位

64. 科学技术对法的影响主要表现在(A、B、C、D)。

    A. 科学技术影响法的内容

    B. 科学技术影响法的表现形式和传播方式

    C. 科学技术影响法的调整范围

    D. 科学技术影响法的创制体制、过程和方法

65. 法对科技活动的作用主要表现在(A、B、C、D)。

    A. 法调节科技成果应用中产生的利益关系

    B. 法协调科学技术与人的冲突关系

    C. 法确认和保障科技活动主体的科学研究、发明创造的自由

    D. 法组织和协调科技活动

66. 下列属于法律的是(A、B)。

    A. 《中华人民共和国科学技术进步法》

    B. 《中华人民共和国促进科技成果转化法》

    C. 《国家科学技术奖励条例》

    D. 《上海市科学技术进步条例》

67. (A)的制定、修改和废止,适用《中华人民共和国立法法》。

    A. 《上海市促进科技成果转化条例》

B. 上海市人民政府办公厅印发的《关于进一步促进科技成果转移转化的实施意见》

C. 科技部印发的《科学技术评价办法》

D. 上海市人民政府印发的《上海市促进高新技术成果转化的若干规定》

68. 下列说法错误的是(A、D)。

A. 部门规章的效力低于法律、行政法规,高于地方性法规

B. 部门规章之间、部门规章与地方政府规章之间具有同等效力,在各自的权限范围内施行

C. 部门规章之间对同一事项的规定不一致时,由国务院裁决

D. 部门规章与地方政府规章之间对同一事项的规定不一致时,由全国人大常委会裁决

69. 《中华人民共和国科学技术进步法》规定的主要原则包括(A、B、C)。

A. 推动科学技术为经济建设和社会发展服务的原则

B. 保障科学技术研究开发的自由的原则

C. 科学决策的原则

D. 以人为本的原则

70. 根据《国家科学技术奖励条例》的规定,国务院设立的国家科学技术奖有(A、B、C、D)。

A. 国家最高科学技术奖

B. 国家自然科学奖

C. 国家技术发明奖

D. 中华人民共和国国际科学技术合作奖

71. 根据《中华人民共和国科学技术进步法》的规定,国家鼓励企业开展的活动有(A、B、C、D)。

A. 设立内部科学技术研究开发机构

B. 同其他企业或者科学技术研究开发机构、高等学校联合建立科学技术研究开发机构,或者以委托等方式开展科学技术研究开发

C. 培养、吸引和使用科学技术人员

D. 同科学技术研究开发机构、高等学校、职业院校或者培训机构联合培养专业技术人才和高技能人才,吸引高等学校毕业生到企业工作

72. 根据《中华人民共和国科学技术进步法》的规定,企业可以享受的税收优惠政策有(A、B、C、D)。

A. 企业开发新技术、新产品、新工艺发生的研究开发费用可以按照国家有关规定,税前列支并加计扣除

B. 企业科学技术研究开发仪器、设备可以加速折旧

C. 从事高新技术产品研究开发、生产的企业,包括高新技术企业、软件企业、集成电

路设计与生产企业等

D. 投资于中小型高新技术企业的创业投资企业

73. 利用财政性资金设立的科学技术研究开发机构应当建立(A、B、C、D)的现代院所制度,实行院长或者所长负责制。

A. 职责明确
B. 评价科学
C. 开放有序
D. 管理规范

74. 根据《中华人民共和国科学技术进步法》第四十四条规定,科研机构应当履行的义务有(A、B)。

A. 应当按照章程的规定开展科学技术研究开发活动
B. 不得在科学技术活动中弄虚作假,不得参加、支持迷信活动
C. 开展科学技术研究开发活动,应当为国家目标和社会公共利益服务
D. 应当向公众开放普及科学技术的场馆或者设施,开展科学技术普及活动

75. 根据《中华人民共和国科学技术进步法》的规定,科技人员享有的权利有(A、B、C)。

A. 有依法创办科学技术社会团体的权利
B. 有依法参加科学技术社会团体的权利
C. 接受继续教育的权利
D. 言论自由的权利

76. 《中华人民共和国促进科技成果转化法》规定的科技成果主要是指(B)。

A. 基础理论成果
B. 应用技术成果
C. 软科学研究成果
D. 人文社会科学成果

77. 《中华人民共和国促进科技成果转化法》规定,科技成果转化,是指为提高生产力水平而对科技成果所进行的(A、B、C、D)直至形成新技术、新工艺、新材料、新产品,发展新产业等活动。

A. 后续试验
B. 开发
C. 应用
D. 推广

78. 根据《中华人民共和国促进科技成果转化法》的规定,国家设立的研究开发机构、高等院校对其持有的科技成果,应当通过(A、B、C)等方式确定价格。

A. 协议定价
B. 在技术交易市场挂牌交易
C. 拍卖
D. 询价

79. 根据《中华人民共和国促进科技成果转化法》的规定,采用(A、B、C)的定价方式定价的,需要在本单位公示。

A. 协议定价
B. 在技术交易市场挂牌交易
C. 拍卖
D. 询价

80. 《中华人民共和国促进科技成果转化法》规定,国有企业、事业单位对完成、转化

职务科技成果作出重要贡献的人员给予奖励和报酬的支出计入当年本单位工资总额,但不受当年本单位工资总额限制、不纳入本单位工资总额基数。以下说法正确的是(A、B、C、D)。

  A. 给予科技人员的奖励和报酬的支出属于科技人员的工资、薪金,按照工资、薪金渠道进行发放

  B. 科技人员获得的奖励和报酬,应当按照《个人所得税法》的规定缴纳个人所得税

  C. 科技人员获得的奖励和报酬,应当按照《社会保险法》的规定缴纳社会保险金

  D. 单位给予科技人员的奖励和报酬,不占用本单位工资总额或工资总额基数的指标

81. 科学技术普及活动是采取公众易于理解、接受、参与的方式,(A、B、C、D)的活动。

  A. 普及科学技术知识   B. 倡导科学方法

  C. 传播科学思想   D. 弘扬科学精神

82. 根据《中华人民共和国科普法》规定,科普是(A),是社会主义物质文明和精神文明建设的重要内容。

  A. 公益事业   B. 营利性活动

  C. 可以进行营利性活动的公益事业   D. 兼有公益性的营利性活动

83. 下列说法正确的是(A、B、C、D)。

  A. 科学技术协会是科普工作的主要社会力量

  B. 公民有参与科普活动的权利

  C. 社会力量兴办科普事业可以按照市场机制运行

  D. 科普是全社会的共同任务

84. 下列关于科技政策正确的说法是(A、B、C)。

  A. 科技政策包括科学政策、技术政策、创新政策,三者之间是紧密联系的

  B. 科学政策和技术政策的手段都包含在创新政策的手段中

  C. 技术政策是关注技术和产业发展的政策

  D. 以上说法都不对

85. 《中共中央国务院关于深化体制机制改革加快实施创新驱动发展战略的若干意见》(中发〔2015〕8号)提出,改革科技管理体制,加强创新政策评估督查与绩效评价,形成(A、B、C、D)的创新治理体系。

  A. 职责明晰   B. 积极作为

  C. 协调有力   D. 长效管用

二、判　断　题

1. 当前，传统意义上的基础研究、应用研究、技术开发和产业化边界日趋模糊，强化科技创新全链条一体化发展的要求越来越高。（√）

2. 2016年5月，党中央、国务院印发了《国家创新驱动发展战略纲要》，加快实施创新驱动发展战略，提出了"三步走"的战略目标。（√）

3. 部署实施创新驱动发展战略要促进科技创新和体制机制创新的双轮驱动。（√）

4. 国家创新体系是指由一个国家的公共和私有部门组成的组织和制度网络，其活动是为了创造、扩散和使用新的知识和技术。（√）

5. 现代服务业是科技服务业的重要组成部分。（×）

6. 《国务院关于加快科技服务业发展的若干意见》（国发〔2014〕49号）指出，到2020年，我国科技服务业产业规模要达到8万亿元。（√）

7. 我国科技部《关于大力发展科技中介机构的意见》中指出，面向社会开展技术扩散、成果转化、科技评估、创新资源配置、创新决策和管理咨询等专业化服务的科技中介机构，属于知识密集型服务业。（√）

8. 科技服务中介机构属非政府机构。（√）

9. 目前社会上多功能跨类型的科技服务中介机构尚比较少见。（×）

10. 技术经纪作为技术市场的重要活动，伴随着技术市场的形成和发展，活动日趋频繁，规模不断扩大。（√）

11. 技术市场由技术市场的主体和技术市场的客体两个要素构成。（×）

12. 利用网上技术市场开展技术交易，有助于使科技与经济的结合更加紧密。（√）

13. 技术商品的交易不同于一般商品的买卖。（√）

14. 由于技术交易的特殊性和不确定性，使技术经纪活动既需要知识、经验、信息和技巧的支撑，又使该工作显得极其复杂。（√）

15. 技术经纪人可以是公民，也可以是法人和其他经济组织。（√）

16. 知识产权具有时间性，因此，所有的知识产权都有一定的法定保护期限。（×）

17. 知识产权的取得均应依法履行一定的手续，包括申请、审查、注册、登记等。（×）

18. 充分公开其发明创造的内容是专利申请人获得专利授权的前提，也是专利权人应尽的义务之一。（√）

19. 驰名商标只能由商标局认定。（×）

20. 作者独立创作的作品即使与他人作品雷同，依然可以依法享有著作权。（√）

21. 知识产权是依一国法律而取得的权利,因此,仅在其依法产生的地域内有效。(√)

22. 自主完成的创新成果即享有自主知识产权。(×)

23. 为个人学习、研究或者欣赏,使用他人已经发表的作品的行为,属于我国著作权法规定的合理使用情形,不构成著作权侵权。(√)

24. 我国《专利法》实行的是先发明原则,即两个以上的申请人分别就同样的发明创造申请专利的,专利权授予最先发明的人。(×)

25. 商标需要经过核准注册,才可以享有商标专用权。(√)

26. 知识产权具有专有性,因此,知识产权权利人行使其知识产权不应受任何限制。(×)

27. 知识产权与货物贸易和服务贸易一起构成WTO的三大支柱。(√)

28. 我国《专利法》明确规定,对实用新型和外观设计专利申请只进行形式审查。(√)

29. 销售盗版作品构成著作权侵权,购买盗版作品同样构成著作权侵权。(×)

30. 商标侵权等于商标假冒。(×)

31. 技术开发合同应当采用书面形式,而技术服务合同则不必采用书面形式。(×)

32. 《专利法》规定,转让专利权,当事人应当订立书面合同,并向国务院专利行政部门登记,由国务院专利行政部门予以公告。专利权的转让自合同签订之日起生效。(×)

33. 技术合同中约定的技术秘密保密期限可以是无限期的。(√)

34. 订立技术合同,应当有利于科学技术的进步,加速科学技术成果的转化、应用、推广,并一定要保护好成果拥有者对技术的垄断权。(×)

35. 《合同法》中技术合同的主体,只可以是我国的自然人、法人和其他组织,不可以是外国的个人、企业和其他组织。(×)

36. 法人或者其他组织订立技术合同转让职务技术合同时,职务技术成果的完成人享有以同等条件优先受让的权利。(√)

37. 创新性就是《合同法》第330条所指的"新技术、新产品、新工艺或者新材料及其系统",是指当事人在订立技术和同时已经掌握的产品、工艺、材料及其系统等技术方案。(×)

38. 《专利法实施细则》第15条的规定,专利权人与他人订立的专利实施许可合同,应当自合同生效之日起半年内向国务院专利行政部门备案。(×)

39. 就经济分析、法律咨询、社会发展项目的论证、评价和调整所订立的合同为技术咨询合同。(×)

40. 合同当事人就合同发生争议时,一般由当事人内部协商解决纠纷;如果协商不成,可以通过诉讼与仲裁两种方式解决。(√)

41. 就描绘复印图纸、翻译资料、摄影摄像等所订立的合同不是技术服务合同。

(√)

42. 中介人对造成委托人与第三人之间技术合同无效或者被撤销没有过错,且该技术合同无效或者被撤销不影响有关中介条款或者技术中介合同继续有效的,中介人仍有权利按照约定收取从事中介活动的费用和报酬。(√)

43. 技术合同报酬的支付方式由当事人约定,可以采取一次总算、一次总付或者一次总算、分期支付,也可以采取提成支付或者提成支付附加预付入门费的方式。(√)

44. 在订立技术合同中,委托开发完成的技术秘密成果的使用权、转让权以及利益的分配办法归双方共有。(×)

45. 当作为技术开发合同标的技术已经由他人公开,致使技术开发合同的履行没有意义,当事人可以解除合同。(√)

46. 只要是商标就是无形资产,就有价值。(×)

47. 商誉就是品牌,都是无形资产。(×)

48. 发明专利的保护期限是 10 年,实用新型的专利保护期限是 5 年。(×)

49. 发明专利权是不可确指的无形资产。(×)

50. 技术商品与一般商品没有区别。(×)

51. 技术商品是有形的。(×)

52. 技术商品本质上是知识,由于知识的非物质性,它具有不同于一般商品的内涵。(√)

53. 大多数市场都不是单一的,可以根据不同要求可以加以细分。但是,因为技术商品具有特殊性,所以其市场不能再进行细分。(×)

54. 社会再分工的出现和研发活动的独立化,是技术商品形成的另一个重要条件。(√)

55. 技术商品主要是脑力劳动创造出来的成果,是以信息状态存在的。(√)

56. 商品的消费就是实现商品的使用价值和其他价值。(×)

57. 技术商品的促销策略是以广告为主、以人员促销为辅。(×)

58. 技术的价格确定不以其使用价值为基础,而往往决定于其价值。(×)

59. 在将来,技术商品网络营销占有的市场份额将越来越大。(√)

60. 技术商品有偿转让的多次性是技术商品的一个重要特征,也是技术交易洽谈中经常遇到的分歧点。(√)

61. 信息流通是技术商品流通的重要形式。(√)

62. 科学技术影响法律调整机制。(√)

63. 法不应限制科学技术的负面效应。(×)

64. 法律、行政法规、地方性法规、自治条例和单行条例的制定、修改和废止,适用《中华人民共和国立法法》。(√)

65. 地方性法规的效力低于法律和行政法规,高于部门规定、本级和下级地方政府

规章。（×）

66. "自主创新、重点跨越、支撑发展、引领未来"是《国家中长期科学和技术发展规划纲要（2006～2020年）》确立的科学技术工作指导方针。（√）

67. 根据《国家科学技术奖励条例》的规定，重大工程类项目的国家科学技术进步奖仅授予组织。（√）

68. 县级以上人民政府及其有关部门制订的与产业发展相关的科学技术计划，应当体现产业发展的需求。（√）

69. 利用财政性资金设立的科学技术研究开发机构，可以建立有利于科学技术资源共享的机制，以便实现科学技术资源的有效利用。（×）

70. 科研机构应当向公众开放普及科学技术的场馆或者设施，开展科学技术普及活动。（×）

71. 职务科技成果可以归单位，也可以归科研人员。（×）

72. 高校科技人员面向企业开展技术开发、技术咨询、技术服务、技术培训等横向合作活动，是高校科技成果转化的重要形式，其管理应依据合同法和科技成果转化法。（√）

73. 国家设立的研究开发机构、高等院校对其持有的科技成果，可以自主决定转让、许可或者作价投资。（√）

74. 国家设立的研究开发机构、高等院校所取得的具有实用价值的职务科技成果，科技成果完成人和参加人在不变更职务科技成果权属的前提下，可以根据与本单位的协议进行转化并享有协议约定的权益。（√）

75. 《中华人民共和国促进科技成果转化法》对科技成果的定价是否需要先评估没有作出规定，就可以不进行评估了。（×）

76. 国家设立的研究开发机构、高等院校转化科技成果所获得的收入全部留归本单位。（√）

77. 我国是全世界第一个为普及科学技术专门制定法律的国家。（√）

78. 《中华人民共和国科普法》规定，国家支持社会力量兴办科普事业。这表明，社会力量可以营利的方式举办科普事业。（×）

79. 科普的内容既包含了科学与技术，也包含了精神文明建设的内容。（√）

80. 由于科学、技术以及创新在目标上存在差异，使得科学政策、技术政策、创新政策也存在一定的差异。（√）

81. 企业开展多媒体软件、动漫游戏软件开发，数字动漫、游戏设计制作等创意设计活动所发生的费用，可以享受研发费用税前加计扣除政策。（√）

82. 注册成立三年以上的企业才可以申请高新企业认定。（×）

83. 加快实施创新驱动发展战略，就是要使市场在资源配置中起决定性作用和更好发挥政府作用。（√）

84. 完善成果转化激励政策就是要强化尊重知识、尊重创新,充分体现智力劳动价值的分配导向,让科技人员在创新活动中得到合理回报。(√)

85. 技术经纪是一项为技术交易的洽谈、签约、履约等提供全程服务的活动。(√)

三、思 考 题

1. 技术经纪与一般经纪服务有哪些显著区别?
2. 技术经纪人与技术中介人、技术代理人有哪些共同点,又有哪些区别?
3. 什么是知识产权?它有哪些主要特征?
4. 如何判定商业秘密侵权?权利人应采用哪些保密措施?
5. 技术合同的特征和类型分别是什么?
6. 委托开发合同和合作开发合同的区别是什么?
7. 签订技术合同的基本原则是什么?
8. 简述科技成果转化的几种操作方式。
9. 简述国家对科技成果转化的支撑条件。
10. 简述法律对科技活动的作用。

参 考 文 献

[1] 成晓建.技术经纪人培训教程[M].上海:同济大学出版社,2018.
[2] 张晓凌,陈彦.技术经纪人培训教程[M].北京:知识产权出版社,2020.
[3] 肖克峰,阮航.科技成果转化理论与实务[M].北京:知识产权出版社,2021.
[4] 科技部人才中心.科技成果转移转化管理实务[M].北京:科学文献出版社,2021.
[5] 天津市高新技术成果转化中心.技术经理人实务教程[M].天津:天津大学出版社,2020.
[6] 肖学文.经纪人基础知识[M].北京:经济管理出版社,1994.
[7] 孟添.经纪人执业基础[M].上海:上海大学出版社,2013.
[8] 许春明.知识产权基础[M].2版.上海:上海社会科学院出版社,2014.
[9] 吴汉东.知识产权法[M].5版.北京:法律出版社,2014.
[10] 夏春阳,刘光顺,张怡,等.技术经纪实训教程[M].南京:东南大学出版社,2015.
[11] 王伟程,周志舰,郭淑敏.技术合同与技术权益:签订技术合同之规范[M].北京:知识产权出版社,2012.
[12] 陈向东.国际技术转移的理论与实践[M].北京:北京航空航天大学出版社,2008.
[13] 吴寿仁.科技成果转化操作实务[M].上海:上海科学普及出版社,2016.
[14] 吴寿仁.科技成果转化政策导读[M].上海:上海交通大学出版社,2019.
[15] 李德中.新编经纪人概论[M].成都:西南财经大学出版社,2013.
[16] 傅正华,林耕,李明亮.我国技术转移的理论与实践[M].北京:中国经济出版社,2007.
[17] 林耕,董亮,傅正华.超越与梦想:我国技术市场发展战略研究[M].北京:知识产权出版社,2016.
[18] 孙邦清.技术合同实务[M].北京:知识产权出版社,2005.
[19] 张士运.技术转移体系建设理论与实践[M].北京:中国经济出版社,2014.
[20] 成晓建.技术转移离不开技术经纪人他们是怎样被培养出来的[J].华东科技,2016(1):58-61.
[21] 成晓建.做好技术转移人才培养的几点思考[J].科技中国,2020(8):93-96.
[22] 科技部火炬中心.中国技术市场三十周年发展报告:上册[Z].2014.
[23] 科技部火炬中心.中国技术市场三十周年发展报告:下册[Z].2014.
[24] 杨跃承.从七个方面推动我国技术市场创新发展[N].科技日报,2017-07-02.
[25] 吴伟,王浣尘,陈明义.技术商品转让方的价格策略[J].上海交通大学学报,2003(4):582-584.
[26] 李志军.英国技术转移集团(BTG)的技术转移[J].调查研究报告,2003(52):1-17.
[27] 谢阳群,魏建良.国外网上技术市场运行模式研究[J].商业研究,2007(2):1-6.
[28] 黄顺武.跨国公司技术转移对我国技术进步的效应分析[J].投资研究,2004(4):27-30.
[29] 梁剑.技术合同之交易成本分析[J].现代财经(天津财经大学学报),2009(11):49-53.
[30] 杨贺.技术产权交易市场运行机制研究[J].中国高新技术产业,2014(30):2.

[31] 和金生,姜秀莲,汪晓华.技术中介机构运行模式探讨[J].天津大学学报(社会科学版),2001(4):350-355.
[32] 王建华.关于我国技术经纪业发展对策的思考[J].引进与咨询,2003(10):5-7.
[33] 颜廷标.实施创新驱动发展战略[N].人民日报,2013-01-15.
[34] 王本东.对我国技术经纪人才发展现状的思考与建议[J].科技进步与对策,2005(4):151-153.
[35] 吴启运,张效东.论我国职业技术经纪人的教育培养[J].教育与职业,2008(6):176-177.